엑셀 2016 으로 숫자 계산하기

Ok Click 엑셀 2016으로 숫자 계산하기

2018년 3월 20일 초판 1쇄 발행
2025년 1월 30일 초판 5쇄 인쇄
2025년 2월 10일 초판 5쇄 발행

저 자	장미희
기 획	정보산업부
디자인	정보산업부
펴낸이	양진오
펴낸곳	(주)교학사
주 소	(공장)서울특별시 금천구 가산디지털1로 42 (가산동) (사무소)서울특별시 마포구 마포대로14길 4 (공덕동)
전 화	02-707-5314(문의), 02-707-5147(영업)
팩 스	02-839-2728(영업)
등 록	1962년 6월 26일 〈18-7〉
홈페이지	http://www.kyohak.co.kr

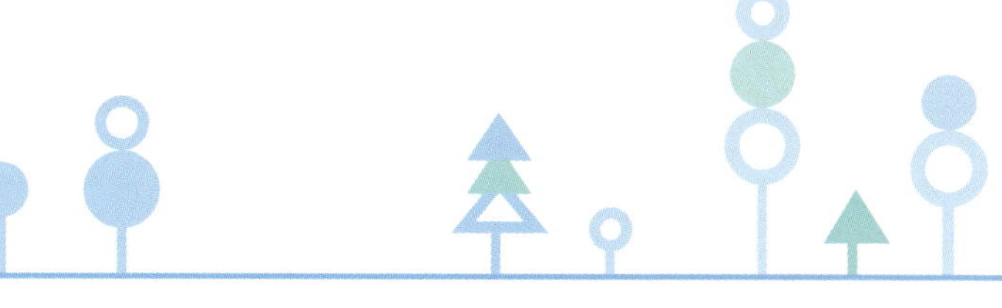

Ok! Click 시리즈는 컴퓨터의 OA 기반을 다질 수 있도록 야심차게 준비한 교재입니다.

인터넷이 일반화되고 컴퓨터가 기본이 되버린 현실에서 컴퓨터를 보다 쉽고 재미있게 배울 수 있도록 어렵지 않은 예문과 큰 글자체, 큰 화면 그림으로 여러 독자층이 누구나 부담없이 책을 펼쳐 배울 수 있도록 만들었습니다.

내용면에서는 초보자가 컴퓨터를 이해하고, 쉽게 활용할 수 있도록 쉬운 예제와 타이핑이 빠르지 않은 독자를 위해 많은 분량의 타이핑 예문은 배제하였습니다.

편집면에서는 깔끔하고 시원스러운 편집으로 눈에 부담을 줄이도록 구성하였습니다.

교재는 다음과 같이 구성되었습니다.

1 | [배울 내용 미리보기]를 통해 학습할 내용이 무엇인지 이해시키고 학습동기를 유발하도록 구성하였습니다.

2 | 교재 전체 구성은 전체 22강으로 구성하고 한 강안에 소제목을 두어 수업의 지루함을 없애고, 단계별로 수업 및 공부할 수 있도록 구성하였습니다.

3 | [참고하세요]를 이용히어 교재의 따라하기 설명이외에 보충 설명하여 고급 기능 및 유사 기능을 학습할 수 있도록 구성하였습니다.

4 | [혼자 풀어 보세요]는 한 강을 학습한 후 혼자 예제를 풀어보면서 학습 내용을 얼마나 이해 했는지 알아볼 수 있도록 2문제에서 4문제로 구성하였습니다.

5 | [힌트]를 통해 좀 더 쉽게 예문을 풀 수 있도록 구성하였습니다.

6 | [혼자 풀어 보세요]의 예문에 대한 문의는 교학사 홈페이지(www.kyohak.co.kr)의 게시판에 남겨주시면 답변해 드립니다.

이 교재를 사용하는 독자분들이 컴퓨터를 쉽게 접하고 배워 컴퓨터와 친구가 되고 컴퓨터가 생활의 일부가 되어 더 높은 컴퓨터 기술을 습득할수 있는 발판이 되었으면 합니다.

편집진 일동

PREVIEW

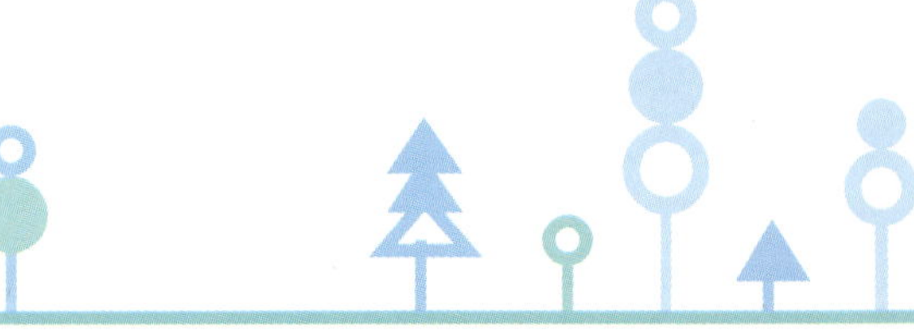

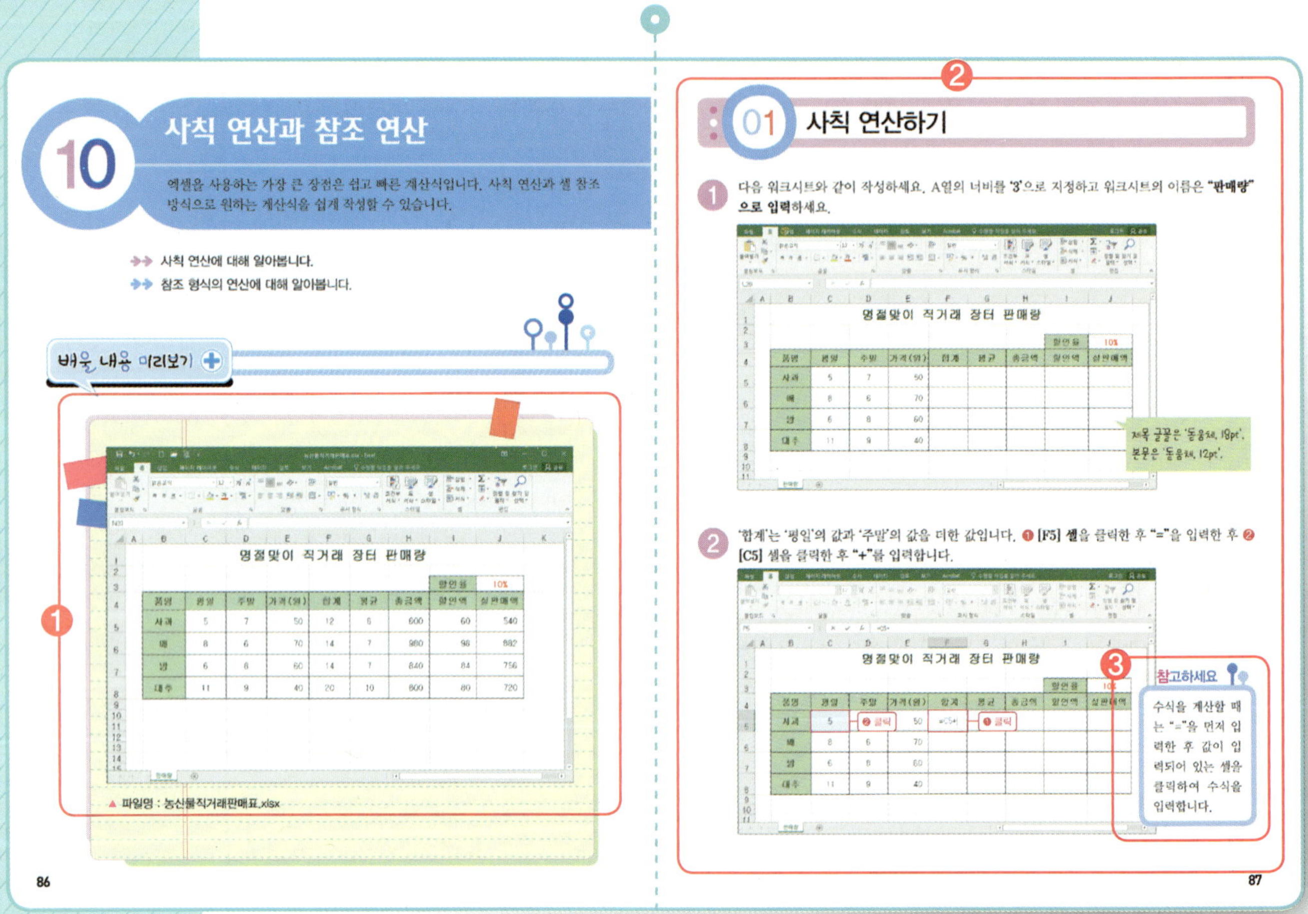

10 사칙 연산과 참조 연산
엑셀을 사용하는 가장 큰 장점은 쉽고 빠른 계산식입니다. 사칙 연산과 셀 참조 방식으로 원하는 계산식을 쉽게 작성할 수 있습니다.
사칙 연산에 대해 알아봅니다.
참조 형식의 연산에 대해 알아봅니다.
배울 내용 미리보기
명절맞이 직거래 장터 판매량
파일명 : 농산물직거래판매표.xlsx
86
01 사칙 연산하기
다음 워크시트와 같이 작성하세요. A열의 너비를 '3'으로 지정하고 워크시트의 이름은 "판매량"으로 입력하세요.
제목 글꼴은 '돋움체, 18pt', 본문은 '돋움체, 12pt'.
'합계'는 '평일'의 값과 '주말'의 값을 더한 값입니다. ❶ [F5] 셀을 클릭한 후 "="을 입력한 후 ❷ [C5] 셀을 클릭한 후 "+"를 입력합니다.
참고하세요
수식을 계산할 때는 "="을 먼저 입력한 후 값이 입력되어 있는 셀을 클릭하여 수식을 입력합니다.
87

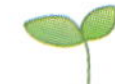

❶ 배울 내용 미리보기

[배울 내용 미리보기]를 통해 학습할 내용이 무엇인지 이해시키고 학습동기를 유발하도록 구성하였습니다.

❷ 본문

교재는 전체 22강으로 구성하고 한 강 안에 소제목을 두어 수업의 지루함을 없애고, 단계별로 수업 및 공부할 수 있도록 구성하였습니다.

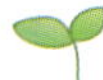

❸ 참고하세요

[참고하세요]를 이용하여 교재의 따라하기 설명 이외의 기능은 보충 설명하여 고급 기능 및 유사 기능을 학습할 수 있도록 구성하였습니다.

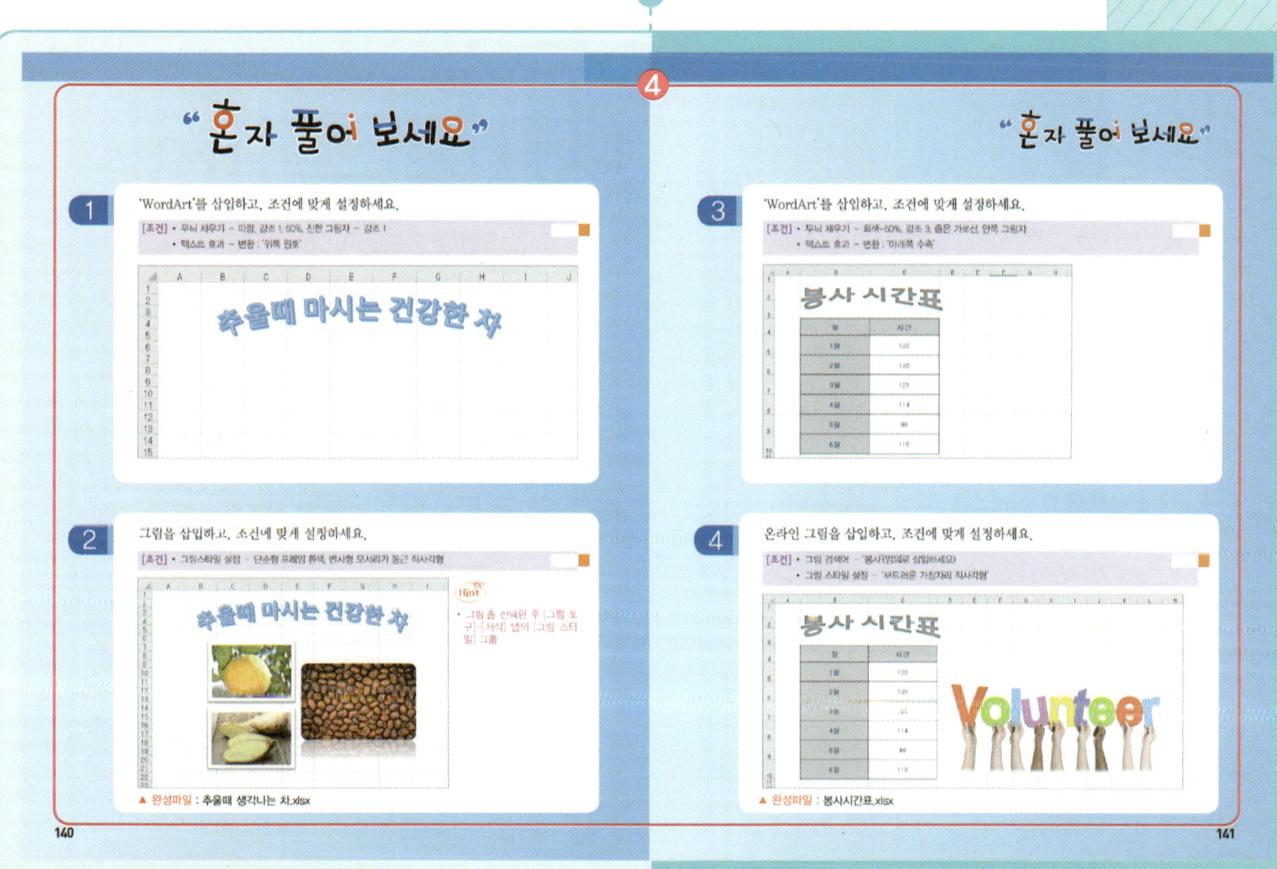

❹ **혼자 풀어 보세요**

[혼자 풀어 보세요]는 한 강을 학습한 후 혼자 예제를 풀어보면서 학습 내용을 얼마나 이해했는지 알아볼 수 있도록 2문제에서 4문제로 구성하였습니다.

🌱 **예제파일**

[혼자 풀어 보세요] 및 실습에 사용된 예제는 교학사 홈페이지(도서자료)에서 제공합니다.

➡ **URL : http://www.kyohak.co.kr/** [자료실]에서 다운로드하여 사용하세요.

➡ 예제파일에 사용된 글꼴은 독자의 컴퓨터에 설치되어 있는 임의의 글꼴로 사용하셔도 무방합니다.

CONTENTS

CONTENTS

01 엑셀 2016 시작하기

엑셀 2016은 수치계산 프로그램인 스프레드시트의 대표적인 프로그램으로 문서 작성, 표 계산, 데이터 관리 및 분석 등을 쉽게 할 수 있습니다.

- 엑셀 2016의 시작과 종료방법을 알아봅니다.
- 엑셀 2016의 화면 구성을 알아봅니다.
- 엑셀 2016의 새로운 기능을 알아봅니다.

배울 내용 미리보기

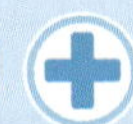

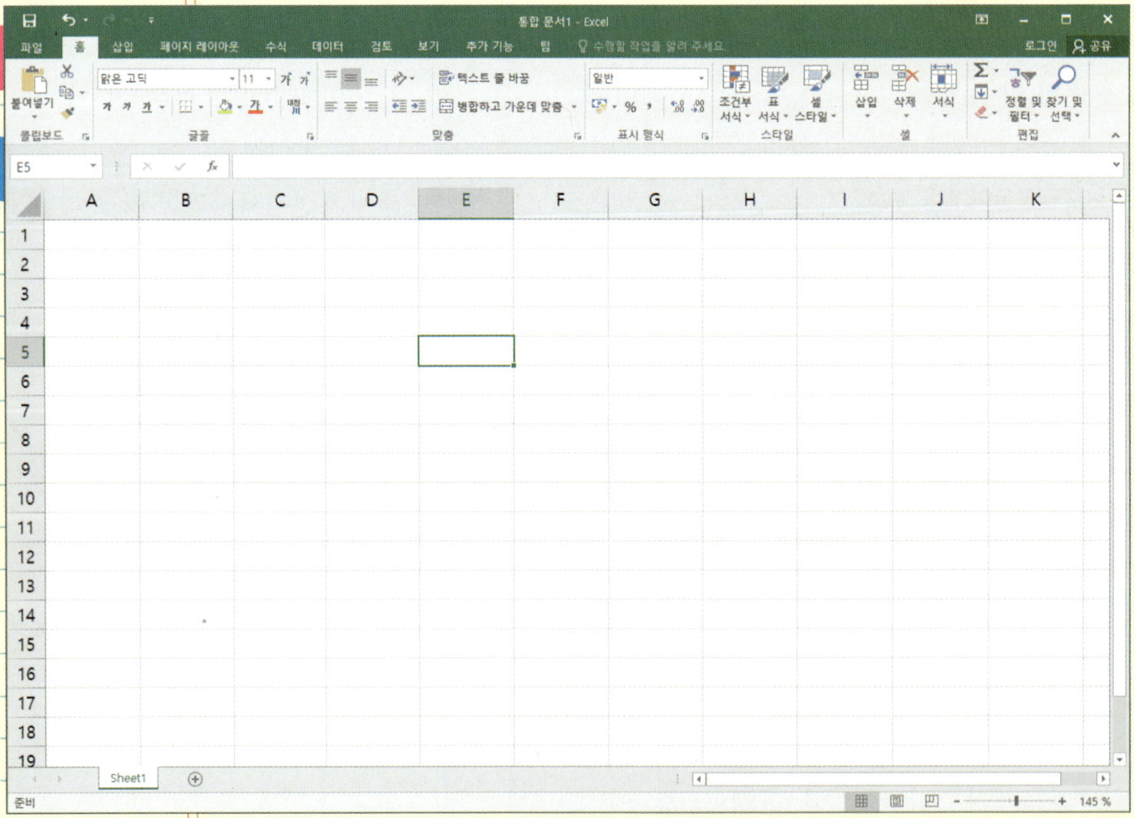

01 엑셀 2016 시작과 종료하기

1 왼쪽 하단의 ❶ **[시작]** 단추를 누른 후 ❷ 'Excel 2016'을 클릭합니다.

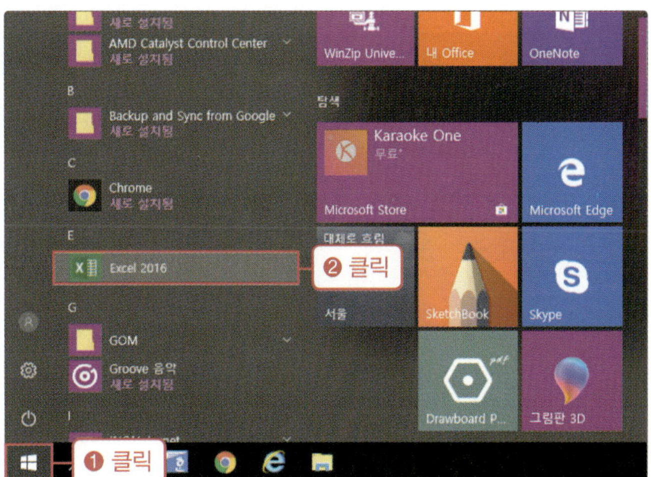

참고하세요

본 교재는 윈도 10 운영체제에서 제작되었습니다.

2 엑셀을 실행하면 [엑셀 빠르게 시작하기] 화면이 표시되며, [최근 항목], [다른 통합 문서 열기], [온라인 서식 파일 검색], [서식 통합 문서] 등이 표시됩니다. 엑셀의 새 문서를 열기 위해 ❹ **[새 통합 문서]**를 클릭합니다.

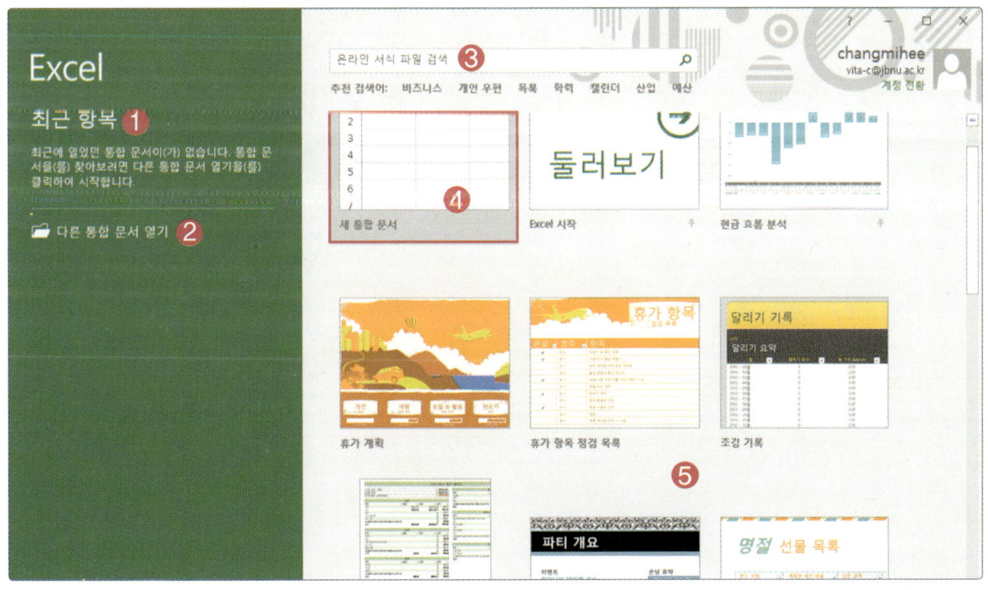

❶ **최근 항목** : 최근에 작업한 통합 문서 목록이 표시되며, 클릭하면 빠르게 문서를 열 수 있습니다.

❷ **다른 통합 문서 열기** : 엑셀 문서를 온라인과 오프라인 저장 공간에서 찾아 문서를 열 수 있습니다.

❸ **온라인 서식 파일 검색** : 엑셀의 다양한 서식 통합문서를 검색하여 불러옵니다.

❹ **새 통합 문서** : 새 문서를 열고 데이터를 입력할 수 있습니다.

❺ **서식 통합 문서** : 자주 사용하는 엑셀 서식 파일을 열고 빠르게 작업을 할 수 있습니다.

3 [새 통합 문서]를 실행하면 기본 화면이 표시됩니다. 엑셀의 전체 화면은 '워크시트'라고 하며, 작은 칸 하나는 '셀'이라고 합니다. '셀'에 데이터를 입력할 수 있습니다.

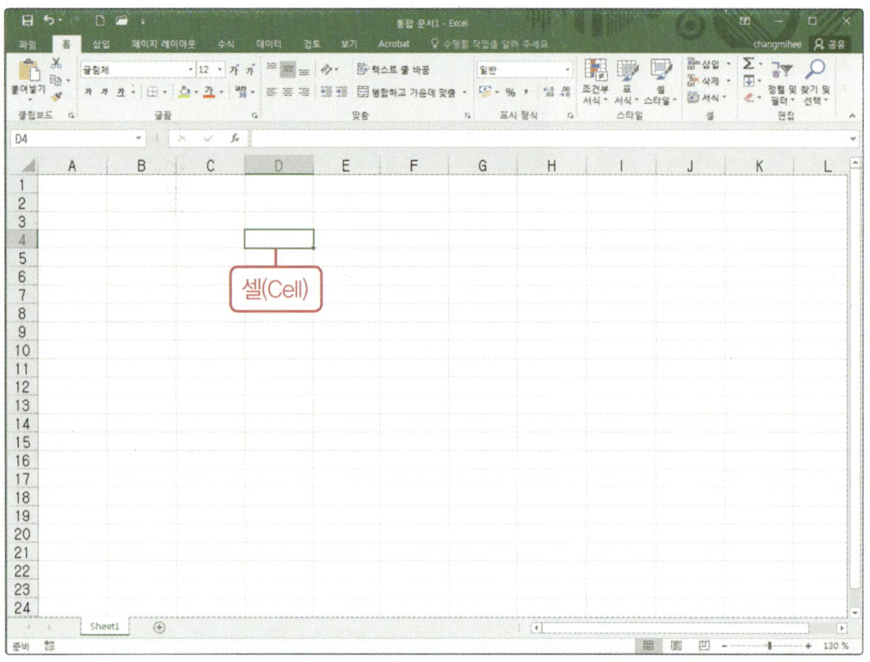

4 현재 문서를 완전히 닫고 엑셀을 종료하려면 우측 상단의 ❶ **닫기** ✕ 를 클릭합니다.

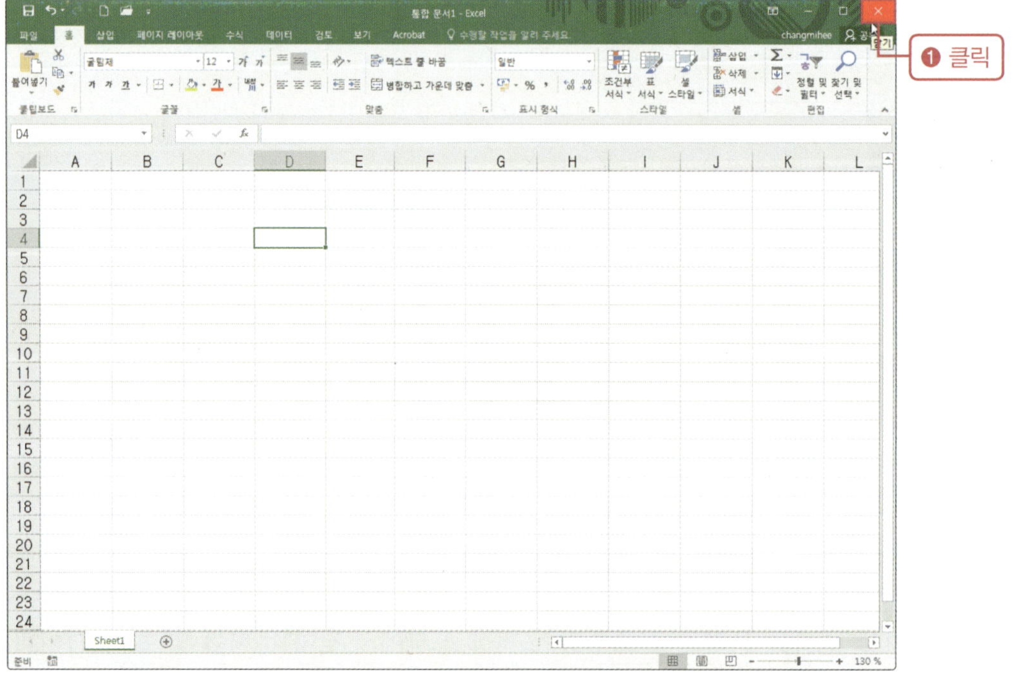

참고하세요

현재 작업 중인 통합문서만 닫을 경우에는 [**파일**]-[**닫기**]를 클릭합니다.

02 엑셀 화면 구성 살펴보기

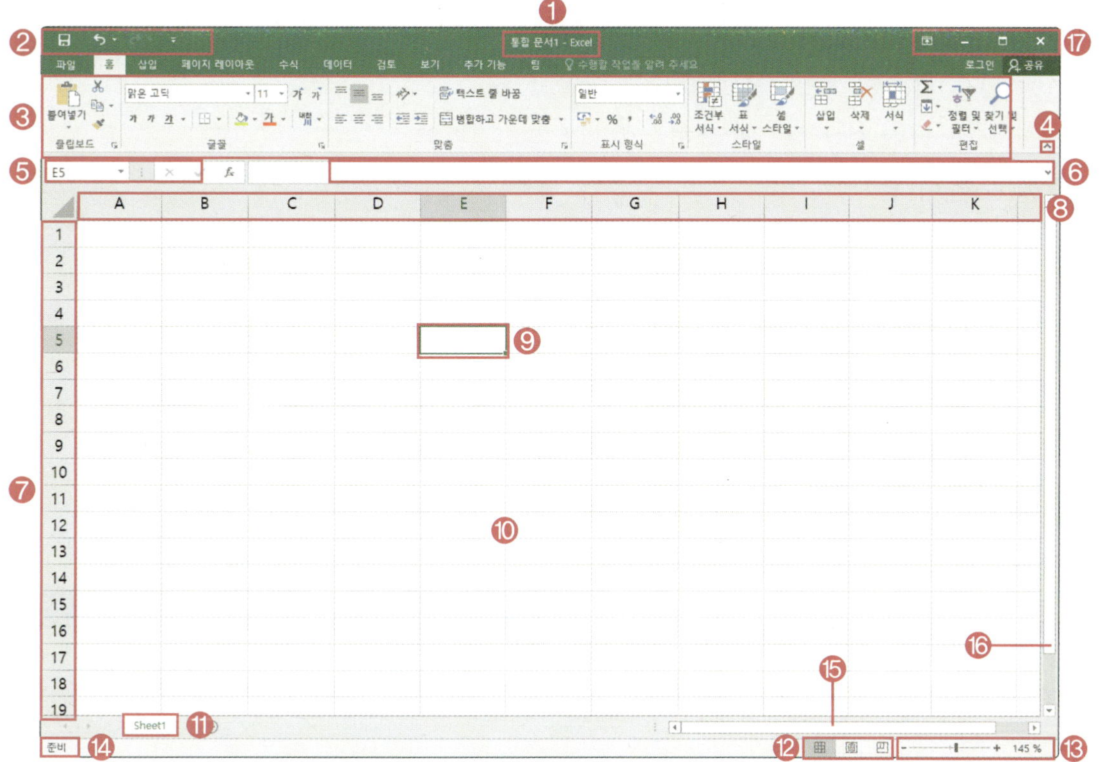

❶ **[제목 표시줄]** : 현재 작업 중인 통합 문서의 저장 파일명이 표시됩니다.

❷ **[빠른 실행 도구 모음]** : 자주 사용하는 명령을 추가, 삭제할 수 있습니다.

❸ **[리본 메뉴]** : [메뉴] 탭을 누르면 각 해당 탭에 자주 사용되는 명령들이 그룹별로 묶어져 표시됩니다.

❹ **[리본 메뉴 축소 버튼]** : 리본 메뉴를 닫고 명령 탭만 표시합니다. [메뉴] 탭을 더블클릭하여 축소/확대할 수도 있습니다.

❺ **[이름 상자]** : 선택한 셀의 위치 또는 셀의 범위 이름이 표시됩니다.

❻ **[수식 입력 줄]** : 셀에 입력된 데이터나 함수식이 표시되거나 직접 입력할 수 있습니다.

❼ **[행 머리글]** : 행 이름이 1,2,3,… 숫자로 표시되며, 1,048,576행을 표시합니다.

❽ **[열 머리글]** : 열 이름이 A, B, C, D.. 알파벳으로 표시되며, XFD 열까지 16,384 열이 표시됩니다.

❾ **[셀 포인터]** : 행과 열이 만나는 셀을 클릭한 곳을 셀 포인터라고 합니다.

❿ **[워크시트]** : 열과 행으로 이루어진 셀들의 집합으로 실제 데이터 작업 공간입니다.

⓫ **[시트 탭]** : 통합 문서의 시트명이 표시됩니다.

⓬ **[통합문서보기]** : 기본 보기, 페이지 레이아웃, 페이지 나누어 미리보기 등 보기 상태를 전환합니다.

⓭ **[확대/축소 슬라이드 막대]** : 슬라이드 막대를 좌우로 움직이면 엑셀의 워크시트 창이 확대/축소됩니다.

⓮ **[준비]** : 현재 작업 상태를 표시합니다.

⓯ **[수평 이동줄]** : 작업 창에서 시트를 좌우로 이동할 수 있습니다.

⓰ **[수직 이동줄]** : 작업 창에서 시트를 상하로 이동할 수 있습니다.

⓱ **[창 조절 단추]** : 리본 메뉴 확대, 현재 창의 최소화, 최대화, 종료 단추입니다.

1 엑셀을 실행하고 새 통합 문서를 엽니다. [B2] 셀을 클릭한 후 "4월 두근두근 벚꽃 축제 떠나볼까?"를 입력한 후 Enter 를 누릅니다.

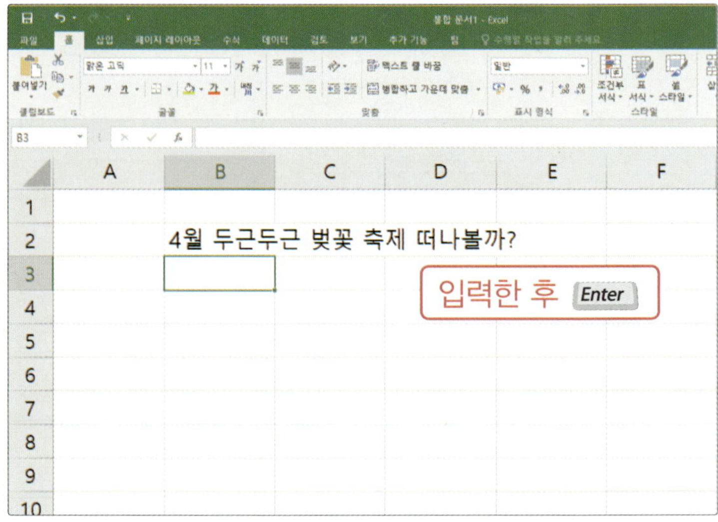

2 마우스 또는 방향키(←, →, ↑, ↓)를 이용하여 나머지 데이터를 입력합니다. 입력 도중 데이터를 수정하려면 Back Space 를 눌러 지우고 다시 입력합니다.

참고하세요

F2 는 셀에 덮어 입력하여 수정할 수 있습니다.

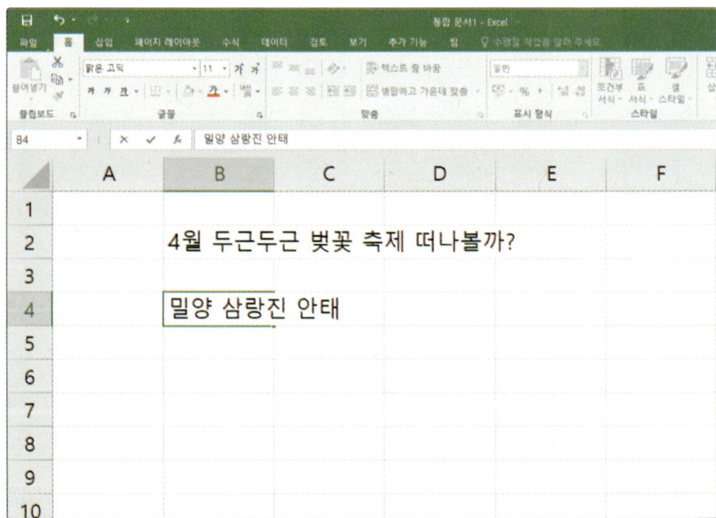

3 나머지 데이터를 모두 입력합니다.

참고하세요

입력을 마친 데이터의 부분 수정은 '셀'을 더블클릭하거나 '수식 입력 줄'을 클릭하여 수정할 수 있습니다.

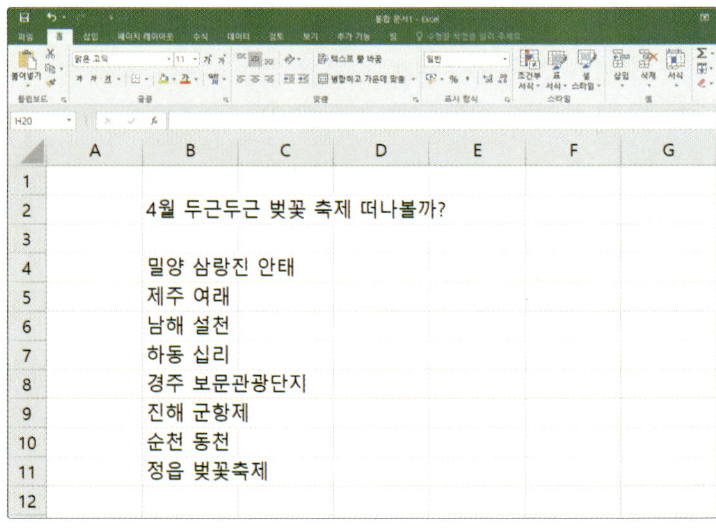

4 입력된 문서를 저장하기 위해 [파일] 탭을 클릭합니다. ❶ **[다른 이름으로 저장]**을 클릭한 후 ❷ **[이 PC]**를 선택합니다.

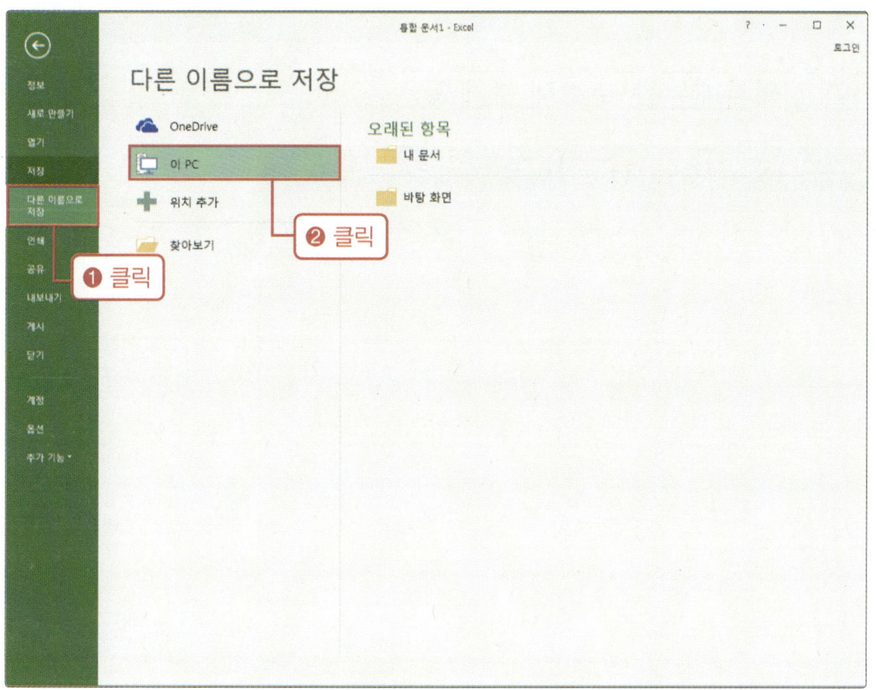

5 [다른 이름으로 저장] 대화상자가 열리면 저장 장소는 ❶ **[라이브러리]**의 **[문서]**를 클릭하고 ❷ **[파일 이름]**은 **"4월여행목록"**으로 입력한 후 ❸ **[저장]**을 클릭합니다.

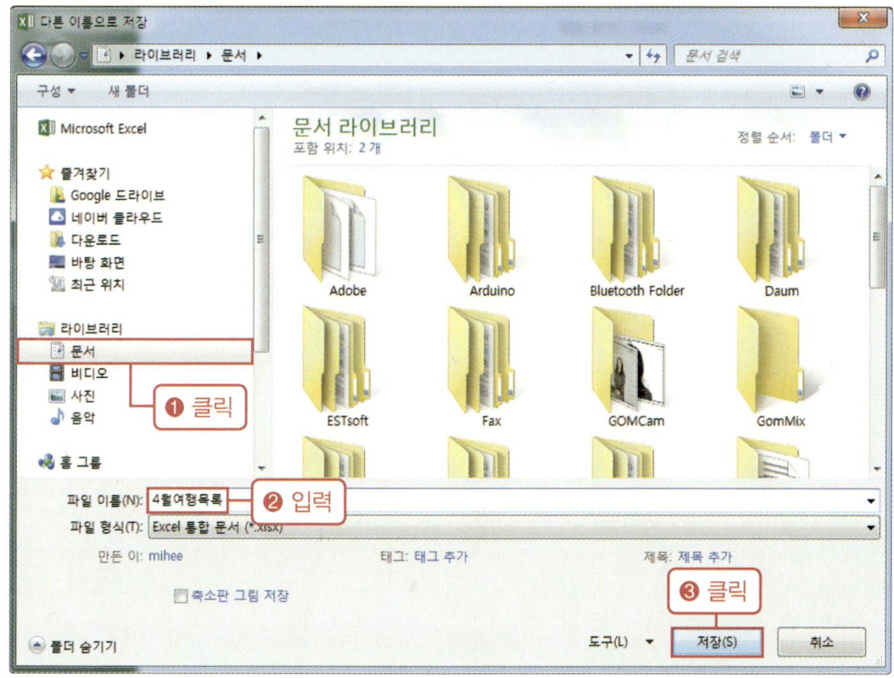

1 [새 통합문서]를 열고 리본메뉴를 축소해 보세요.

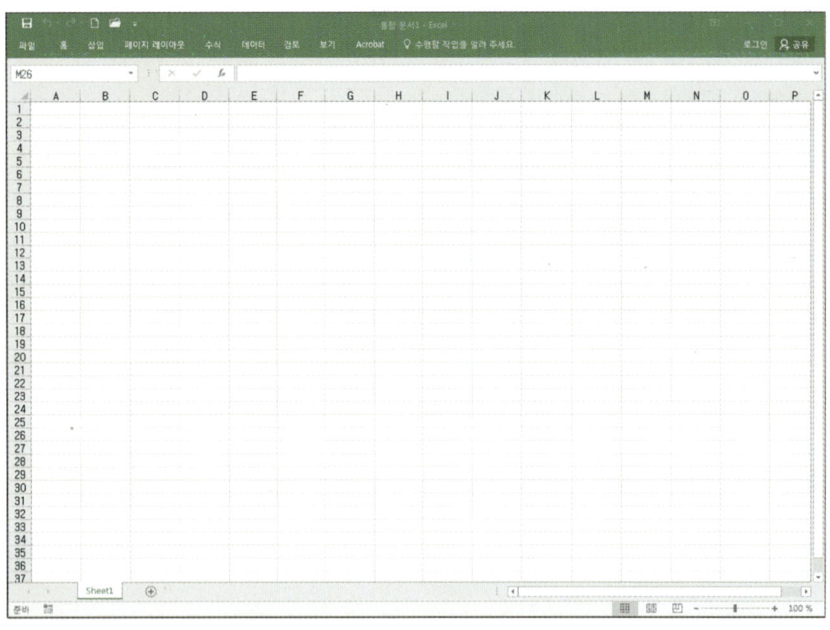

2 리본 메뉴를 다시 확대하고, 화면을 150%로 확대해 보세요. 셀 포인터를 [B2] 셀로 이동해 보세요.

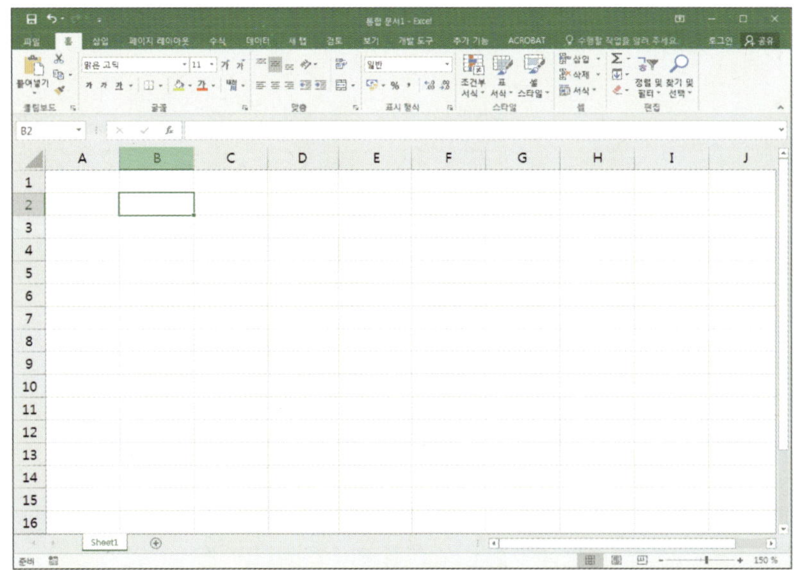

3 다음 데이터를 입력하고, 파일명은 '축제참가자'로 바탕화면에 저장해 보세요.

	A	B	C	D	E	F
1						
2		4월 벚꽃 축제 참가자				
3						
4	번호	이름	참여여행지			
5	1	김순옥	제주			
6	2	노형원	남해			
7	3	심양섭	제주			
8	4	장산하	진해			
9	5	최명수	순천			
10	6	유일한	정읍			
11						

4 다음 화면과 같이 데이터를 수정하고, 재저장해 보세요.

	A	B	C	D	E	F
1						
2		4월 벚꽃 축제 참가자				
3						
4	번호	이름	최종여행지			
5	1	김순옥	제주			
6	2	노형원	정읍			
7	3	심양섭	제주			
8	4	장산하	하동			
9	5	최명수	순천			
10	6	유일한	정읍			
11	7	강진영	하동			

▲ 완성파일 : 축제참가자.xlsx

02 통합문서 불러오기와 서식 파일

저장된 통합문서를 열 수 있으며 다양한 서식 파일을 이용하여 문서를 작성하고 다양한 저장 방법을 익힐 수 있습니다.

➡➡ 저장된 통합문서를 불러옵니다.

➡➡ 다양한 서식파일을 불러오고 다른 이름으로 저장해 봅니다.

➡➡ 암호를 설정하여 저장해 봅니다.

배울 내용 미리보기 ➕

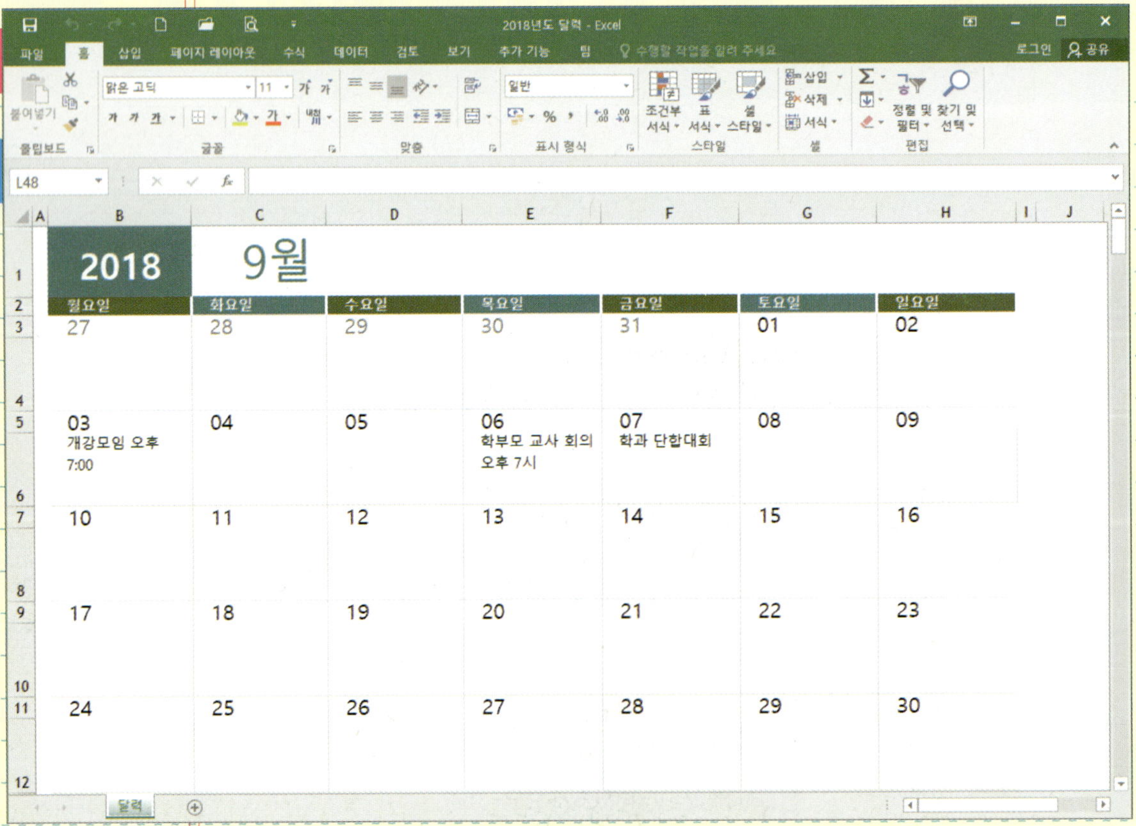

▲ 파일명 : 2018년도 달력.xlsx

01 통합 문서 불러오기

1 엑셀을 실행하고 저장된 파일을 열기 위해 왼쪽 창의 ❶ **[다른 통합 문서 열기]**를 클릭합니다.

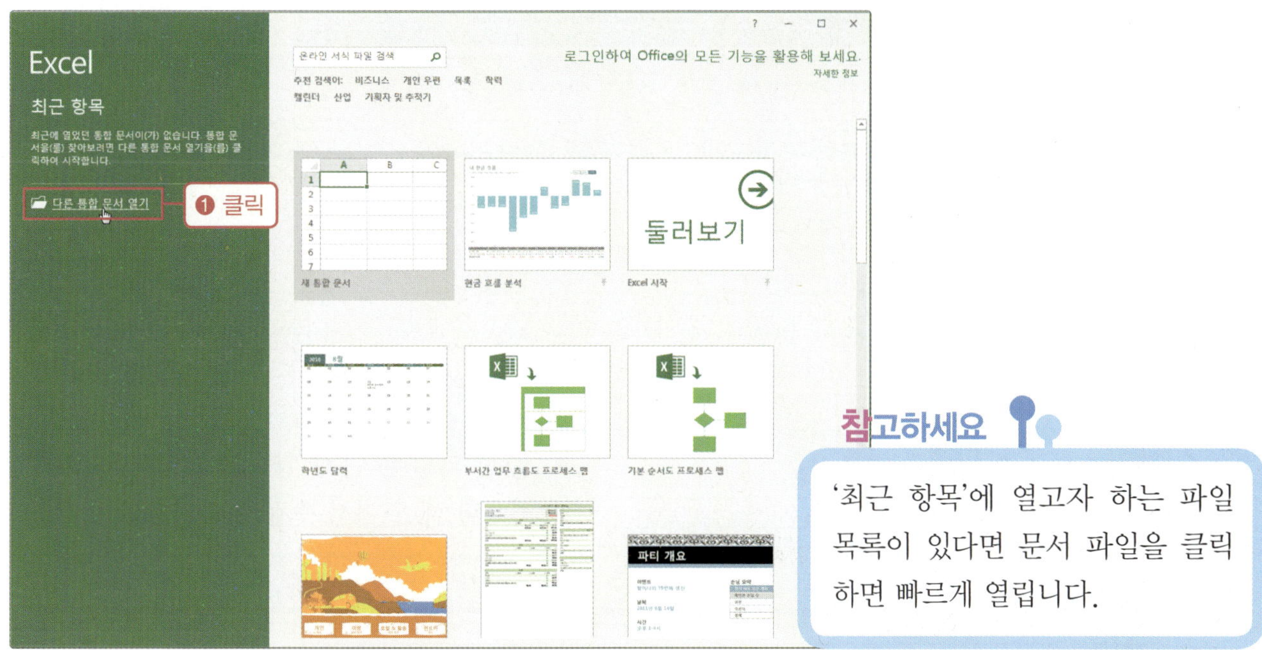

2 '열기' 목록 중에 ❶ **[이 PC]**를 더블클릭합니다. [열기] 대화상지에서 문서가 저장되어 있는 폴더인 ❷ **[문서]**의 ❸ **'4월여행목록.xlsx'**를 선택한 후 ❹ **[열기]**를 클릭합니다.

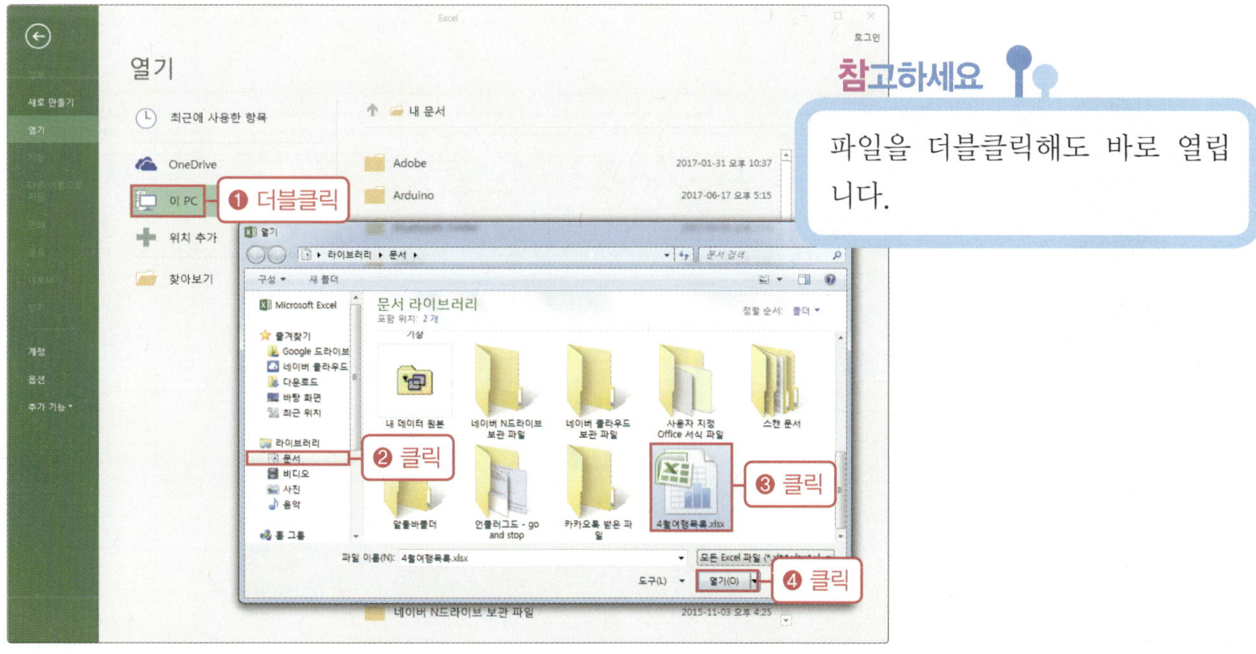

02 서식 파일 불러오기

1 엑셀의 '서식 파일' 목록에서 '서식 파일'을 불러 오기 위해 ❶ **[파일] 탭**을 클릭합니다.

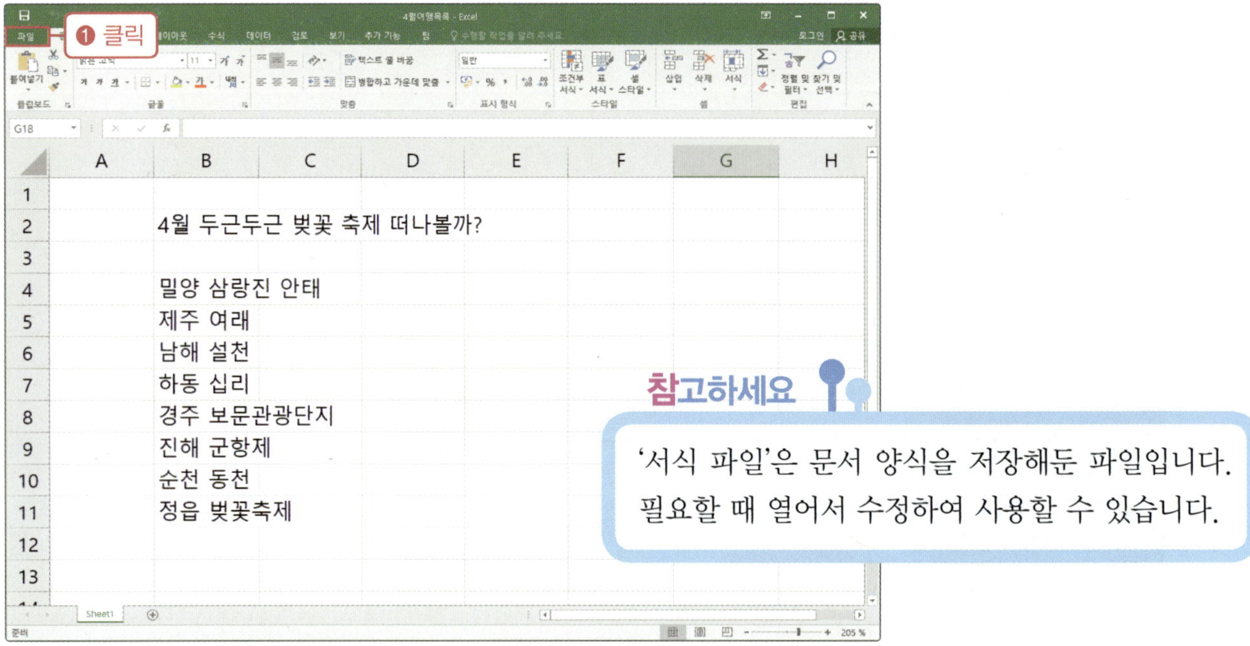

참고하세요

'서식 파일'은 문서 양식을 저장해둔 파일입니다. 필요할 때 열어서 수정하여 사용할 수 있습니다.

2 ❶ **[새로 만들기]**를 클릭한 후 ❷ [검색]란에 **"달력"**을 입력한 후 Enter 를 누릅니다. 서식 파일 목록에서 ❸ **[학년도 달력(연도 불문)]**을 클릭합니다.

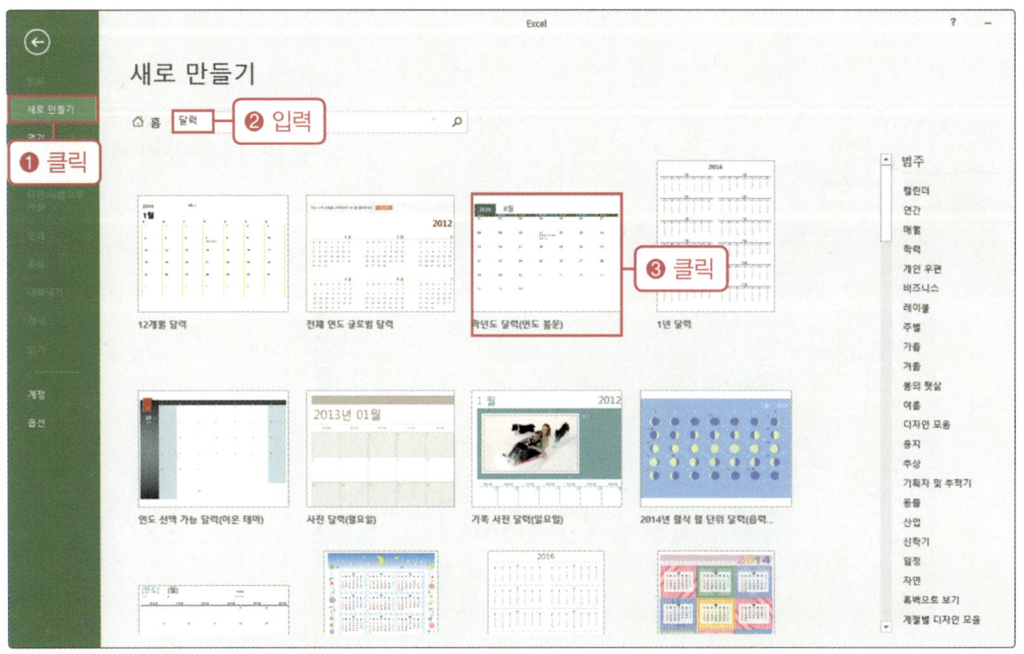

3 '학년도 달력(연도 불문)' 미리보기 창이 열리면 ❶ **[만들기]**를 클릭합니다.

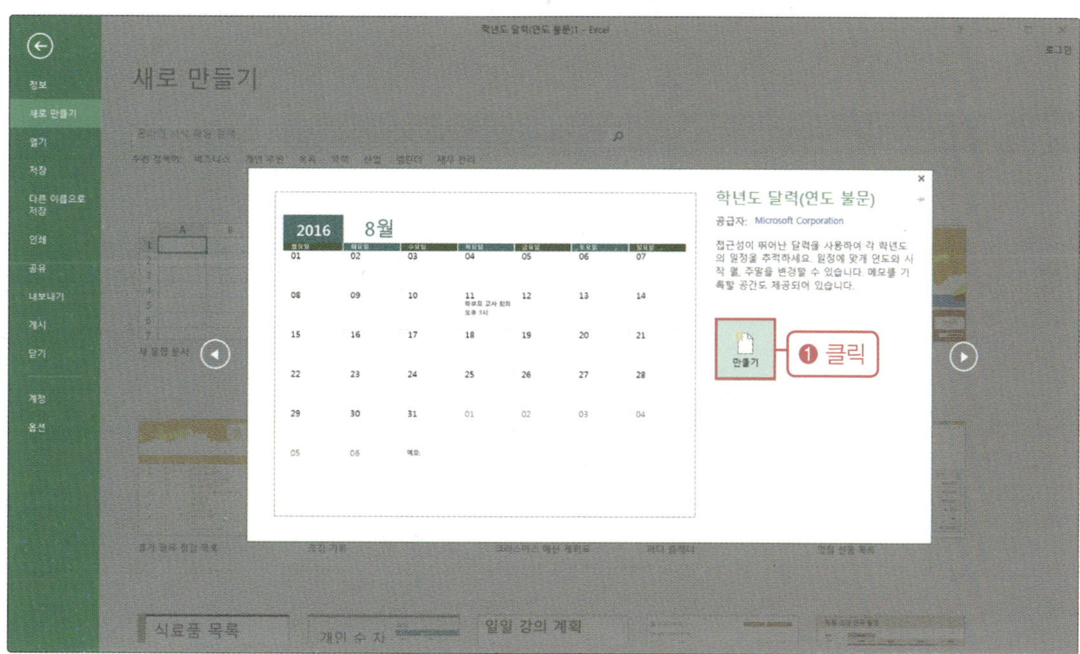

4 '학년도 달력(연도 불문)'이 열리면 ❶ **'월'의 목록 단추**를 클릭하여 ❷ **'9월'**을 선택합니다.

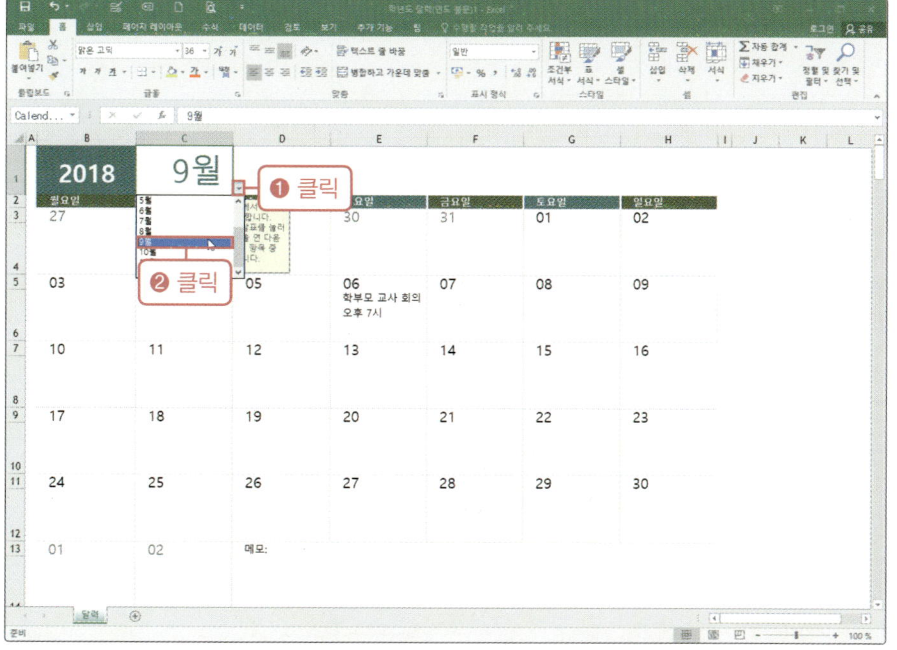

5 ❶ [B6] 셀을 클릭하여 '03일'의 내용은 **"개강모임 오후 7:00"**를 입력하고, ❷ [F6] 셀을 클릭한 후 **"학과 단합대회"**로 입력합니다. 수정한 문서를 다른 이름으로 저장하기 위해 ❸ [파일]을 클릭합니다.

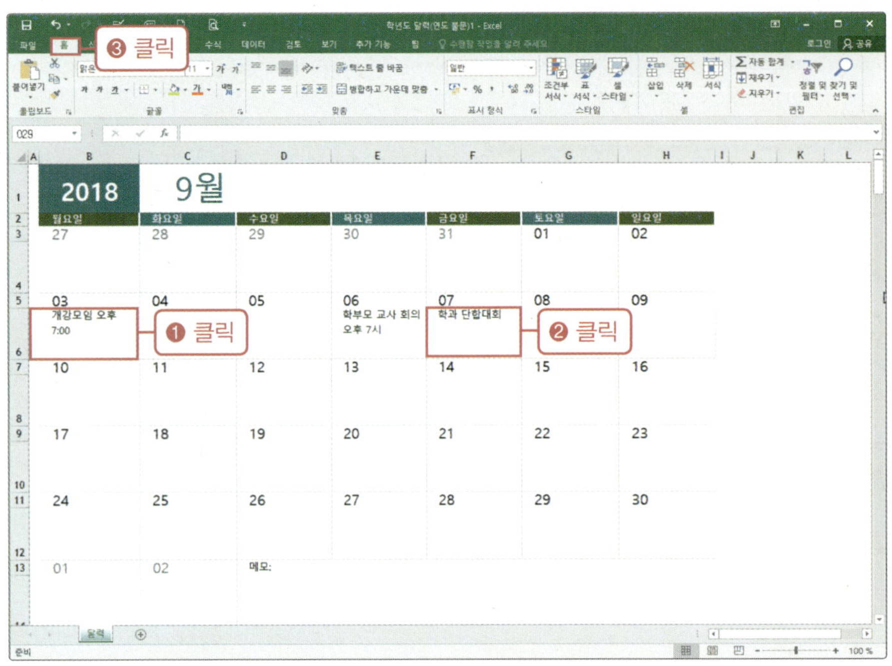

6 ❶ [다른 이름으로 저장]을 클릭한 후 ❷ [이 PC]를 더블클릭합니다. [다른 이름으로 저장] 대화상자에서 ❸ 저장할 폴더를 [문서]로 선택한 후 ❹ 파일 이름은 **"2018년도 달력"**으로 입력하고 ❺ [저장]을 클릭합니다.

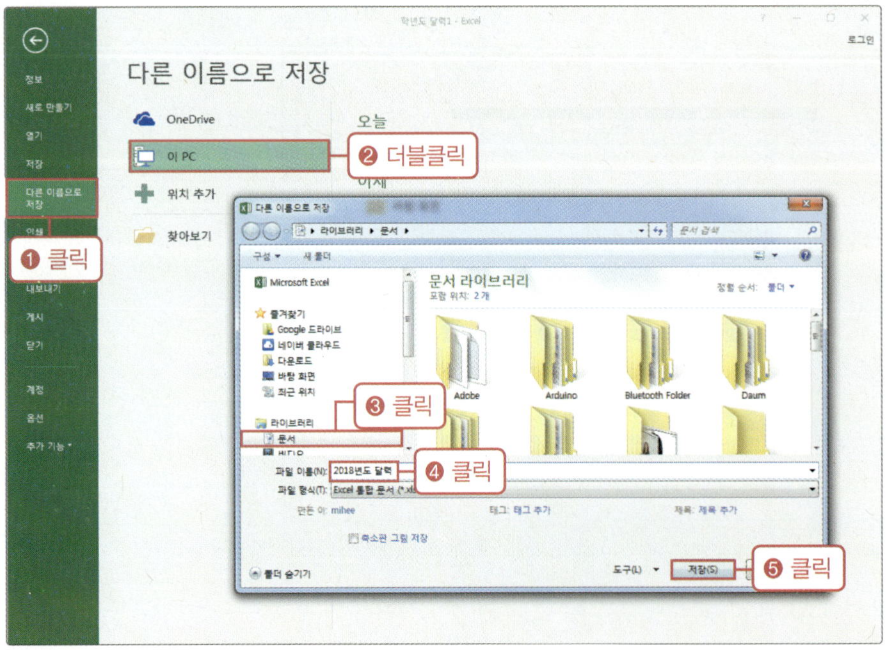

암호 설정하여 저장하기

1 통합문서의 보호를 위해 현재 문서에 암호를 설정할 수 있습니다. [파일] 탭을 클릭한 후 ❶ **[정보]**의 ❷ **[통합 문서 보호]**의 목록 단추를 누른 후 ❸ **[암호 설정]**을 클릭합니다.

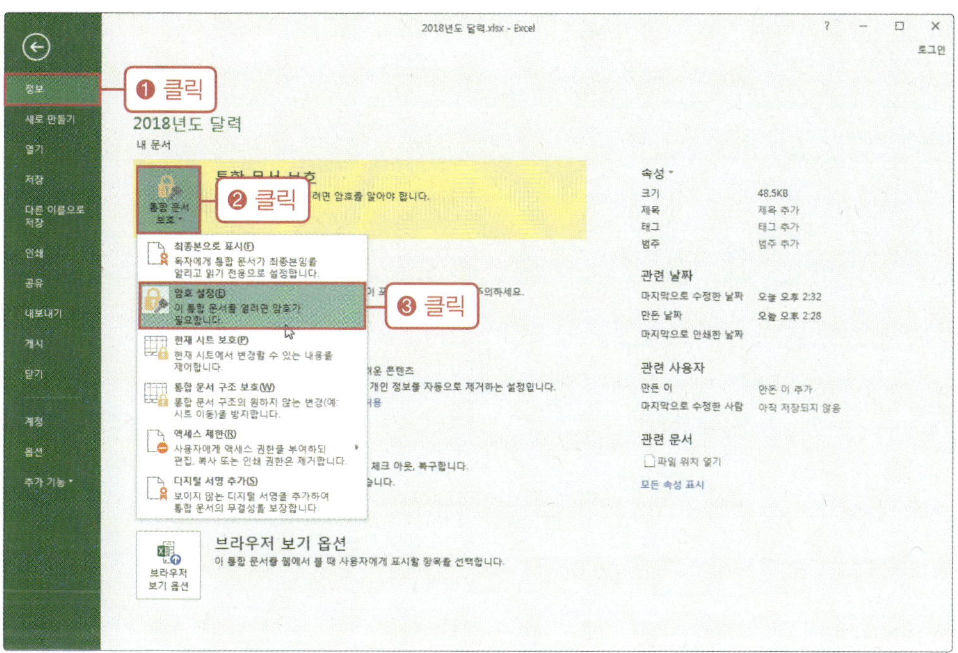

2 [문서 암호화] 대화상자의 ❶ **[암호]** 입력란에 "3540"을 입력한 후 ❷ **[확인]**을 클릭합니다. [암호 확인] 대화상자가 다시 열리면 ❸ **[암호]** 입력란에 동일한 암호 "3540"을 입력한 후 ❹ **[확인]**을 클릭합니다.

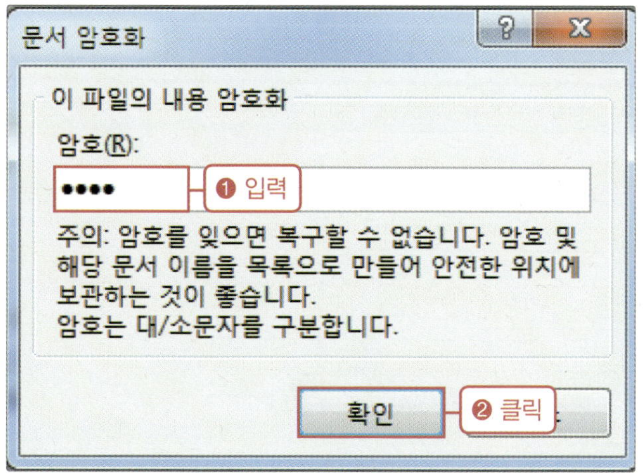

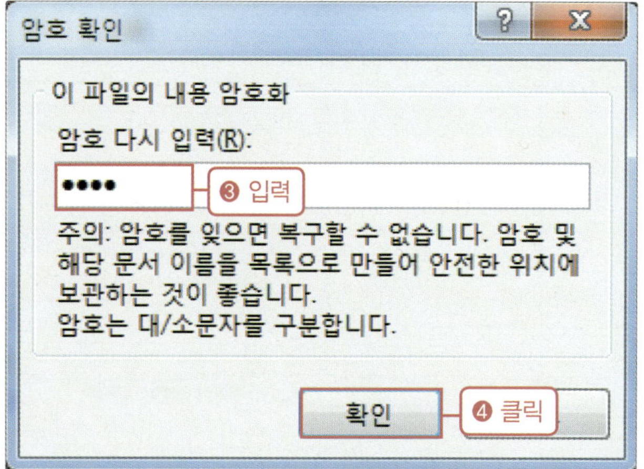

③ ❶ **[저장]**을 클릭하여 암호를 저장합니다.

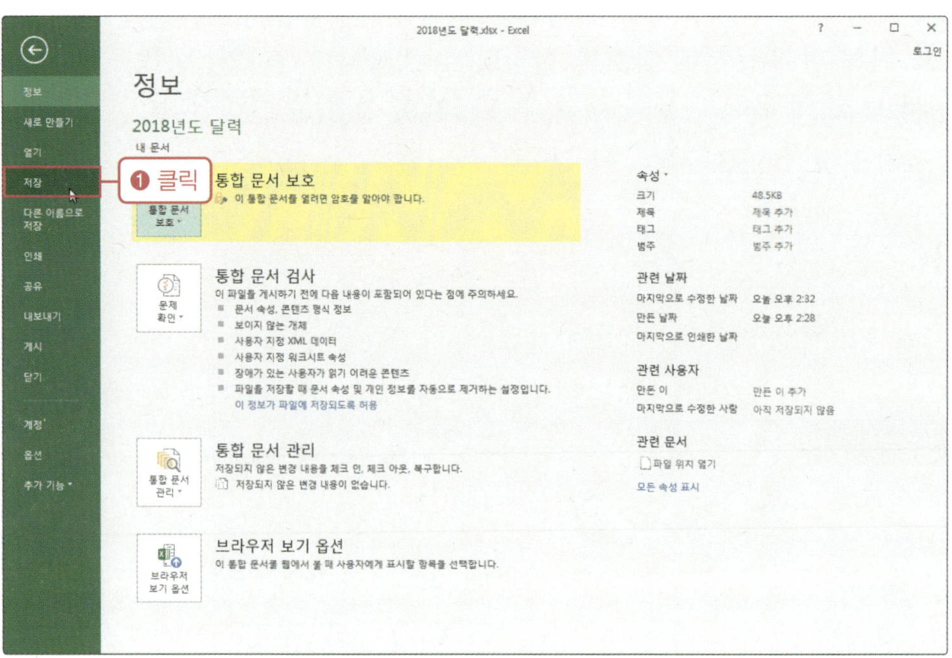

④ 현재 문서를 닫은 후 암호가 저장된 문서를 다시 엽니다. 암호를 묻는 대화상자가 열리면 저장된 ❶ **암호 "3540"**을 입력한 후 ❷ **[확인]**을 클릭합니다.

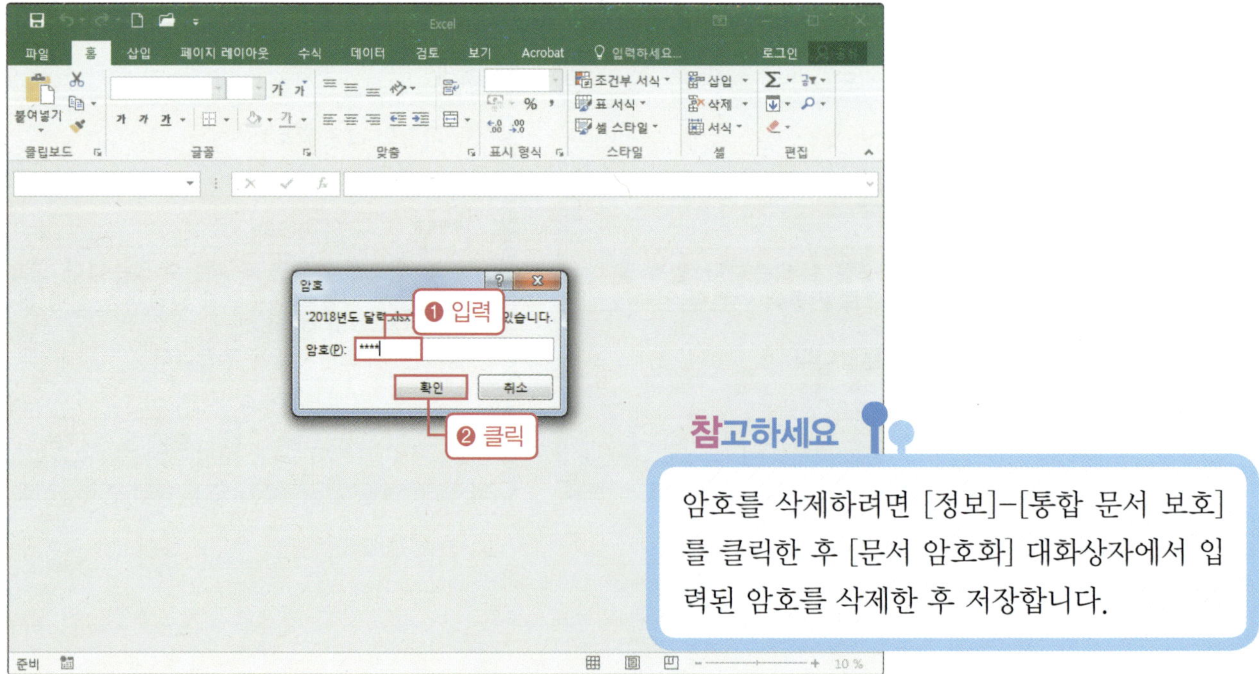

참고하세요

암호를 삭제하려면 [정보]-[통합 문서 보호]를 클릭한 후 [문서 암호화] 대화상자에서 입력된 암호를 삭제한 후 저장합니다.

엑셀 파일에 열기 암호와 쓰기 암호 설정하기

엑셀 파일을 열 때 암호를 아는 사람만 파일을 열거나 엑셀 파일을 열었어도 암호를 아는 사람만 입력·수정이 가능하도록 암호 설정을 할 수 있습니다.

[파일] 탭을 클릭한 후 [다른 이름으로 저장]–[이 PC]를 더블클릭합니다. [다른 이름으로 저장] 대화상자에서 [도구]–[일반 옵션]을 클릭합니다.

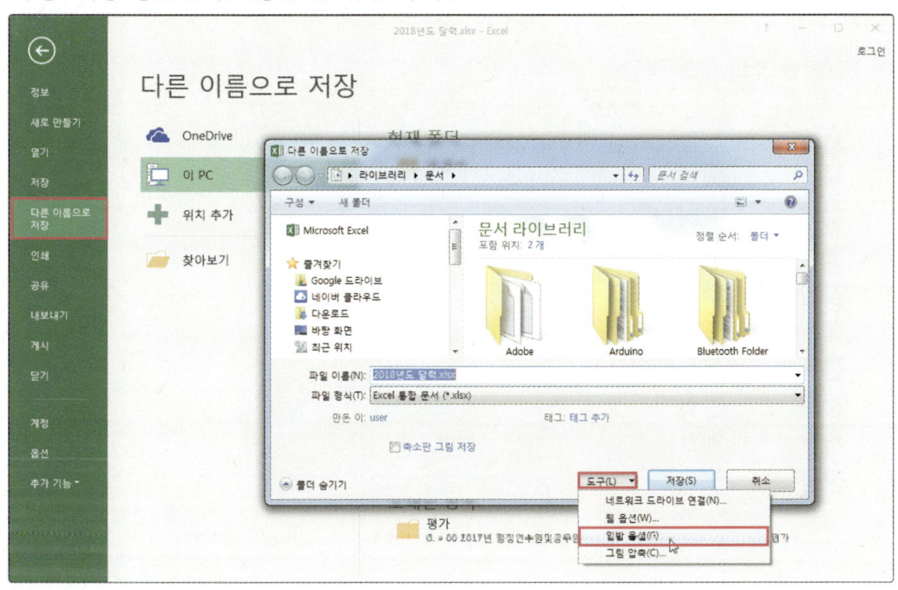

[일반 옵션] 대화상자에서 '열기 암호'와 '쓰기 암호'란에 암호를 입력합니다. [암호 확인] 대화상자에서 입력했던 암호를 입력한 후 [확인]을 클릭합니다.

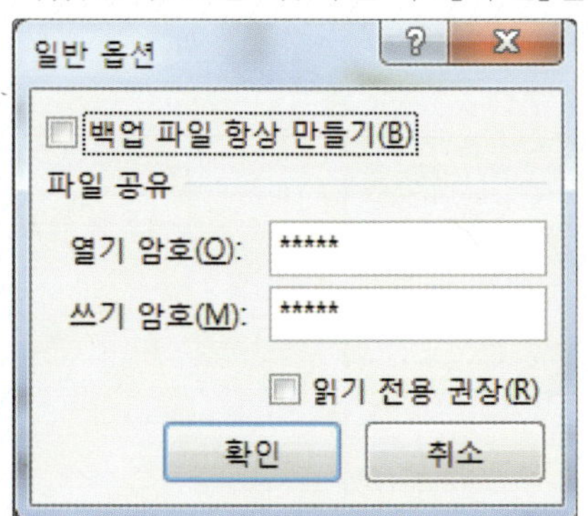
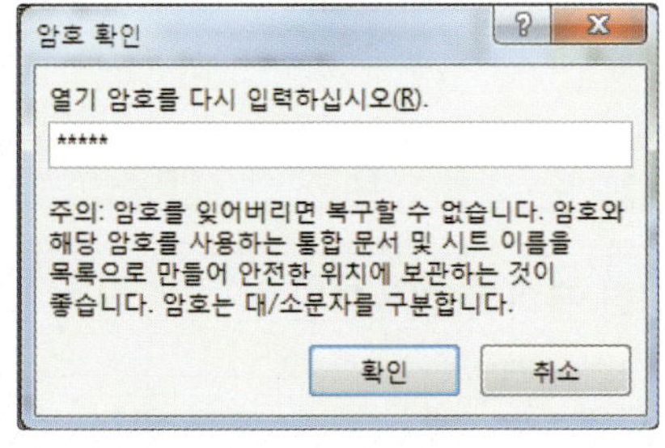
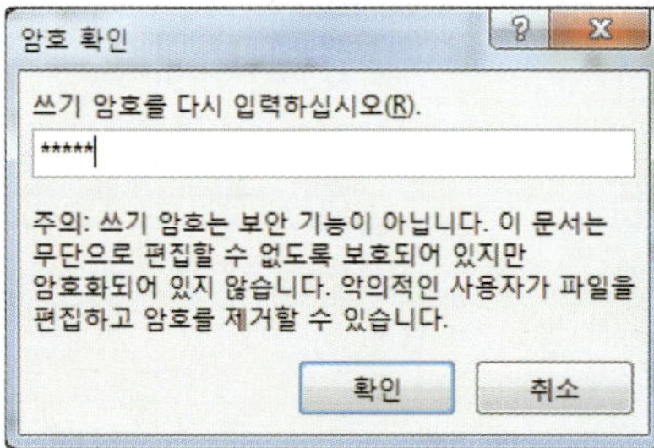

백업 파일 항상 만들기

백업 파일 항상 만들기에 체크를 하면 백업파일(*.xlk)이 생성됩니다. 원본파일을 삭제하는 등을 대비하여 원본의 복사본을 만들어 두면 유용합니다.

읽기 전용 권장

읽기 전용으로만 파일을 열 수 있습니다.

1 [새 통합문서]를 열고 다음 워크시트의 데이터를 작성하고 '영화동아리.xlsx'로 저장해 보세요. 저장된 문서를 닫으세요.

	A	B	C	D	E	F	G
1							
2		아카시아 영화 동아리 회원명단					
3							
4		성명	지역	장르			
5		윤아영	서울	액션			
6		김명식	경기	코미디			
7		박춘석	경기	공포/스릴러			
8		최선영	경남	다큐멘터리			
9		이신자	제주	드라마			
10		김순옥	전북	독립영화			
11		민대식	강원	판타지			
12		송영숙	서울	멜로			
13		유태식	전남	SF			

2 '영화동아리.xls' 문서를 열고, 다음과 같이 수정한 후 통합문서에 암호 '6254'를 설정해 보세요.

	A	B	C	D	E	F	G
1							
2		아카시아 영화 동아리 회원명단					
3							
4		성명	지역	관심 장르	추천 영화	영화목록	
5		윤아영	서울	액션			
6		김명식	경기	코미디			
7		박춘석	경기	공포/스릴러			
8		최선영	경남	다큐멘터리			
9		이신자	제주	드라마			
10		김순옥	전북	독립영화			
11		민대식	강원	판타지			
12		송영숙	서울	멜로			
13		유태식	전남	SF			

▲ 완성파일 : 영화동아리.xlsx

3 '목록'으로 서식파일을 검색한 후 '영화 목록' 서식파일을 다운로드해 보세요.

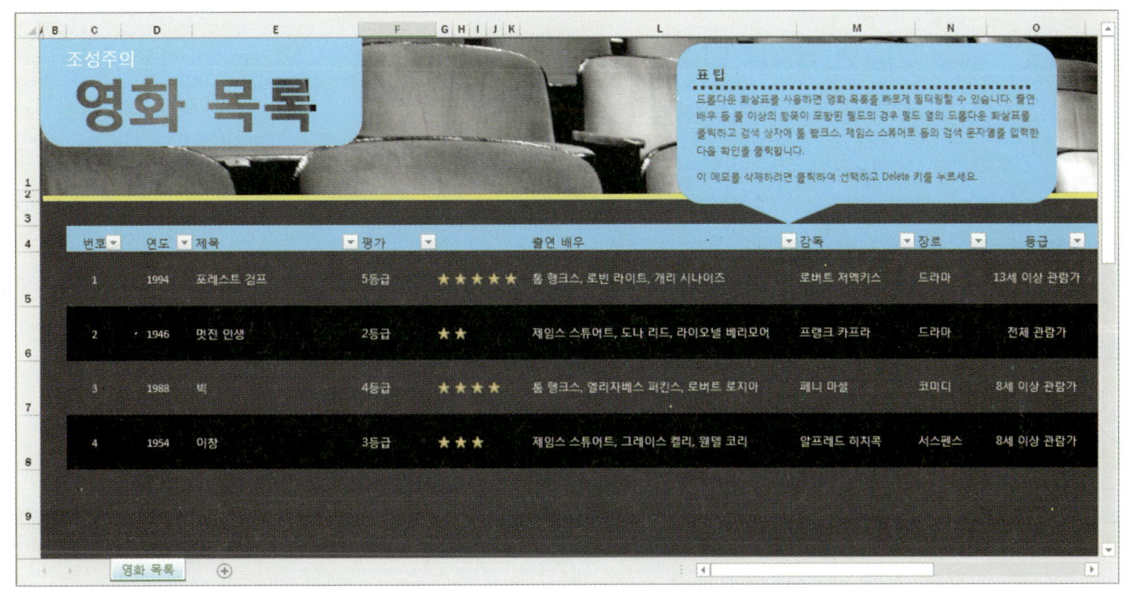

4 왼쪽 상단의 '조성주'를 본인의 이름으로 수정한 후 '영화 목록'으로 저장해 보세요.

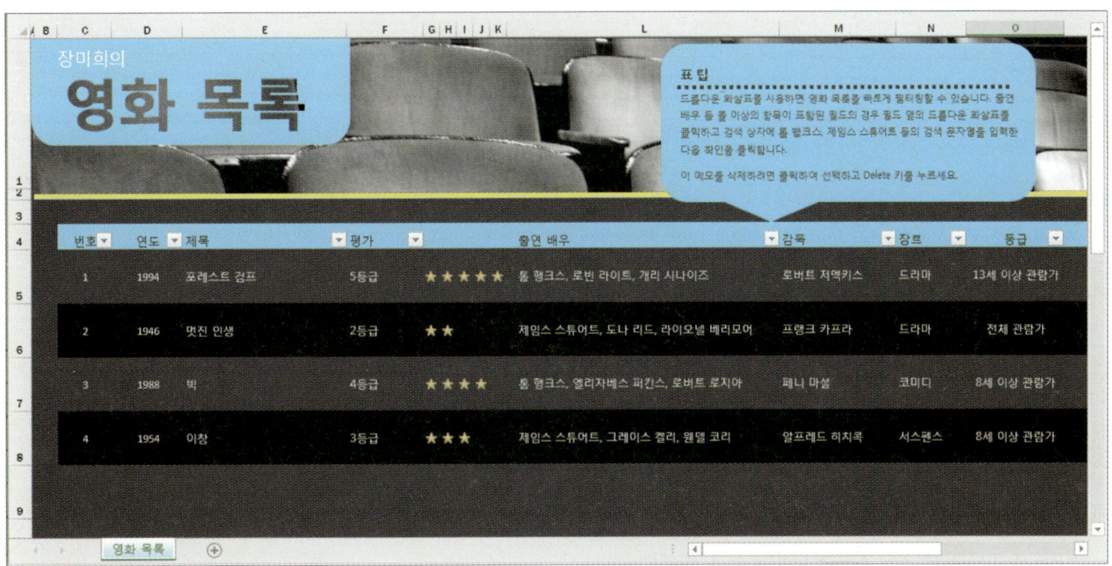

▲ 완성파일 : 영화목록.xlsx

03 올바른 데이터 입력과 수정

엑셀에서 가장 중요한 것은 데이터입니다. 기호와 한자를 입력할 수 있으며, 데이터는 문자, 날짜, 숫자, 시간데이터를 각각의 데이터 속성에 맞게 입력해야 오류를 줄일 수 있습니다.

➤➤ 기호와 한자를 입력해 봅니다.

➤➤ 문자와 숫자 데이터를 입력해 봅니다.

➤➤ 날짜와 시간 데이터를 입력해 봅니다.

배울 내용 미리보기 +

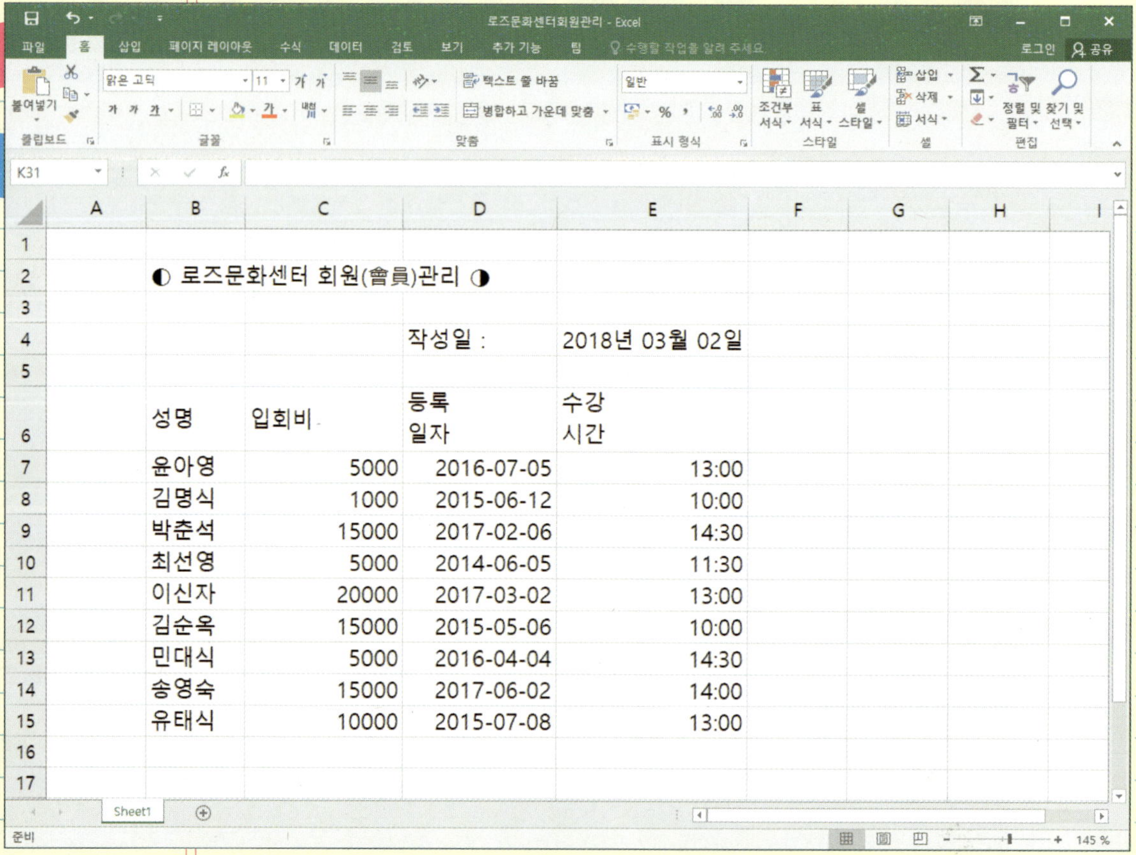

◐ 로즈문화센터 회원(會員)관리 ◑

성명	입회비	등록 일자	수강 시간	작성일 : 2018년 03월 02일
윤아영	5000	2016-07-05	13:00	
김명식	1000	2015-06-12	10:00	
박춘석	15000	2017-02-06	14:30	
최선영	5000	2014-06-05	11:30	
이신자	20000	2017-03-02	13:00	
김순옥	15000	2015-05-06	10:00	
민대식	5000	2016-04-04	14:30	
송영숙	15000	2017-06-02	14:00	
유태식	10000	2015-07-08	13:00	

▲ 파일명 : 로즈문화센터회원관리.xlsx

01 기호와 한자 입력하기

1 엑셀을 실행하고 새 문서를 엽니다. 기호를 입력하기 위해 ❶ [B2] 셀을 클릭한 후 ❷ [삽입] 탭의 [기호] 그룹에서 ❸ [기호]를 클릭합니다.

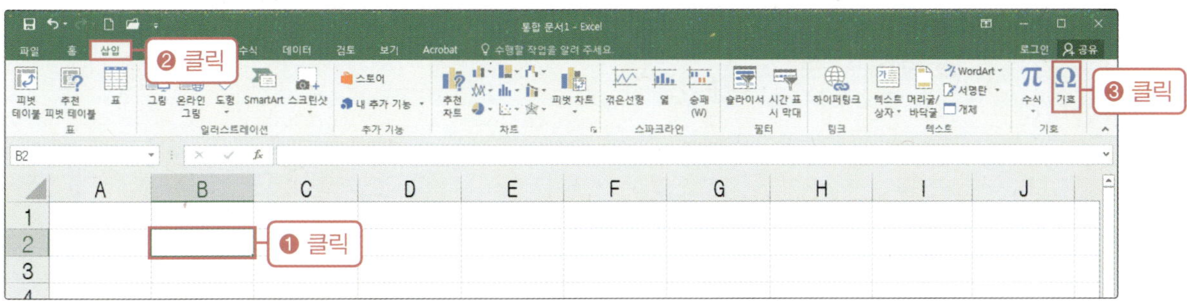

2 [기호] 대화상자가 열리면 [기호] 탭의 ❶ 글꼴은 **'현재 글꼴'**과 ❷ '하위 집합'의 **'도형 기호'**를 선택합니다. ❸ 기호 '◐'를 선택한 후 ❹ [삽입]과 ❺ [닫기]를 차례대로 클릭합니다. 나머지 텍스트 "로즈문화센터 회원"을 입력합니다.

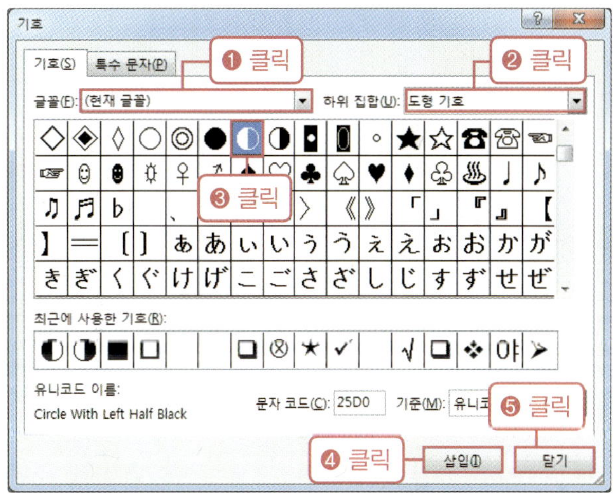

3 '회원'을 한자로 바꾸기 위해 ❶ **'회원'** 단어 뒤를 클릭한 후 키보드의 한자 **를 누릅니다.** [한글/한자 변환] 대화상자가 열리면 해당하는 ❷ **한자**와 ❸ 입력 형태의 **'한글(漢字)'**을 선택한 후 ❹ **[변환]**을 클릭합니다.

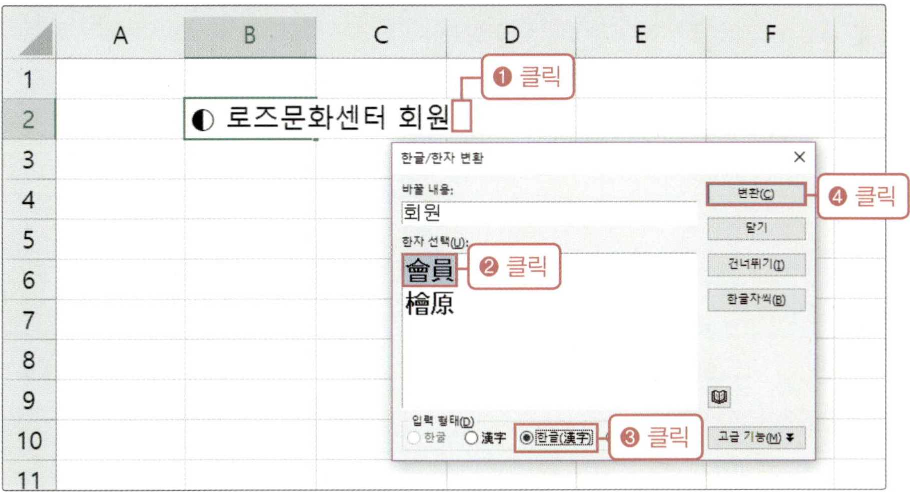

4 "**관리**"를 추가로 입력합니다. 이번에는 한글 자음을 이용하여 특수기호를 삽입해 보겠습니다. 한글 자음 ❶ "ㅁ"을 입력한 후 ^{한자}를 누릅니다. 특수기호 목록의 ❷ **확장 단추**를 클릭합니다.

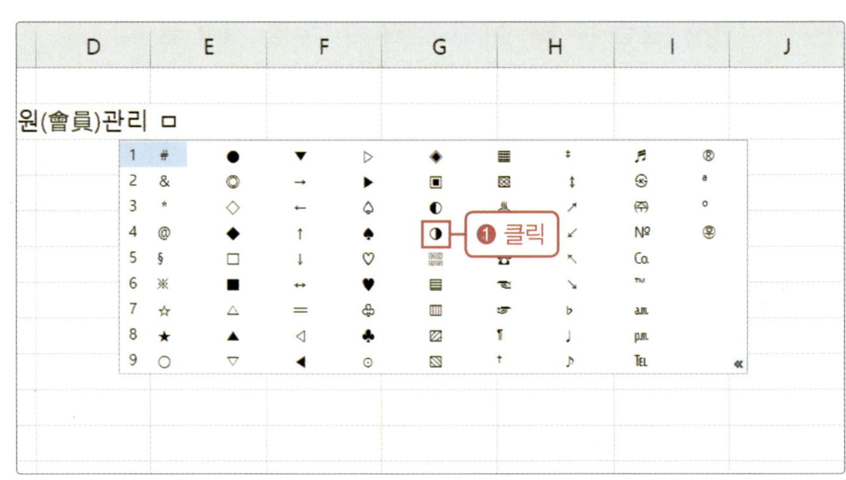

5 특수기호 목록 전체가 열리면 ❶ '◑'를 선택합니다.

6 [삽입] 탭의 [기호]를 이용하여 입력하거나 '자음'과 '한자' 키를 이용하여 특수기호를 입력할 수 있습니다.

[삽입] 탭의 [기호]를 이용하는 방법에서 [하위 집합]의 목록에서 '네모 기호', '도형 기호', '기타 기호' 등 기호를 선택하여 입력할 수 있습니다.

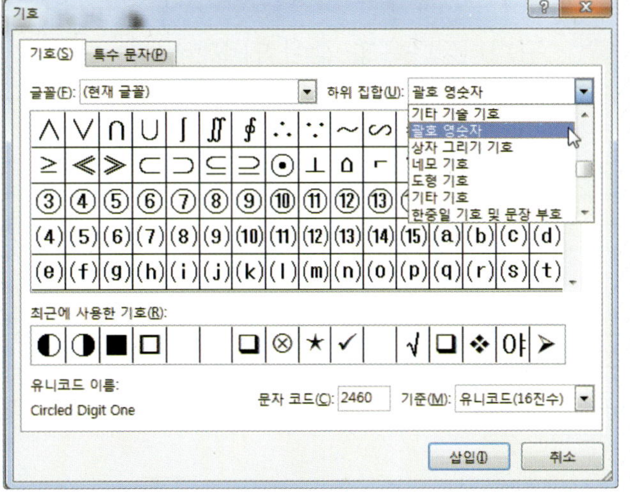

[기호] 탭의 [글꼴] 목록에서 'Webdings, Wingdings, Wingdings 2, Wingdings 3'을 선택하여 입력할 수 있습니다.

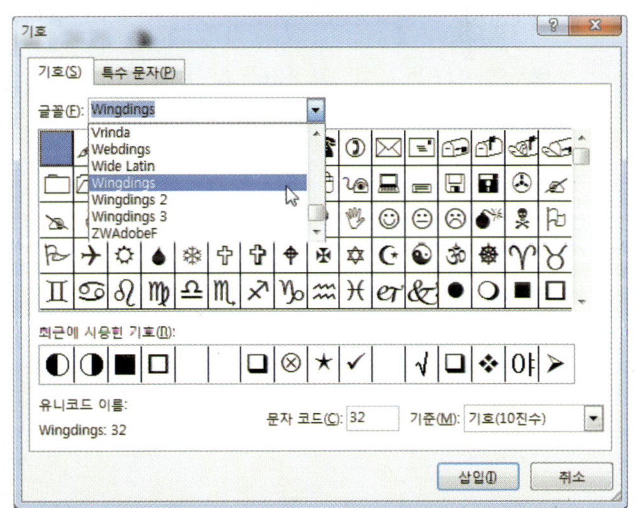

한글의 자음과 한자 키를 이용하여 특수기호를 입력할 수 있습니다.

자음	구분	특수문자	자음	구분	특수문자
ㄱ	특수기호	! , . / : ; ? ^	ㅇ	영수자 원문자,괄호문자	ⓐⓑⓒ①②⒜⒝
ㄴ	괄호문자	" ( ) [ ] { } ≪ ≫	ㅈ	로마 숫자	ⅰ ⅱ ⅲ Ⅰ Ⅱ
ㄷ	수학기호	+ − 〈 = 〉 ∈	ㅊ	분수와 첨자	½ ⅓ ¼ ⅛ ^{12n}
ㄹ	단위	$ % ₩ ℃ ㎣	ㅋ	자모음	ㄱ ㄲ ㄳ ㄴ ㄵ ㅎ
ㅁ	도형문자	# & ※ ★ ○	ㅌ	고어	ㄴㄴ ㄷㄷ ㄹㄱ ㄹㅿ 병 풍
ㅂ	괘선	─ ┌ ┐ ├ └	ㅍ	영문자	A B C D
ㅅ	한글 원문자, 괄호문자	㉠ ㉡ ㉢ ㈀ ㈁	ㅎ	로마문자	Α Β Γ Δ Ε Θ Ω Φ

1 문자는 계산이 되지 않는 항목으로 왼쪽 정렬이 됩니다. 다음과 같이 입력합니다.

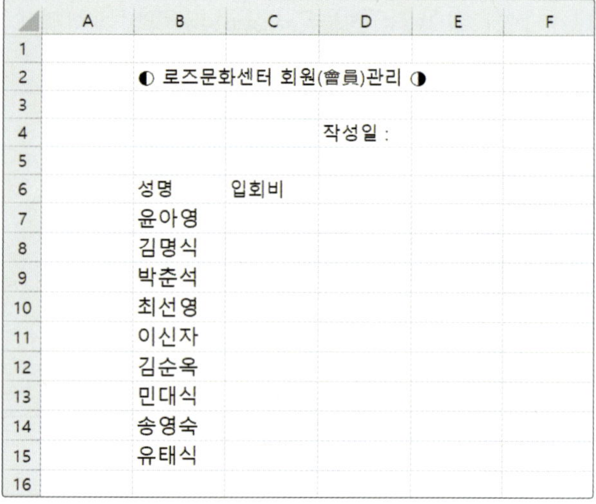

2 한 셀에 두 줄을 입력하기 위해 ❶ [D6] 셀에 **"등록"**을 입력한 후 ❷ `Alt` + `Enter` 를 누릅니다.

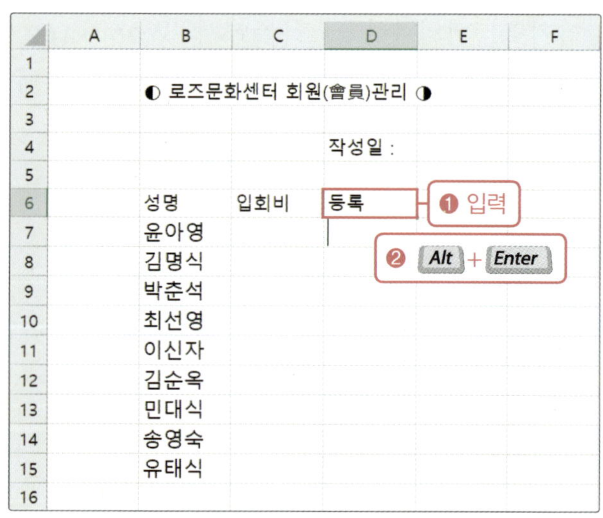

3 **"일자"**를 입력한 후 `Enter` 를 누릅니다. 한 셀에 두 줄이 입력됩니다.

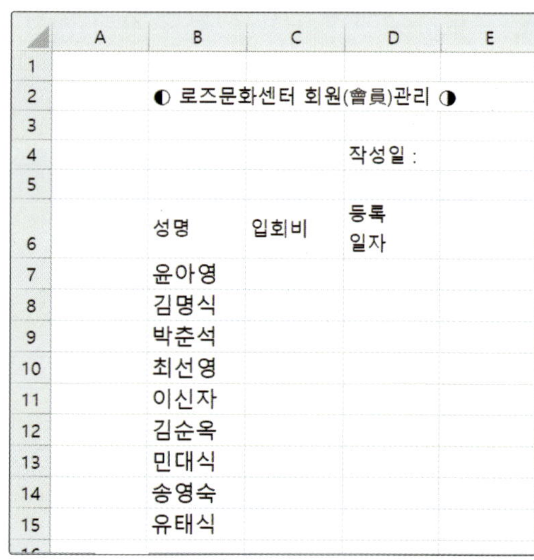

④ [E6] 셀에 **"수강"**을 입력한 후 `Alt` + `Enter` 를 누른 후 **"시간"**을 입력합니다. `Enter` 를 눌러 입력을 완성합니다.

⑤ ❶ **[C7] 셀부터 숫자를 입력합니다.** 숫자는 오른쪽 정렬이 됩니다.

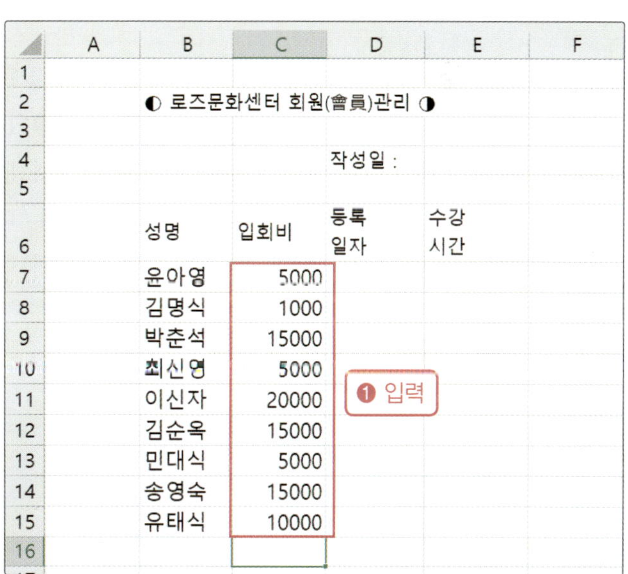

참고하세요

- 숫자는 숫자만 입력을 해야 계산이 가능합니다.
- 문자와 숫자가 결합된 경우는 문자로 인식합니다.
- 숫자를 문자로 입력하려면 숫자 앞에 홀따옴표(')를 입력합니다.
- 숫자가 너무 긴 경우에는 지수형태로 표시가 됩니다.

숫자	문자+숫자=문자	숫자를 문자로	지수형태의 숫자
15000	15000원	'15000	4.56456E+17
1200	1200개		

1 [E4] 셀을 클릭한 후 "2018년 3월 2일"을 입력합니다.

참고하세요

'년월일'을 직접 입력하는 경우 띄어쓰기를 하지 않으면 문자 형태로 입력됩니다. '년월일'을 직접 입력할 때에는 '년월일' 사이를 띄어주세요.

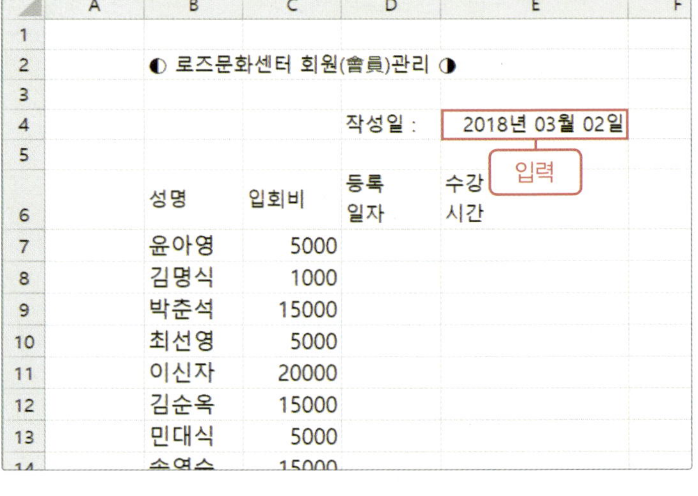

2 Enter 를 누릅니다. 열 너비의 폭이 좁아서 '######'으로 표시되었습니다. ❶ 'E'열과 'F'열 사이에 마우스를 올려놓으면 '✛' 표시가 나타납니다. 이 상태에서 더블클릭하여 **열 너비를 자동으로 조절**합니다.

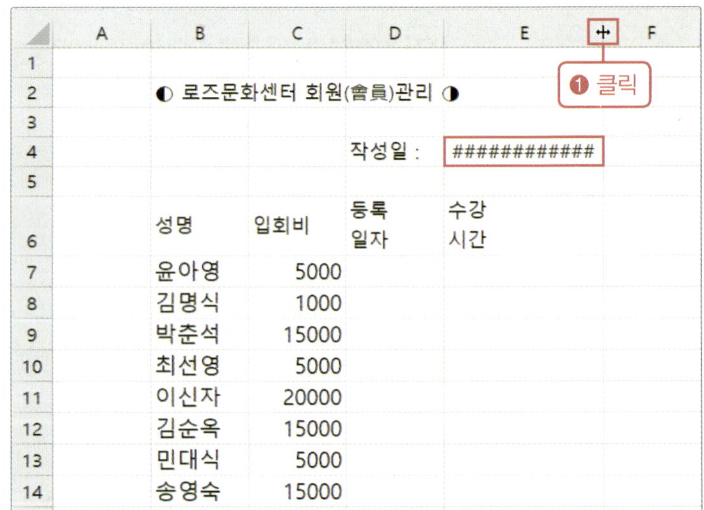

3 날짜 형식에 맞춰 입력할 때는 '년/월/일' 또는 '년-월-일' 형식으로 입력합니다. **[D7] 셀에 클릭한 후 "2016-7-5"를 입력한 후** Enter **를 누릅니다.**

참고하세요

날짜형식은 '2016-7-5'로 입력해도 엑셀 기본 표시형식에 따라 2016-07-05로 표시됩니다.

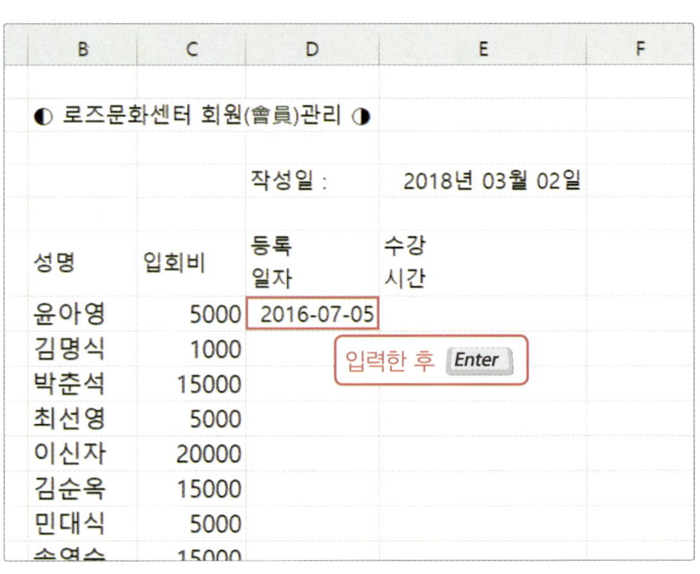

4 나머지 날짜도 모두 입력합니다.

B	C	D	E	F
◑ 로즈문화센터 회원(會員)관리 ◑				
		작성일 :	2018년 03월 02일	
성명	입회비	등록 일자	수강 시간	
윤아영	5000	2016-07-05		
김명식	1000	2015-06-12		
박춘석	15000	2017-02-06		
최선영	5000	2014-06-05		
이신자	20000	2017-03-02		
김순옥	15000	2015-05-06		
민대식	5000	2016-04-04		
송영숙	15000	2017-06-02		
유태식	10000	2015-07-08		

참고하세요

날짜 형식대로 입력되었는지는 수식입력줄을 확인하세요.
- 날짜 형식 입력 : 2018-03-05
- 문자 형식 입력 : 2018년3월5일

5 '시간'을 입력하기 위해 **[E7] 셀을 클릭한 후 "13:00"을 입력합니다.** 시간은 '시:분:초'로 입력합니다.

B	C	D	E	F
◑ 로즈문화센터 회원(會員)관리 ◑				
		작성일 :	2018년 03월 02일	
성명	입회비	등록 일자	수강 시간	
윤아영	5000	2016-07-05	13:00	
김명식	1000	2015-06-12	입력	
박춘석	15000	2017-02-06		
최선영	5000	2014-06-05		
이신자	20000	2017-03-02		
김순옥	15000	2015-05-06		

6 나머지 데이터도 모두 입력합니다.

	A	B	C	D	E
1					
2		◑ 로즈문화센터 회원(會員)관리 ◑			
3					
4				작성일 :	2018년 03월 02일
5					
6		성명	입회비	등록 일자	수강 시간
7		윤아영	5000	2016-07-05	13:00
8		김명식	1000	2015-06-12	10:00
9		박춘석	15000	2017-02-06	14:30
10		최선영	5000	2014-06-05	11:30
11		이신자	20000	2017-03-02	13:00
12		김순옥	15000	2015-05-06	10:00
13		민대식	5000	2016-04-04	14:30
14		송영숙	15000	2017-06-02	14:00
15		유태식	10000	2015-07-08	13:00

1 다음 워크시트의 내용을 작성해 보세요.

	A	B	C	D	E	F	G
1		★ 주말 날씨 예보(豫報) ★					
2							
3		월	맑음	○	나들이, 빨래 좋음		
4		화	흐리고 비		세차는 다음에		
5		수	번개		놀라지 말아요		
6		목	흐림		습도가 있어요		
7		금	미끄럼 주의		눈길 조심하세요		
8		토	맑음	○	데이트 좋아요		
9		일	맑다가 흐림		우산 준비하세요		

▲ 완성파일 : 날씨예보.xlsx

 • [삽입]–[기호]–[Webdings], ㅁ+한자 키

2 다음 워크시트의 내용을 작성해 보세요.

	A	B	C	D	E	F	G
1		벚꽃 봄빛 생활체육 안내					
2							
3		생활체육 종목	모집인원 (명)	접수인원 (명)	수강료 (원)		
4		① 훨훨 배드민턴	30	25	15000		
5		② 날씬이 수영	20	20	20000		
6		③ 나비처럼 댄스	25	20	15000		
7		④ 으라차차 헬스	50	65	10000		
8		⑤ 마음수양 요가	20	17	20000		
9		⑥ 인어처럼 스킨스쿠버	10	8	30000		
10							
11		※ 장비는 개인이 준비해야하며, 정원 초과시 대기자 명단					
12		§ 출석일이 ⅓이상 결석 시 수료증이 발급되지 않음					

▲ 완성파일 : 생활체육안내.xlsx

 • 자음+한자 키, 한 셀에 여러줄 입력은 Alt + Enter

3 다음 워크시트의 내용을 작성해 보세요.

	A	B	C	D	E	F	G
1		■ 보드람 쇼핑몰 주문 현황(現況)					
2							
3		주문번호	고객명	상품명	주문일	배송기간	
4		A-01	김지나	건조기	04월 05일	3일	
5		A-03	유원형	세탁기	04월 05일	2일	
6		B-02	노형일	냉장고	05월 03일	6일	
7		C-02	강찬수	UHDTV	04월 10일	3일	
8		B-01	장민정	제습기	05월 04일	1일	
9		C-04	박유아	청소기	05월 02일	1일	
10		A-01	김선경	스마트빔	05월 14일	2일	

▲ 완성파일 : 주문현황.xlsx

4 다음 워크시트의 내용을 작성하고 암호를 '1478'로 설정해 보세요.

	A	B	C	D	E	F	G
1		이룸 정보화 능력 평가표					
2					작성일 :		2018년 04월 09일
3							
4		성명	평가일	검색	문서작성	평가	
5		김순옥	2017-03-06	60	85	145	
6		심양섭	2017-04-02	70	90	160	
7		정수현	2018-03-06	100	100	200	
8		이미현	2017-05-07	75	85	160	
9		박숙희	2018-03-06	95	100	195	
10		최미란	2017-04-02	100	70	170	
11		민지영	2017-05-07	90	80	170	

▲ 완성파일 : 평가표.xlsx

04 자동 채우기 입력하기

데이터를 입력하는 방법으로 자동 채우기가 있습니다. 동일한 데이터를 반복적으로 입력하거나 연속적으로 증가 또는 감소, 원하는 데이터 순으로 입력할 수 있습니다.

- 자동 채우기 핸들 방법을 알아봅니다.
- 사용자 지정 목록으로 채우기 핸들 방법을 알아봅니다.

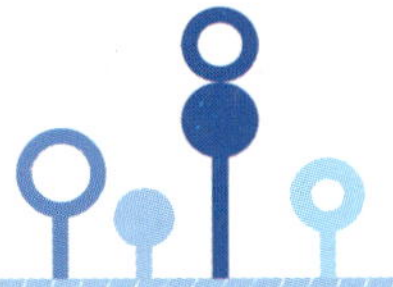

배울 내용 미리보기

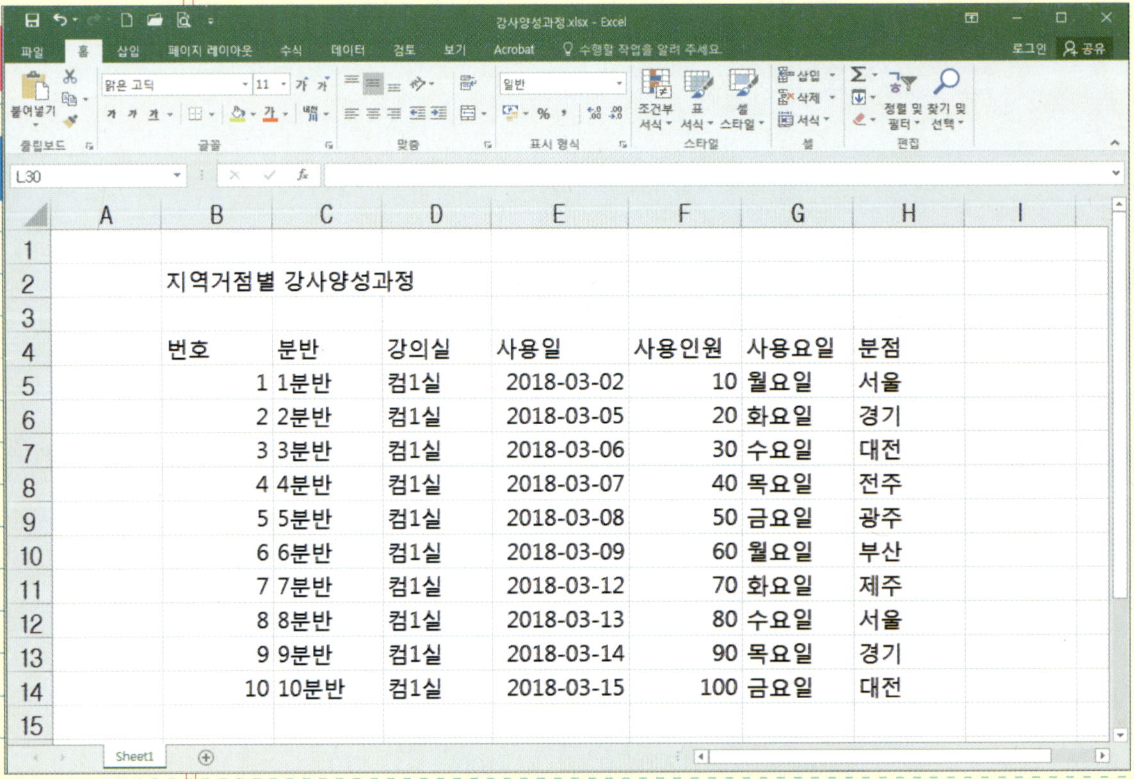
강사양성과정.xlsx - Excel
지역거점별 강사양성과정
번호 분반 강의실 사용일 사용인원 사용요일 분점
1 1분반 컴1실 2018-03-02 10 월요일 서울
2 2분반 컴1실 2018-03-05 20 화요일 경기
3 3분반 컴1실 2018-03-06 30 수요일 대전
4 4분반 컴1실 2018-03-07 40 목요일 전주
5 5분반 컴1실 2018-03-08 50 금요일 광주
6 6분반 컴1실 2018-03-09 60 월요일 부산
7 7분반 컴1실 2018-03-12 70 화요일 제주
8 8분반 컴1실 2018-03-13 80 수요일 서울
9 9분반 컴1실 2018-03-14 90 목요일 경기
10 10분반 컴1실 2018-03-15 100 금요일 대전
Sheet1

▲ 파일명 : 강사양성과정.xlsx

1 [새 통합문서]를 열고 다음과 같이 입력한 다음 [B5] 셀의 오른쪽 하단의 **자동 채우기 핸들(+) 위에 마우스를 올려놓습니다.**

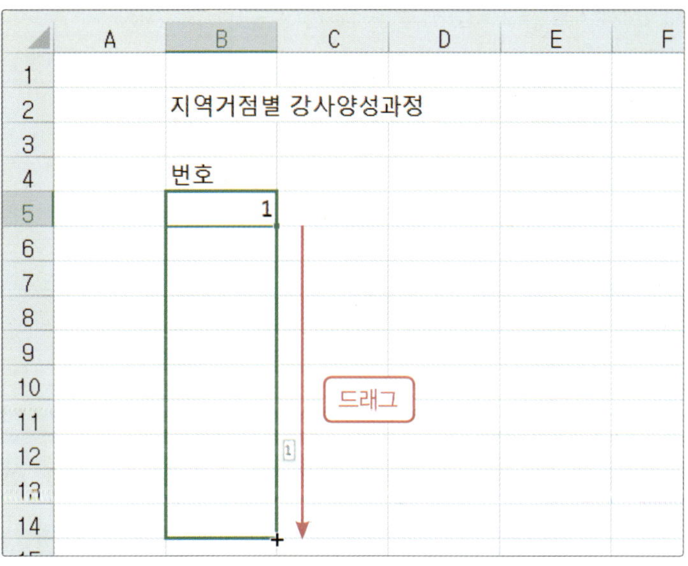

2 마우스 포인터가 '+' 모양일 때 [B14] 셀 **까지 채우기 핸들을 드래그 앤 드롭**합니다.

참고하세요

드래그 앤 드롭 : 마우스를 누른 채 끌었다 놓기입니다.

3 숫자가 복사되었습니다. 오른쪽 하단의 ❶ **[자동 채우기 옵션]**을 클릭하여 ❷ **[연속 데이터 채우기]**를 선택합니다.

참고하세요

Ctrl 을 누르고 자동 채우기 핸들을 하면 1씩 증가됩니다.

4 [C5] 셀에 ❶ **"1분반"**을 입력한 후 ❷ [C14] **셀까지 자동 채우기 핸들**합니다. 숫자와 문자가 결합되면 숫자는 증가하고 문자는 복사됩니다.

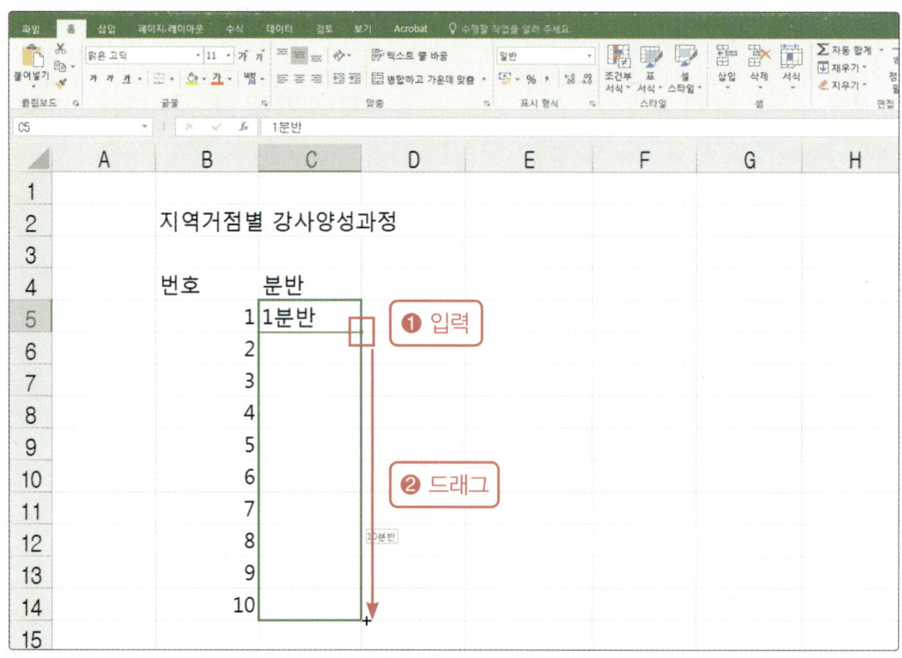

5 ❶ [D5] 셀에 **"컴1실"**을 입력한 후 [D14] **셀까지 자동 채우기 핸들**합니다. ❷ **[자동 채우기 옵션]**을 클릭하여 ❸ **[셀 복사]**를 선택합니다. 같은 내용으로 복사됩니다.

6 ❶ [E5] 셀에 "2018-3-2"를 입력한 후 채우기 핸들을 이용하여 ❷ **[E14] 셀까지 드래그**합니다. ❸ **[자동 채우기 옵션]** 단추의 ❹ **[평일 단위 채우기]**를 선택합니다. 주말을 제외한 날짜로 채우기가 됩니다.

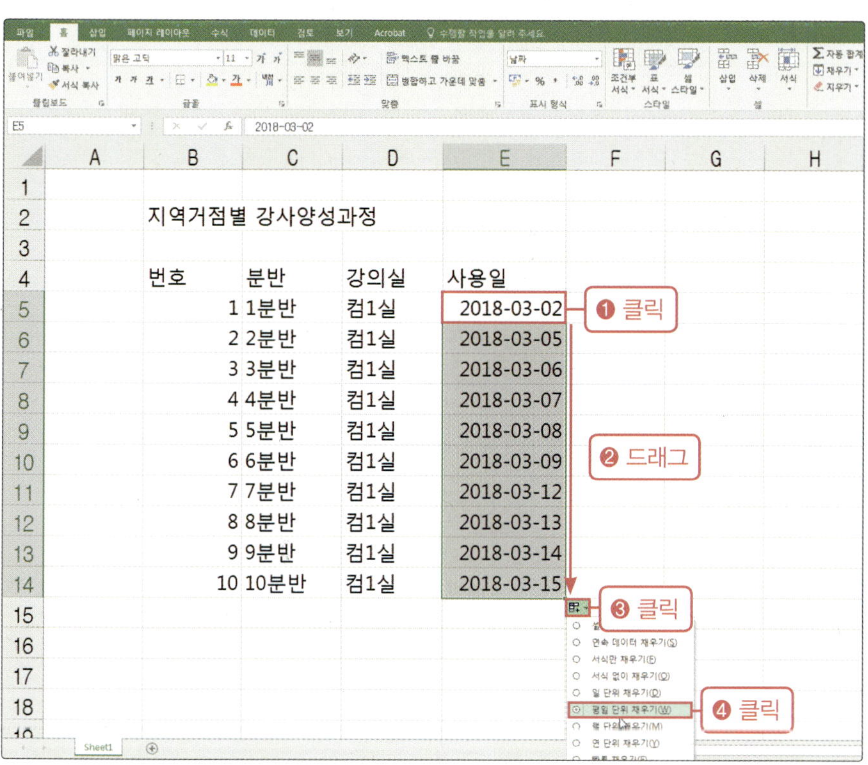

7 ❶ [F5] 셀에 "10"을 입력하고 [F6] 셀에 "20"을 입력합니다. 두 셀을 **영역으로 지정한 후 오른쪽 하단의 채우기 핸들을 클릭**합니다.

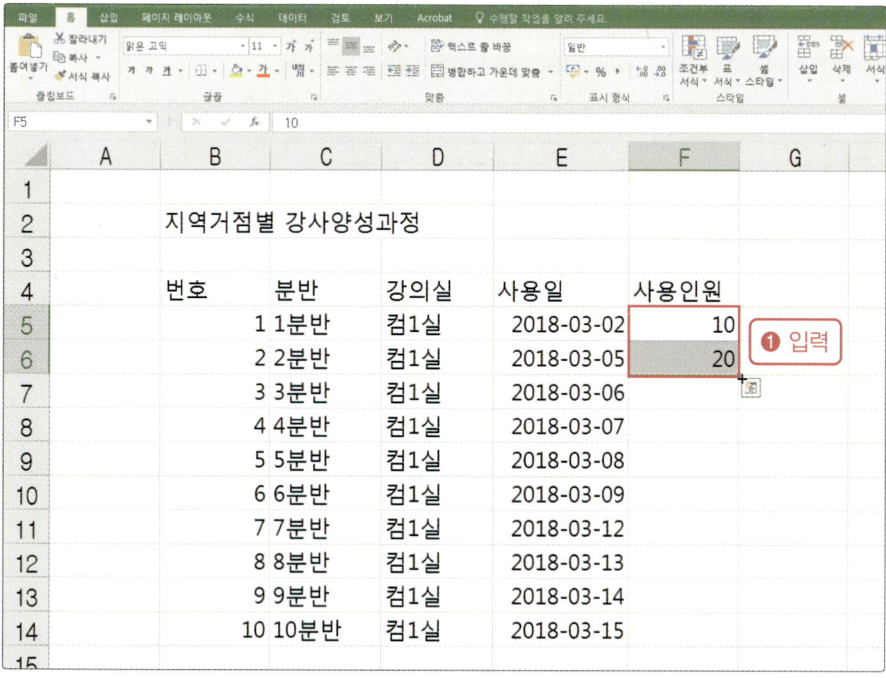

8 채우기 핸들을 이용해 **[F14] 셀까지 드래그**합니다. 초기값 "10"과 종료값 "20"을 입력하면 그 사이의 값만큼 증가 또는 감소되어 채우기가 됩니다.

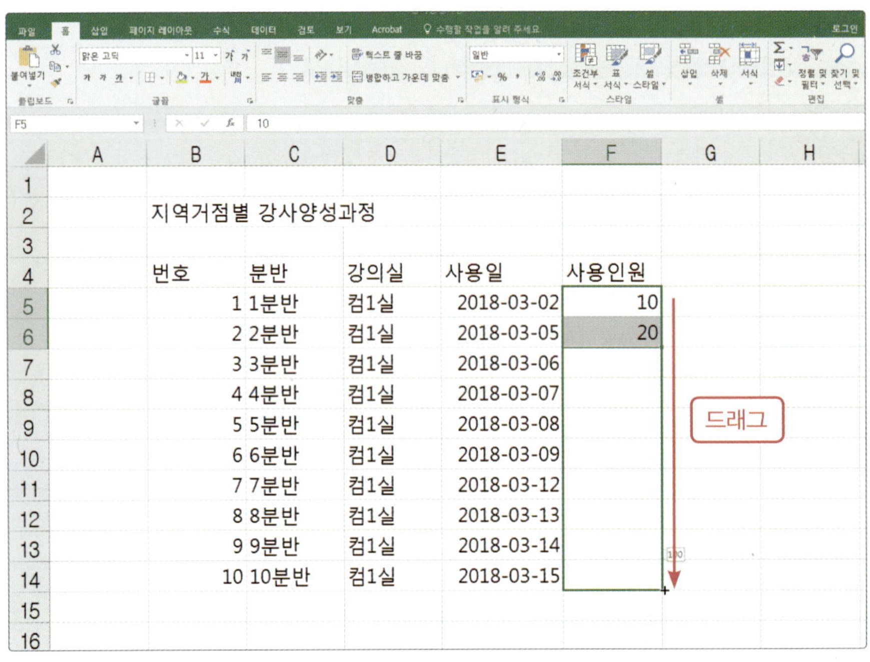

9 ❶ [G5] 셀에 **"월요일"**을 입력하고 ❷ [G14] 셀까지 **채우기 핸들**을 합니다. ❸ [자동 채우기 옵션에서 ❹ '**평일 단위 채우기**'를 선택합니다. 주말을 제외하고 채우기가 됩니다. 사용자 지정 목록에 있는 데이터는 자동 채우기가 됩니다.

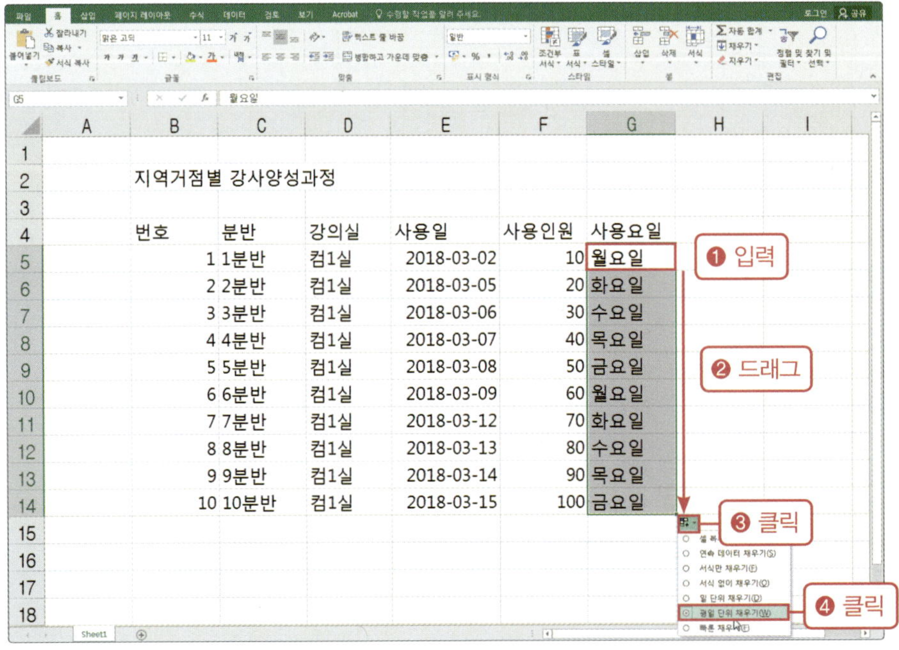

사용자 지정 목록 채우기

1 자주 사용하는 목록은 사용자 지정 목록에 목록을 추가하여 입력합니다. [파일] 탭을 클릭한 후
❶ [옵션]을 선택합니다. [Excel 옵션] 대화상자가 열리면 ❷ [고급] 탭의 [일반] 항목에서 ❸
[사용자 지정 목록 편집]을 클릭합니다.

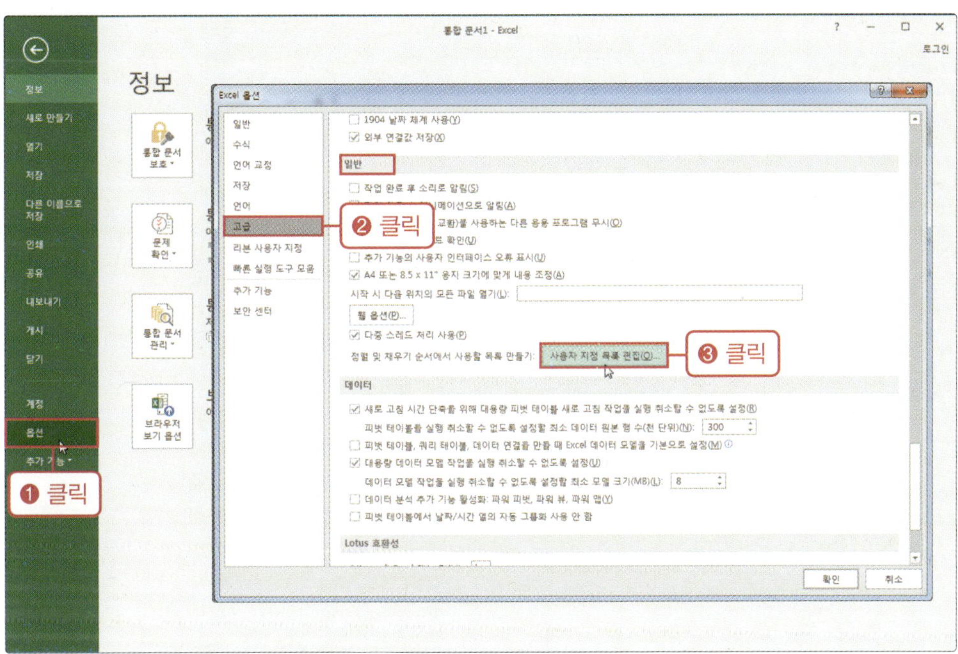

2 [사용자 지정 목록] 대화상자가 열리면 ❶ [목록 항목] 란에 "서울, 경기, 대전, 전주, 광주, 부
산, 제주"를 입력한 후 ❷ [추가]를 클릭하여 추가 목록을 확인한 후 ❸ [확인]을 클릭합니다.

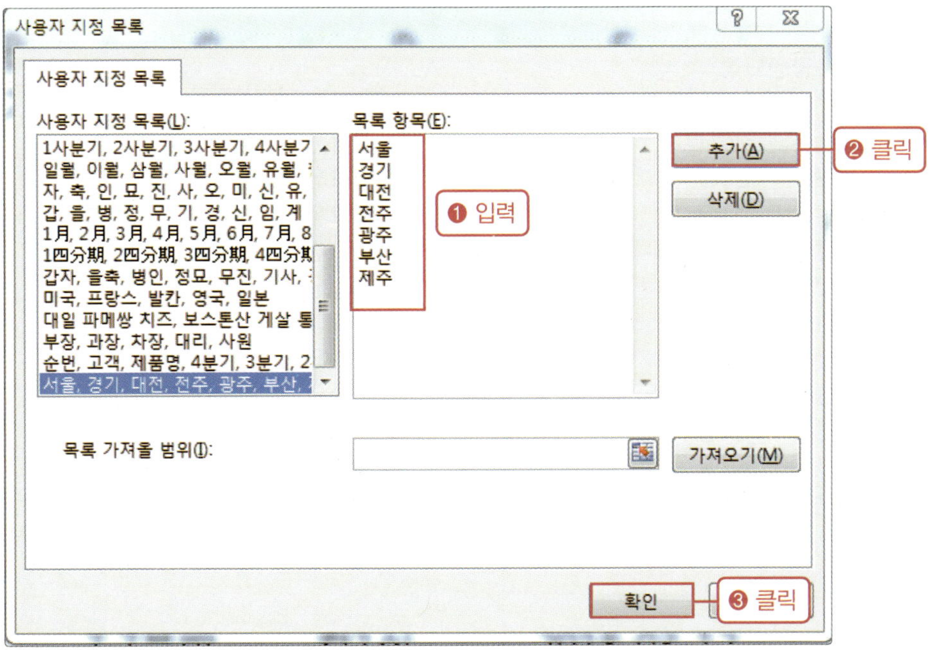

3 [Excel 옵션] 창으로 돌아오면 ❶ **[확인]**을 클릭합니다.

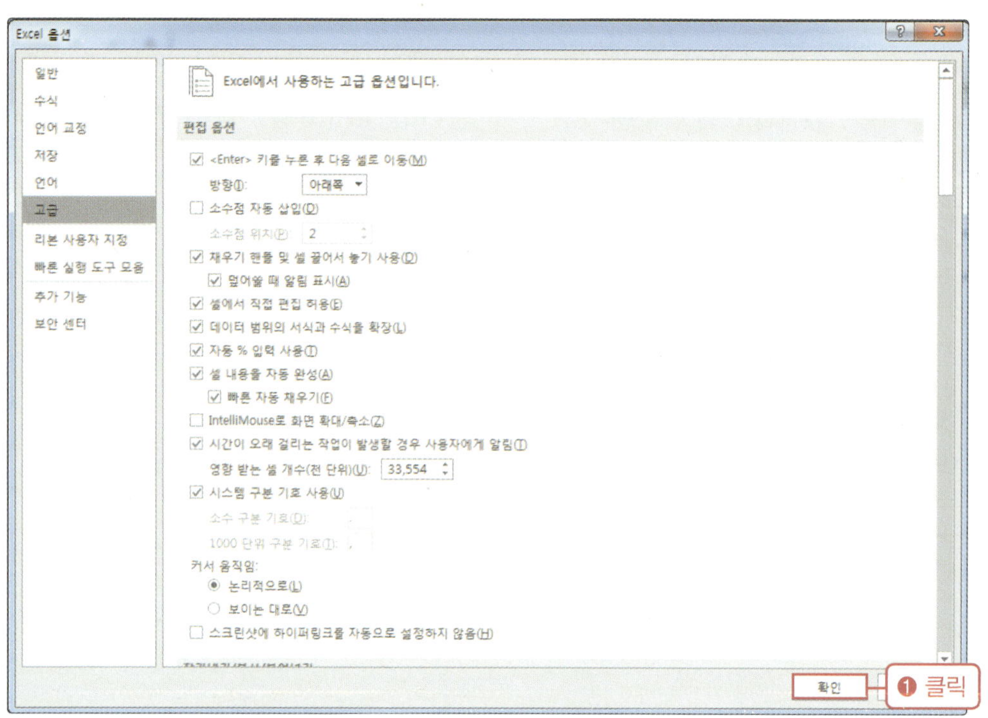

4 사용자 지정 목록에 추가된 데이터를 입력하기 위해 ❶ [H5] 셀에 **"서울"**을 입력합니다. ❷ **[H14] 셀까지 채우기 핸들**을 합니다. 사용자 목록에 추가했던 목록이 자동 채우기가 됩니다.

	A	B	C	D	E	F	G	H
2		지역거점별 강사양성과정						
3								
4		번호	분반	강의실	사용일	사용인원	사용요일	분점
5		1	1분반	컴1실	2018-03-02	10	월요일	서울
6		2	2분반	컴1실	2018-03-05	20	화요일	경기
7		3	3분반	컴1실	2018-03-06	30	수요일	대전
8		4	4분반	컴1실	2018-03-07	40	목요일	전주
9		5	5분반	컴1실	2018-03-08	50	금요일	광주
10		6	6분반	컴1실	2018-03-09	60	월요일	부산
11		7	7분반	컴1실	2018-03-12	70	화요일	제주
12		8	8분반	컴1실	2018-03-13	80	수요일	서울
13		9	9분반	컴1실	2018-03-14	90	목요일	경기
14		10	10분반	컴1실	2018-03-15	100	금요일	대전
15								
16								
17								

"혼자 풀어 보세요"

1 다음 워크시트의 내용을 자동 채우기 핸들로 작성해 보세요.

[조건] • '연번'의 번호를 자동 채우기하세요.
  • '검진시간'을 자동 채우기하세요.

	A	B	C	D	E
1					
2		가을 정기 체력 검진 표			
3					
4		연번	코드	종목	검진시간
5		1	A03	100M달리기	9:00
6		2	A05	윗몸일으키기	10:00
7		3	A07	멀리뛰기	11:00
8		4	A09	줄넘기	12:00
9		5	A11	공던지기	13:00
10		6	A13	턱걸이	14:00
11					

▲ 완성파일 : 체력검진표.xlsx

2 다음 워크시트의 내용을 자동 채우기 핸들로 작성해 보세요.

[조건] • '월별', '지역', '납품종목(개)'을 자동 채우기하세요.

	A	B	C	D	E
1		월별 매출 보고서(報告書)			
2					
3		월별	지역	매출액 (천원)	납품종목 (개)
4		1월	서울	15000	5
5		2월	경기	24500	10
6		3월	인천	13500	15
7		4월	서울	24800	20
8		5월	경기	17800	25
9		6월	인천	26800	30

▲ 완성파일 : 월별매출보고서.xlsx

 • '지역'을 '서울, 경기, 인천'을 입력한 후 영역 지정한 후 자동 채우기를 합니다. '자동 채우기 옵션'에서 '셀 복사'를 누릅니다.

05 워크시트 편집하기

셀(Cell)은 워크시트의 단위이며, 셀들이 모여 하나의 워크시트를 이룹니다. 워크시트에서는 셀의 복사와 이동, 행과 열의 삽입과 삭제, 너비와 열 조정 및 숨기기와 숨기기 취소 등 셀의 편집을 할 수 있습니다.

➡➡ 행과 열의 삽입과 삭제 및 너비 조정을 알아봅니다.

➡➡ 셀의 복사와 이동을 알아봅니다.

➡➡ 행과 열의 숨기기와 숨기기 취소를 알아봅니다.

배울 내용 미리보기 

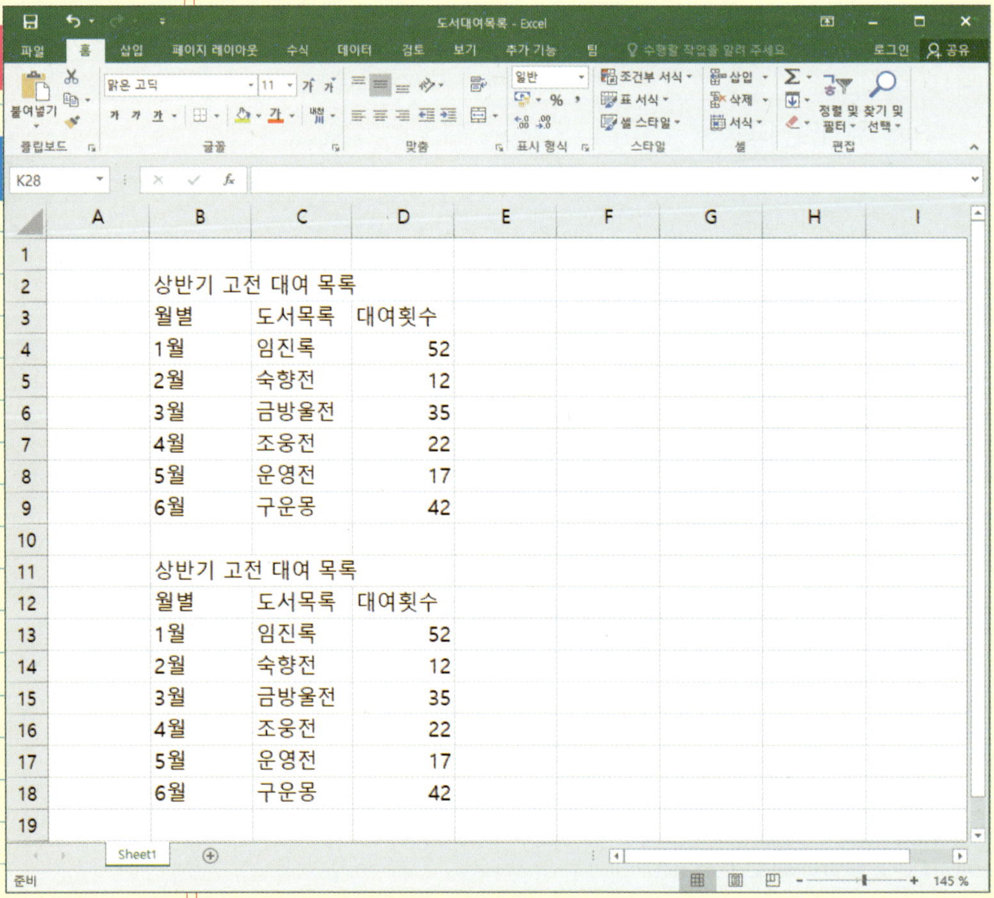

▲ 파일명 : 도서대여목록.xlsx

01 행/열 편집하기

1 다음 워크시트와 같이 작성합니다.

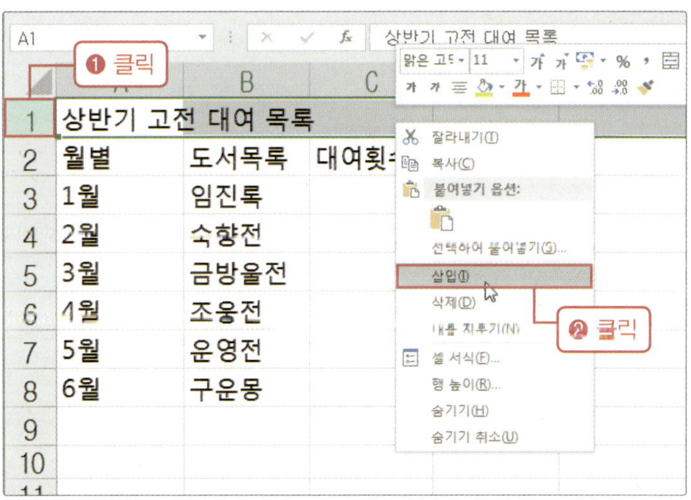

2 제목 줄 위에 행을 삽입하기 위해 ❶ **1행 머리글**을 클릭한 후 마우스 오른쪽 단추를 눌러 ❷ **[삽입]**을 클릭합니다.

3 'A'열 왼쪽에 두 개의 열을 한꺼번에 삽입하기 위해 ❶ **'A' 열과 'B' 열의 머리글을 드래그**하여 선택한 후 마우스 오른쪽 단추를 눌러 ❷ **[삽입]**을 클릭합니다.

참고하세요

행과 열을 삽입하고 [삽입 옵션]에서 서식을 동일하게 할 수 있습니다.

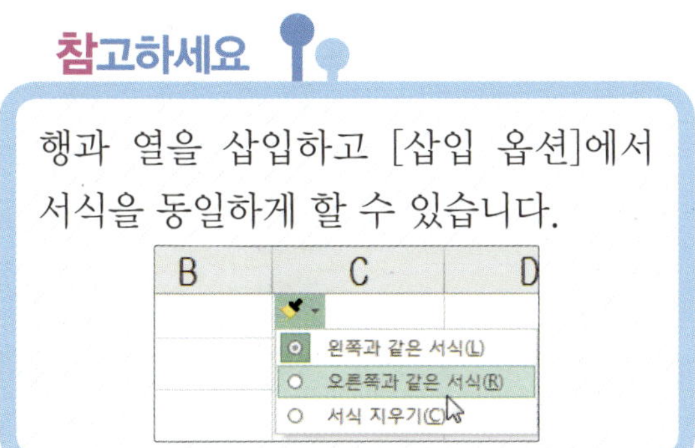

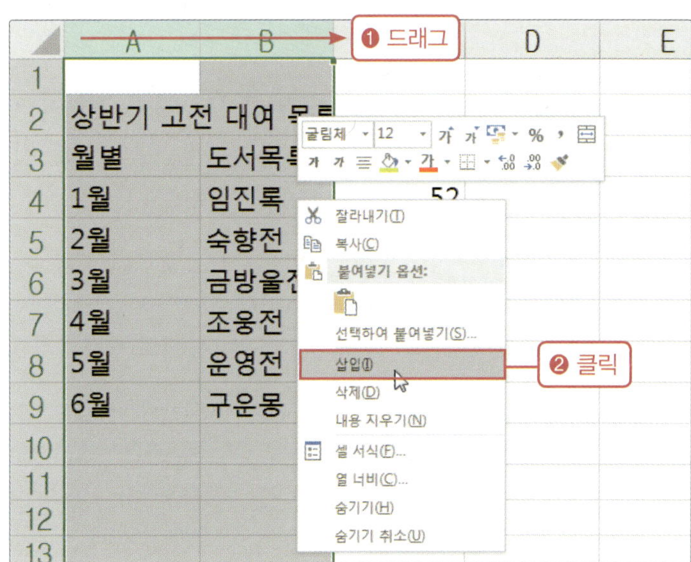

4 두 개의 열이 삽입되었습니다. 'B' 열을 삭제하기 위해 ❶ **'B'열 머리글**을 클릭한 후 마우스 오른쪽 단추를 클릭하여 ❷ **[삭제]**를 클릭합니다.

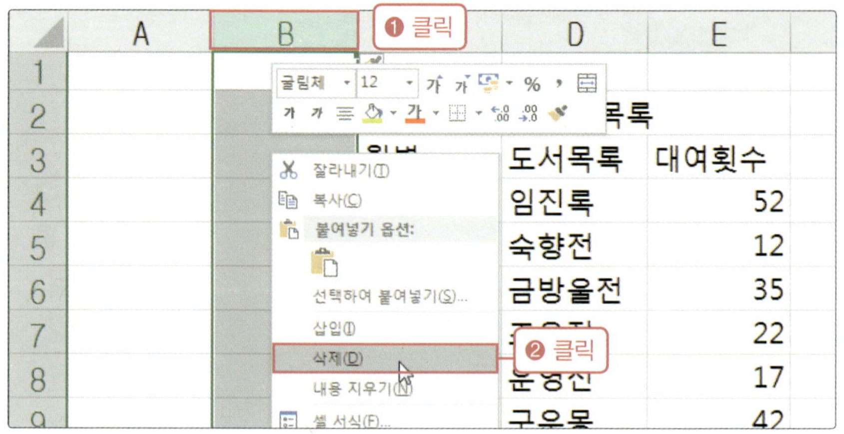

5 행의 높이를 조절하기 위해 **1행과 2행 사이에 마우스를 올려놓고** 마우스 모양이 '✛'일 때 위 아래로 **드래그**하여 너비를 조절합니다.

참고하세요 

> 여러 행과 여러 열을 영역 지정하여 한꺼번에 조절할 수 있으며, 마우스 오른쪽 메뉴의 '열 너비'와 '행 높이'에서 값을 직접 입력하여 조절도 가능합니다.

6 열의 너비를 조절하기 위해 **'A' 열과 'B' 열 사이에 마우스를 올려놓고** 마우스 모양이 '✛'일 때 좌우로 **드래그**하여 너비를 조절합니다.

참고하세요 

> 열과 열사이의 경계선을 더블클릭하면 가장 긴 너비에 맞게 자동 조절할 수 있습니다.

참고하세요

셀 영역 설정하기

- 연속적인 셀 영역 지정 : [B3] 셀을 클릭한 후 Shift 를 누른 채 마지막 셀 클릭
- 비연속적인 셀 영역 지정 : [B3:B9] 셀을 영역 지정한 후 Ctrl 을 누른 상태에서 [D3:D9] 영역을 지정

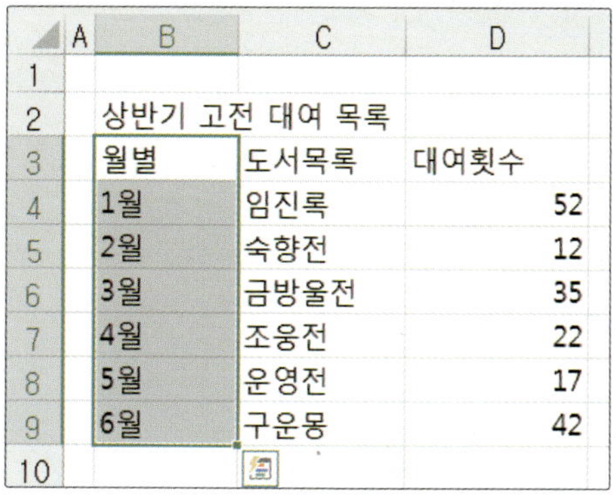

	A	B	C	D
1				
2		상반기 고전 대여 목록		
3		월별	도서목록	대여횟수
4		1월	임진록	52
5		2월	숙향전	12
6		3월	금방울전	35
7		4월	조웅전	22
8		5월	운영전	17
9		6월	구운몽	42
10				

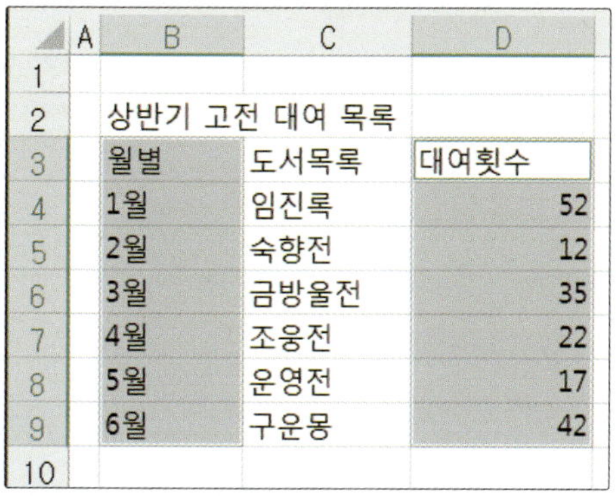

	A	B	C	D
1				
2		상반기 고전 대여 목록		
3		월별	도서목록	대여횟수
4		1월	임진록	52
5		2월	숙향전	12
6		3월	금방울전	35
7		4월	조웅전	22
8		5월	운영전	17
9		6월	구운몽	42
10				

- [B3:D9] 셀까지의 영역을 선택 방법으로 셀 안을 클릭한 후 Ctrl + A 또는 Ctrl + *
- 떨어져 있는 데이터 선택은 Ctrl 을 누른 채 셀 클릭

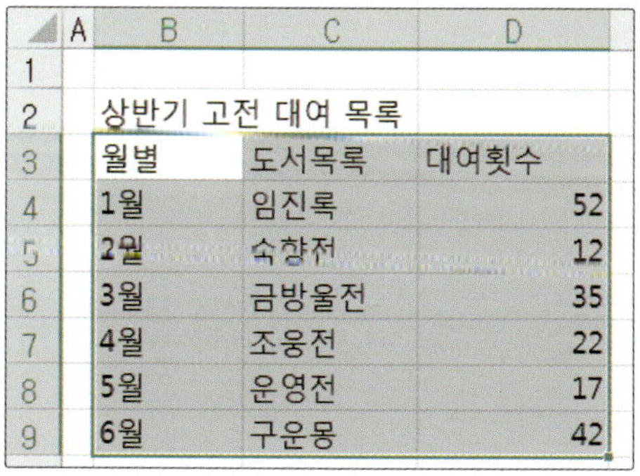

	A	B	C	D
1				
2		상반기 고전 대여 목록		
3		월별	도서목록	대여횟수
4		1월	임진록	52
5		2월	숙향전	12
6		3월	금방울전	35
7		4월	조웅전	22
8		5월	운영전	17
9		6월	구운몽	42

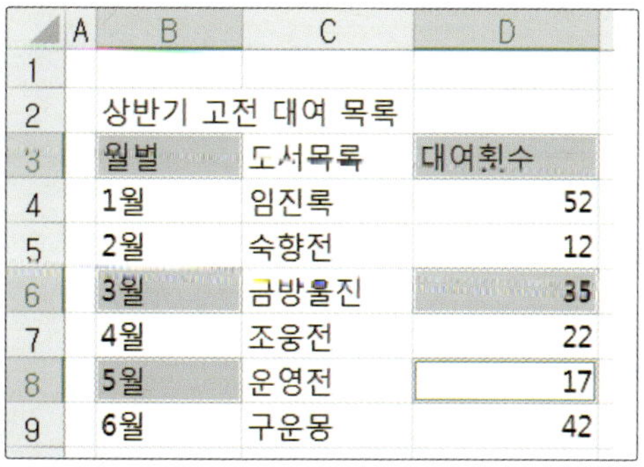

	A	B	C	D
1				
2		상반기 고전 대여 목록		
3		월별	도서목록	대여횟수
4		1월	임진록	52
5		2월	숙향전	12
6		3월	금방울전	35
7		4월	조웅전	22
8		5월	운영전	17
9		6월	구운몽	42

엑셀 단축키 알아보기

단축키	설명	단축키	설명
Ctrl + Home	[A1] 셀로 바로 이동	Ctrl + Space Bar + ←, →, ↑, ↓	선택한 셀을 기준으로 범위 설정
Ctrl + End	마지막 데이터 셀로 이동	Alt + Enter	한 셀에 두 줄 입력
Ctrl + 1	셀 서식	Ctrl + Enter	범위의 동일 내용 입력
F2	셀 내용 편집	Ctrl + ~	셀의 수식 내용 보기
F4	마지막 작업 반복, 주소형식 변환	Ctrl + A, Ctrl + *, Ctrl + Shift + Space Bar	데이터 영역 모두 선택
F5	이동	Ctrl + S	저장
F8 + ←, →, ↑, ↓	영역 선택	F12	다른이름으로 저장

02 셀 복사와 이동하기

1 셀을 복사하기 위해 ❶ **[B2:D9] 셀까지 드래그**하여 영역을 설정한 후 마우스 오른쪽 단추의 ❷ **[복사]**를 클릭합니다.

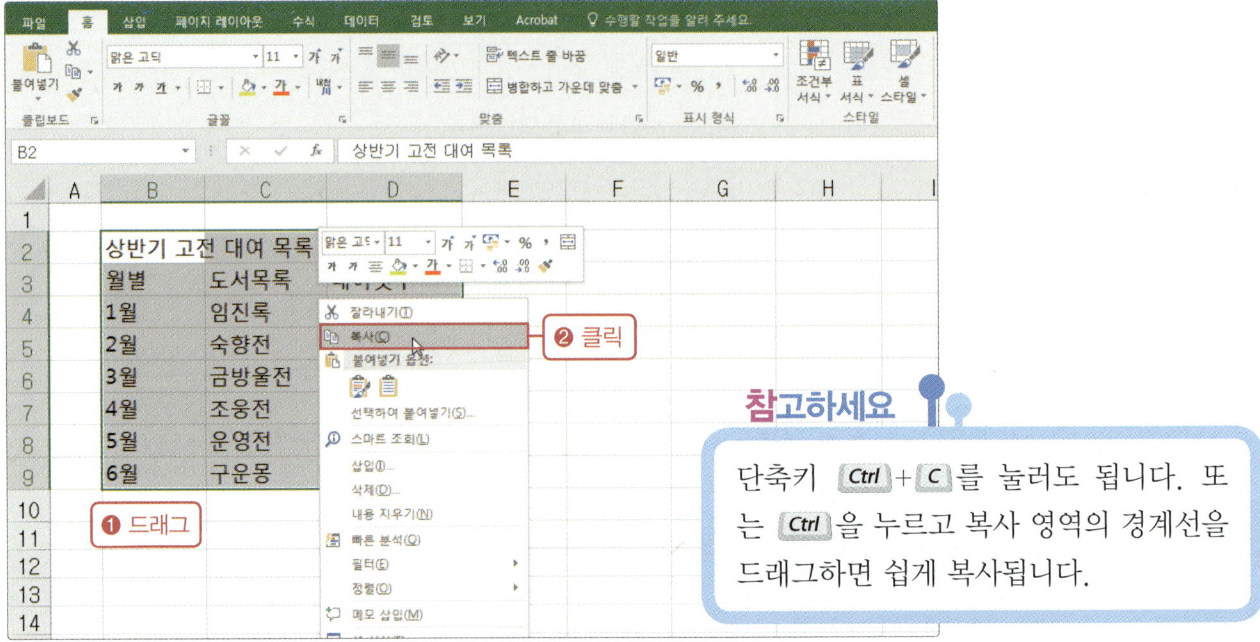

2 복사한 후 영역 지정된 부분이 깜빡거리게 됩니다. ❶ **[F2] 셀**을 클릭한 후 마우스 오른쪽 단추의 ❷ **[붙여넣기]**를 클릭합니다.

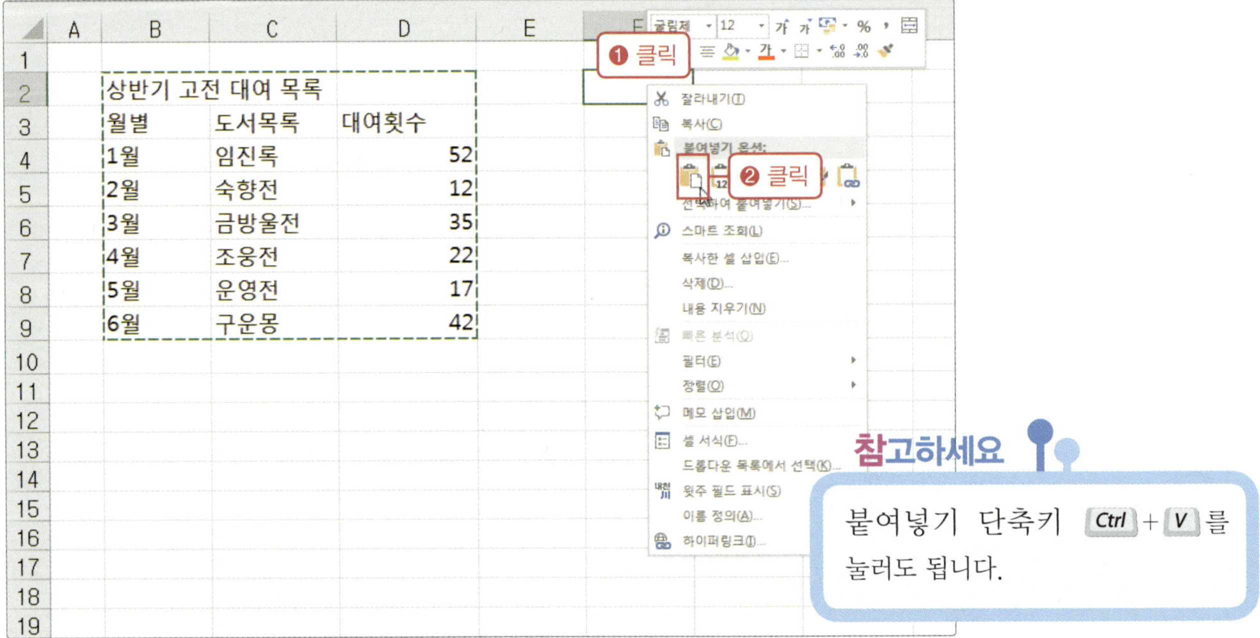

3 복사는 되었지만 열 너비는 복사되지 않았습니다. ❶ **[붙여넣기]** 옵션의 ❷ **'원본 열 너비 유지'** 를 선택합니다.

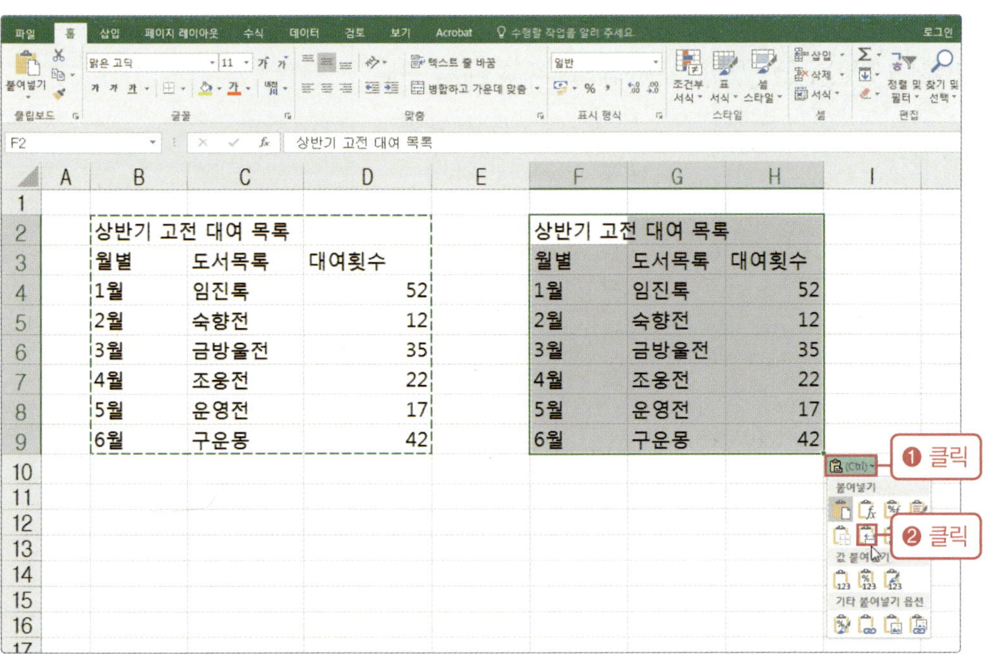

4 복사된 내용을 이동하기 위해 ❶ **[F2:H9]**를 드래그하여 영역 설정한 후 경계선에 마우스 포인터를 올리면 십자 화살표 모양이 됩니다. 이때 클릭하여 화살표(⇖) 모양일 때 ❷ **[B11] 셀**로 드래그하여 이동합니다.

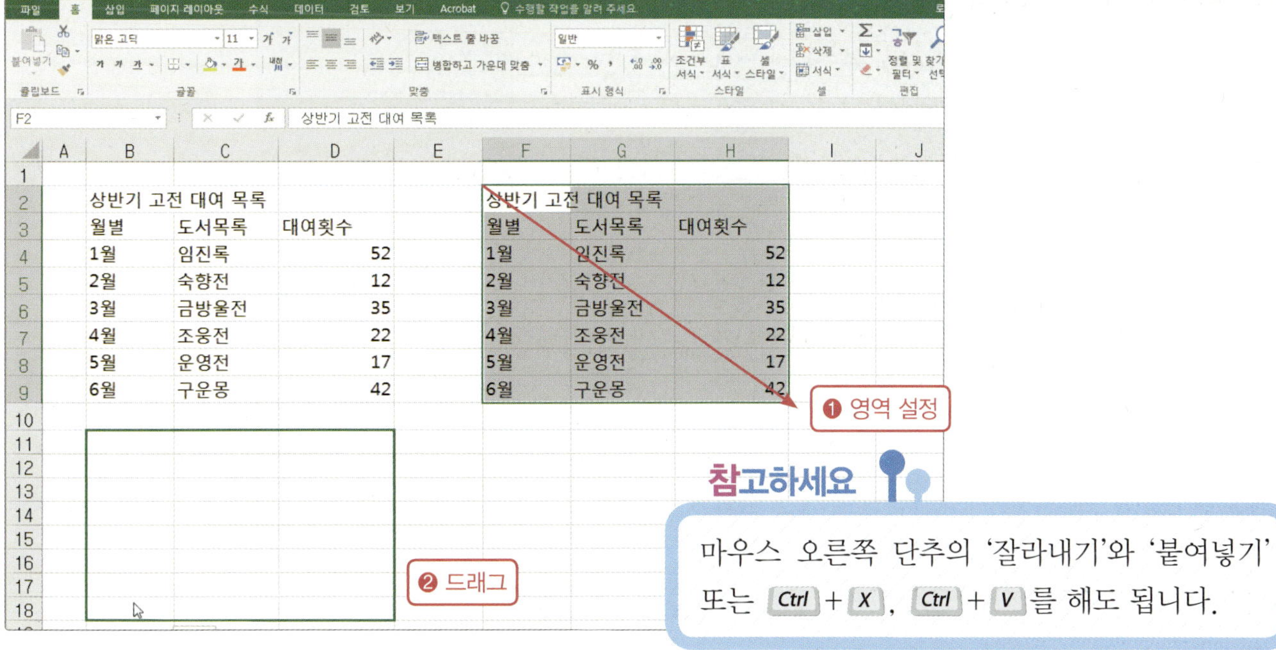

1 열을 숨기기 위해 ❶ 'D' 열 머리글을 클릭한 후 마우스 오른쪽 단추의 ❷ [숨기기]를 클릭합니다.

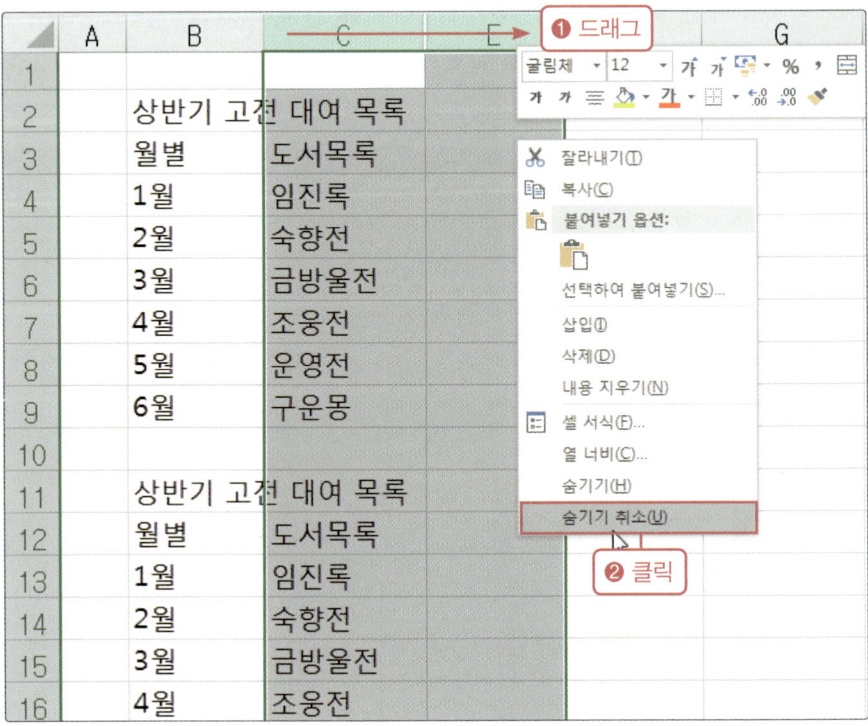

2 'D' 열이 숨기기가 되었습니다. 다시 'D' 열을 표시하기 위해 ❶ **'C' 열과 'E' 열 머리글을 드래그**한 후 마우스 오른쪽 단추의 ❷ **'숨기기 취소'**를 클릭합니다.

"혼자 풀어 보세요"

1

다음과 같이 조건대로 워크시트를 작성하세요.

[조건] • [A] 열의 너비를 '2'로 지정하세요.

• 4, 5, 6행의 높이를 내용에 맞게 적당히 조절하세요.

	A	B	C	D	E	F	G	H	I
1									
2		제3회 드론 경주 대회 결과							
3									
4		■ 심사자 : 노형원							
5		■ 일자 : 2018. 5. 5							
6		■ 장소 : 새만금 일대							
7									
8		▲ 초중고등부							
9									
10		순위	소속	수상자	비고				
11		최우수	양양고	이현수					
12		우수	세밀초	다아름					
13		장려상	우주중	김민지					
14		입상	최다고	서현민					

2

1번 문제에 이어 다음과 같이 조건대로 워크시트를 작성하세요.

[조건] • '수상자'와 '비고' 사이에 '기록' 열을 삽입한 후 내용을 작성하세요.

• [B8:F14]를 복사하여 [H8] 셀에 붙여 넣으세요. 내용을 수정하세요.

• [G] 열의 너비를 '2'로 지정하세요.

	A	B	C	D	E	F	G	H	I	J	K
1											
2		제3회 드론 경주 대회 결과									
3											
4		■ 심사자 : 노형원									
5		■ 일자 : 2018. 5. 5									
6		■ 장소 : 새만금 일대									
7											
8		▲ 초중고등부						▲ 일반부			
9											
10		순위	소속	수상자	기록	비고		순위	소속	수상자	기록
11		최우수	양양고	이현수	5분2초			최우수	직장	민주식	5분6초
12		우수	세밀초	다아름	5분7초			우수	대학	박수석	5분10초
13		장려상	우주중	김민지	5분12초			장려상	대학	최석구	5분13초
14		입상	최다고	서현민	5분 18초			입상	직장	김라임	5분19초

▲ 완성파일 : 드론경주.xlsx

엑셀 문서의 작업 영역을 워크시트라고 합니다. 엑셀은 워크시트를 삭제, 삽입, 이름 바꾸기와 다른 통합문서의 워크시트를 따로 복사나 이동 기능으로 관리할 수 있습니다.

➤➤ 워크시트의 이름 바꾸기와 삽입·삭제를 알아봅니다.

➤➤ 워크시트의 복사와 이동을 알아봅니다.

➤➤ 워크시트의 탭 색과 시트 숨기기를 알아봅니다.

배울 내용 미리보기 ➕

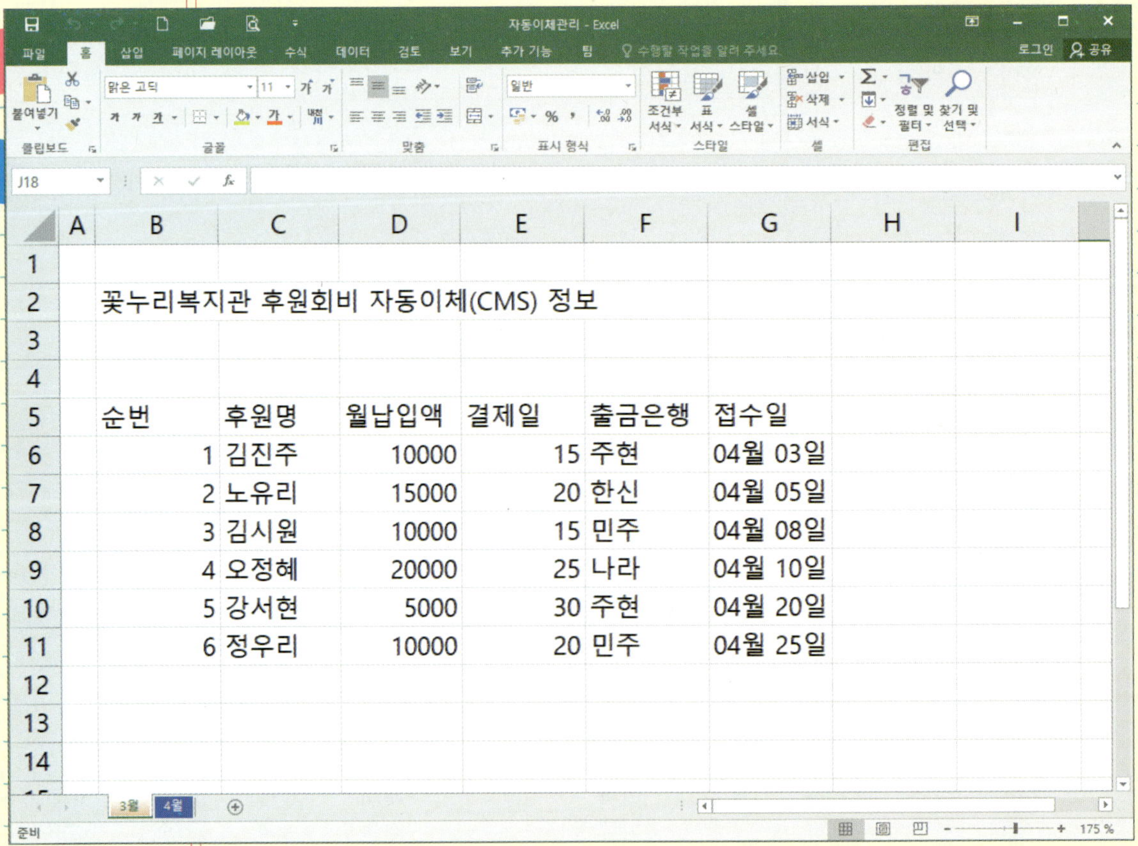

	A	B	C	D	E	F	G	H	I
1									
2		꽃누리복지관 후원회비 자동이체(CMS) 정보							
3									
4									
5		순번	후원명	월납입액	결제일	출금은행	접수일		
6		1	김진주	10000	15	주현	04월 03일		
7		2	노유리	15000	20	한신	04월 05일		
8		3	김시원	10000	15	민주	04월 08일		
9		4	오정혜	20000	25	나라	04월 10일		
10		5	강서현	5000	30	주현	04월 20일		
11		6	정우리	10000	20	민주	04월 25일		
12									
13									
14									

▲ 파일명 : 자동이체관리.xlsx

워크시트 이름 바꾸기와 삽입 · 삭제

1 다음 워크시트와 같이 작성하고, A열의 **너비를 '2'로 지정**하세요.

순번	후원명	월납입액	결제일	출금은행	접수일
1	김진주	10000	15	주현	04월 03일
2	노유리	15000	20	한신	04월 05일
3	김시원	10000	15	민주	04월 08일
4	오정혜	20000	25	나라	04월 10일
5	강서현	5000	30	주현	04월 20일
6	정우리	10000	20	민주	04월 25일

꽃누리복지관 후원회비 자동이체(CMS) 정보

2 시트의 이름을 바꾸기 위해 왼쪽 하단의 ❶ 'Sheet1' 위에 마우스 오른쪽 단추를 눌러 ❷ **[이름 바꾸기]**를 클릭합니다.

참고하세요

시트 이름 위에서 마우스를 더블클릭하면 쉽게 이름을 바꿀 수 있습니다.

3 워크시트의 이름을 ❶ **"4월"**로 입력한 후 Enter 를 누르거나 시트의 아무 곳을 클릭합니다. 새 워크시트를 삽입하기 위해 왼쪽 하단의 ❷ ⊕ 를 클릭하면 워크시트가 삽입됩니다.

2	꽃누리복지관 후원회비 자동이체(CMS) 정보					
3						
4						
5	순번	후원명	월납입액	결제일	출금은행	접수
6	1	김진주	10000	15	주현	04월
7	2	노유리	15000	20	한신	04월
8	3	김시원	10000	15	민주	04월
9	4	오정혜	20000	25	나라	04월
10	5	강서현	5000	30	주현	04월
11	6	정우리	10000	20	민주	04월
12						

4 삽입된 시트를 삭제하려면 ❶ 'Sheet2' 위에 마우스 오른쪽 단추를 누른 후 ❷ **[삭제]**를 클릭합니다.

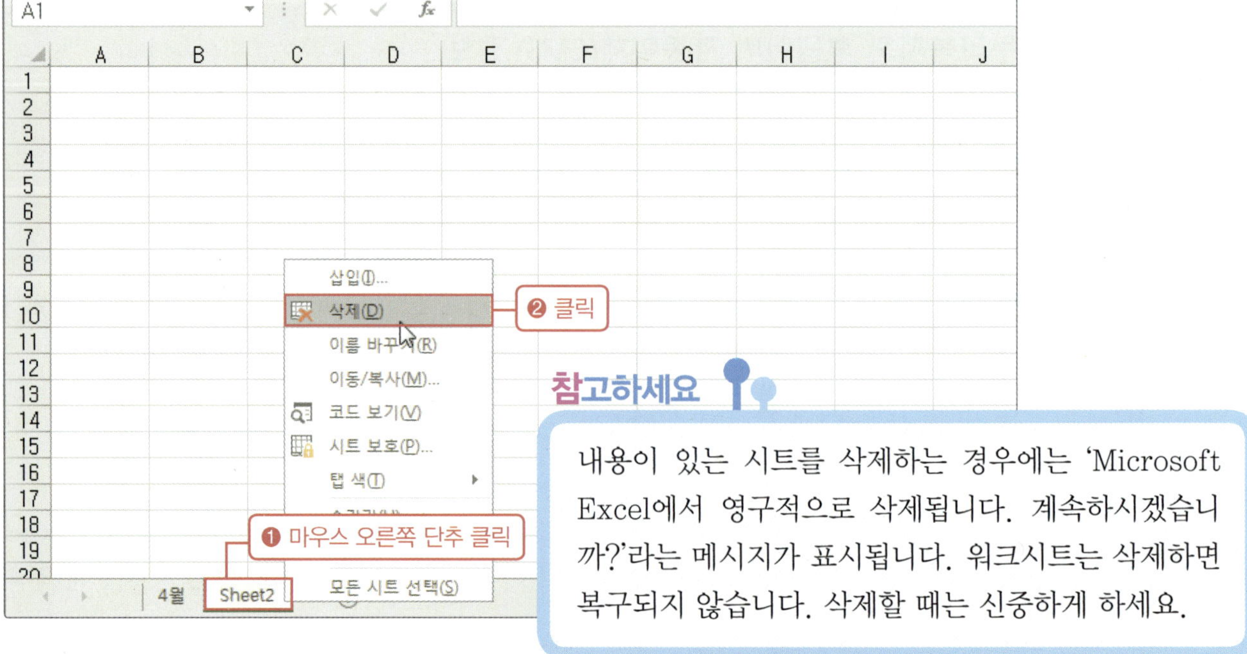

참고하세요

내용이 있는 시트를 삭제하는 경우에는 'Microsoft Excel에서 영구적으로 삭제됩니다. 계속하시겠습니까?'라는 메시지가 표시됩니다. 워크시트는 삭제하면 복구되지 않습니다. 삭제할 때는 신중하게 하세요.

02 워크시트 복사와 이동

1 현재 워크시트를 복사하기 위해 ❶ '4월' 워크시트 위에 마우스 오른쪽 단추를 ❷ **[이동/복사]**를 클릭합니다.

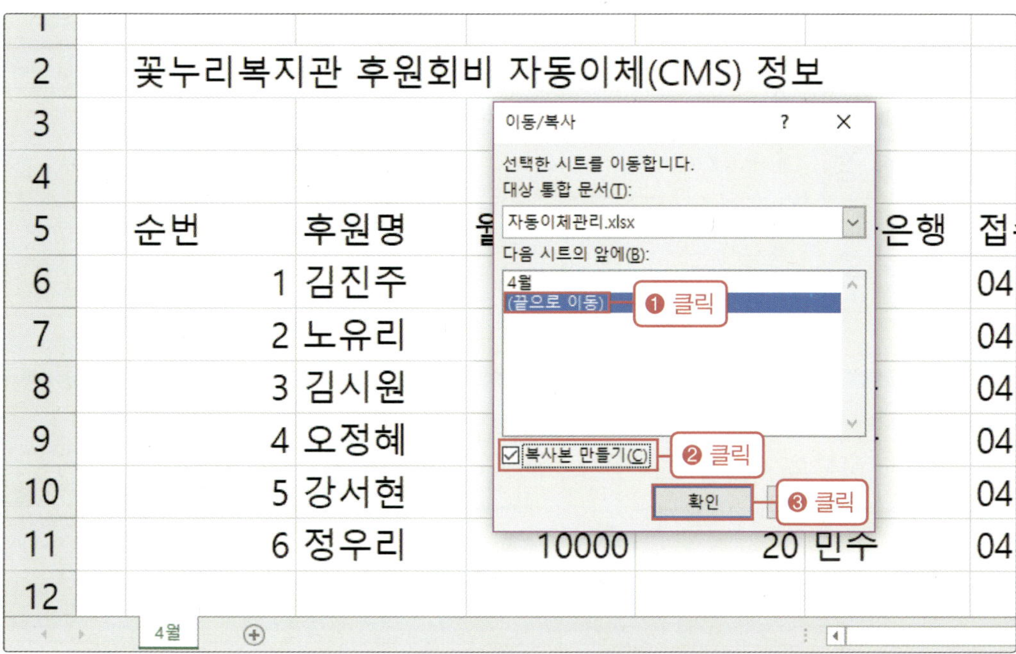

2 [이동/복사] 대화상자에서 '다음 시트의 앞에' 목록의 ❶ **(끝으로 이동)**을 선택한 후 ❷ **'복사본 만들기'**에 체크를 합니다. ❸ **[확인]**을 클릭하면 워크시트가 복사됩니다.

3 복사된 '4월(2)'의 워크시트의 이름을 '3월'로 '이름 바꾸기'합니다. 현재 워크시트를 이동하기 위해 ❶ '3월' 워크시트 위에 마우스 오른쪽 단추를 눌러 ❷ **[이동/복사]**를 클릭합니다.

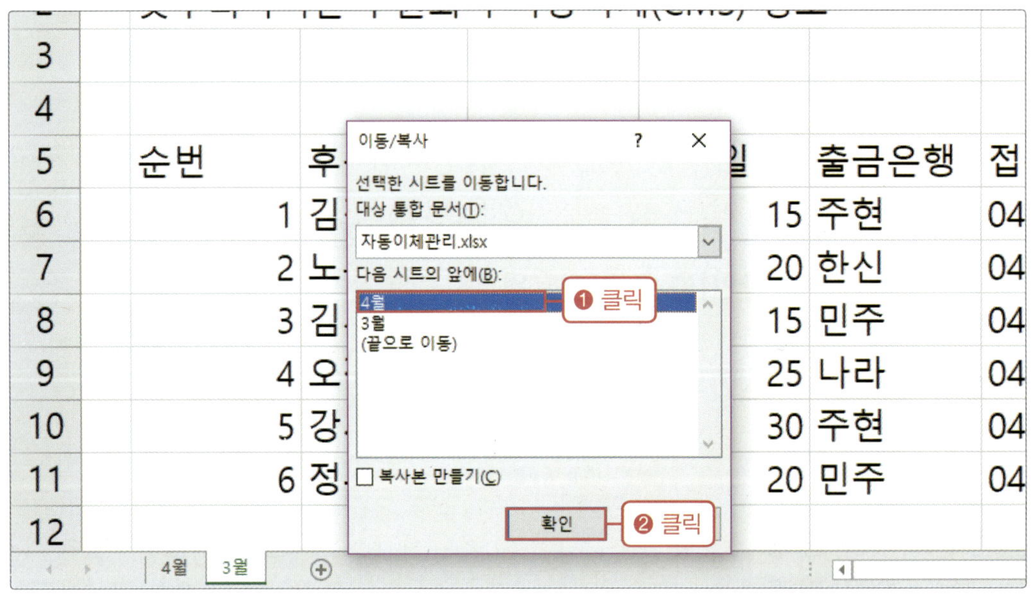

4 '4월' 워크시트 앞으로 이동하기 위해 [이동/복사] 대화상자에서 '다음 시트의 앞에' 목록의 ❶ '4월'을 선택한 후 ❷ **[확인]**을 클릭합니다.

참고하세요

Ctrl 을 누른 채 복사를 할 시트를 드래 그하면 복사가 되며, 이동은 시트를 드래그해서 원하는 위치에 놓으면 쉽게 이동할 수 있습니다.

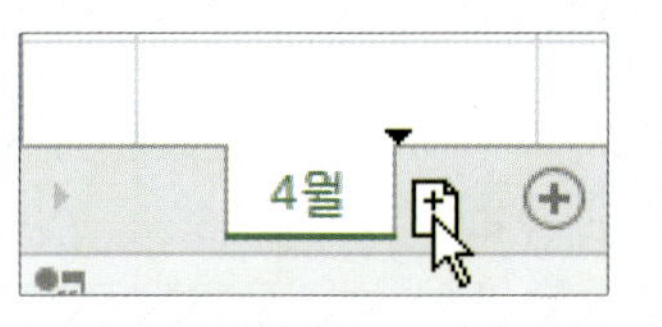

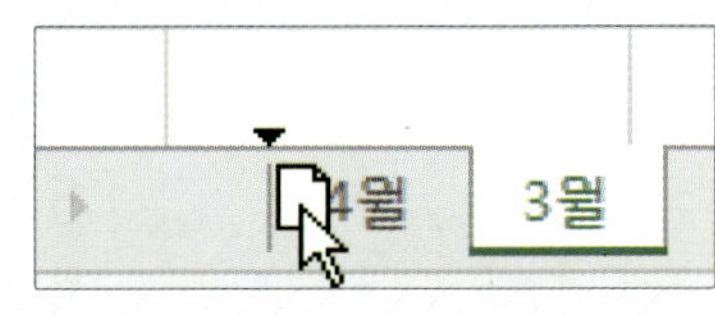

복사 : Ctrl +드래그   이동 : 드래그

03 워크시트 탭 색과 시트 숨기기

1 워크시트의 탭 색으로 워크시트를 분류할 수 있습니다. ❶ **'3월'** 시트 위에 마우스 오른쪽 단추를 누른 후 ❷ **[탭 색]**에서 ❸ **임의의 색**을 선택합니다.

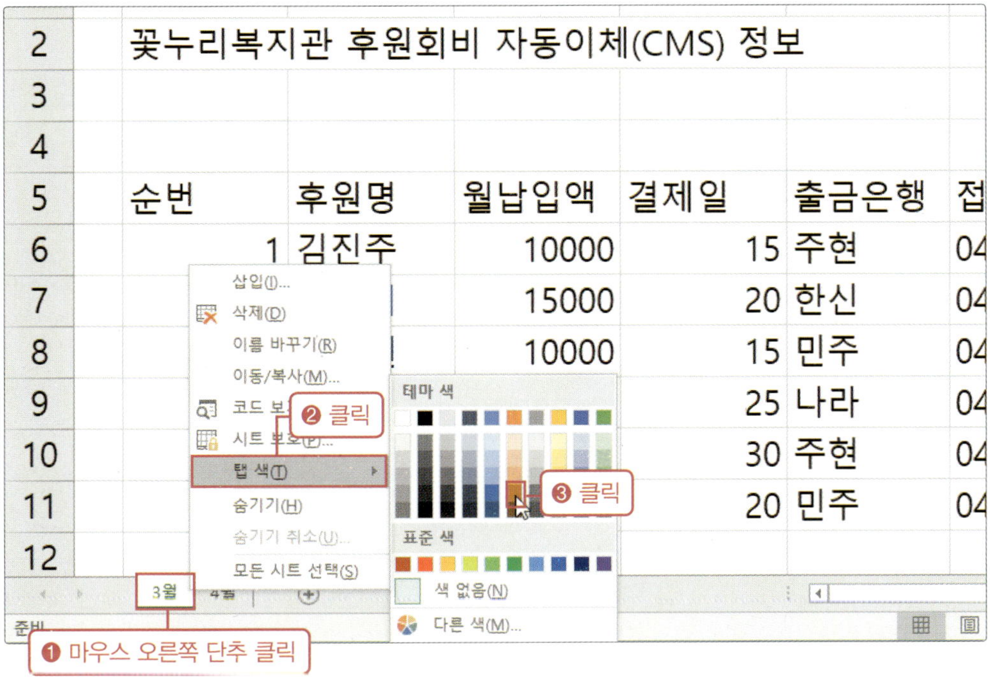

2 같은 방법으로 ❶ **'4월'** 워크시트 위에 마우스 오른쪽 단추를 누른 후 ❷ **[탭 색]**에서 ❸ **임의의 색**을 선택합니다.

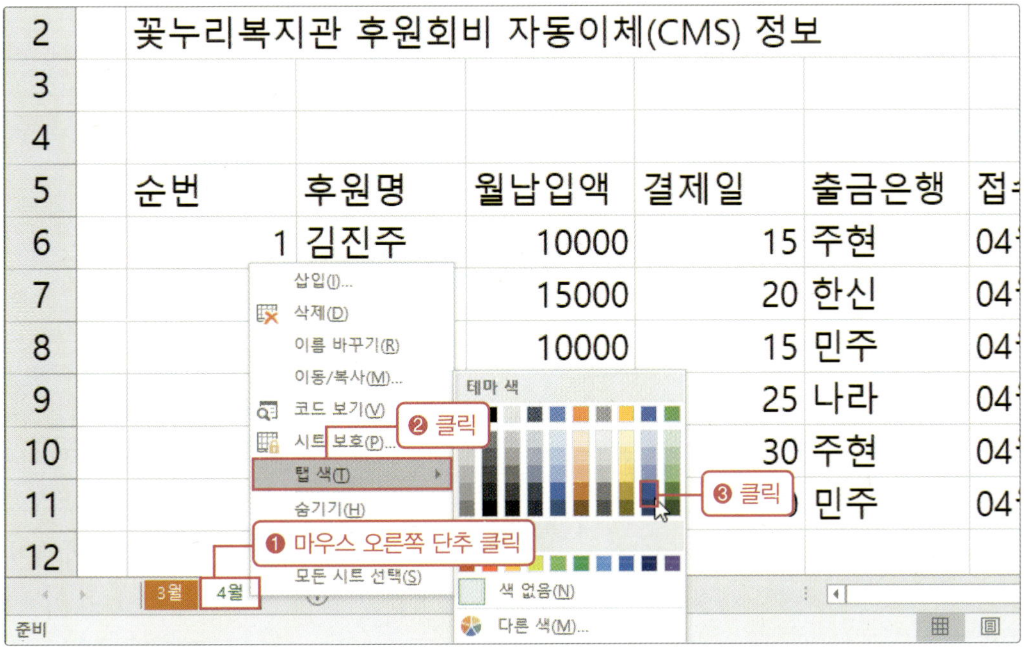

3 워크시트에서 시트를 삭제하면 복구할 수 없으므로 숨기기를 활용할 수 있습니다. ❶ '4월' 시트 위에 마우스 오른쪽 단추를 누른 후 ❷ [숨기기]를 클릭합니다.

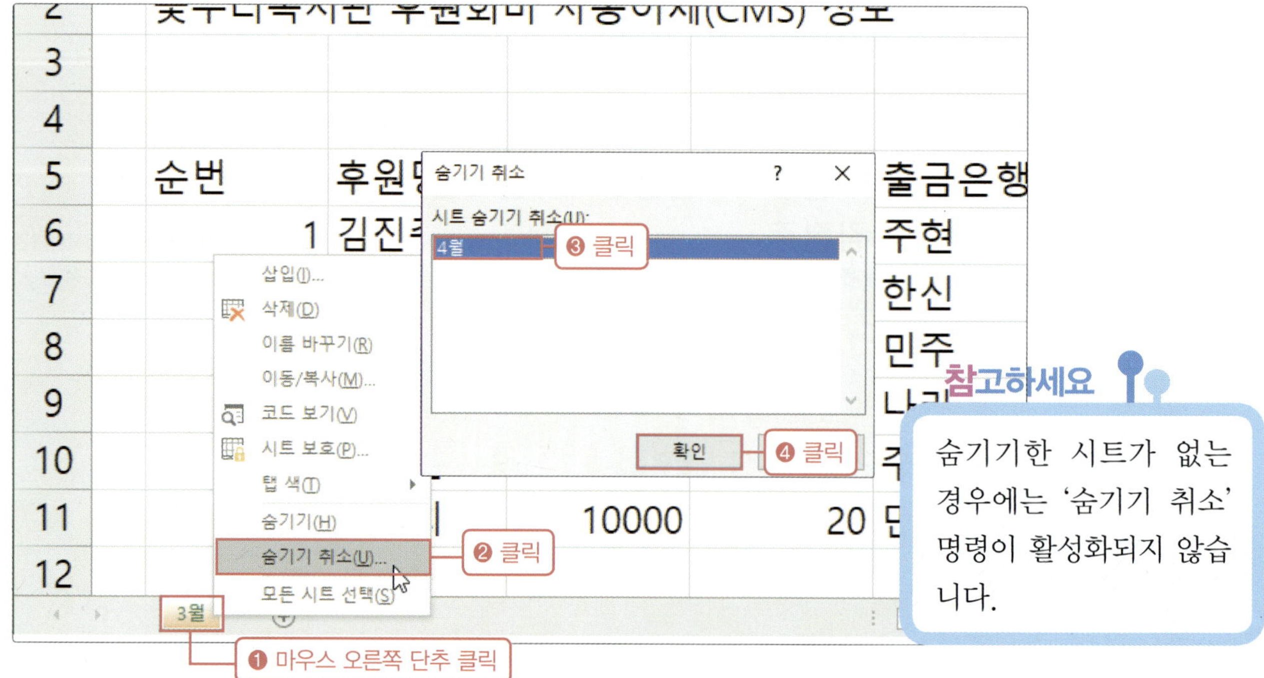

4 '숨기기'한 시트가 사라집니다. 다시 숨기기한 시트를 표시하기 위해 ❶ '3월' 시트 위에 마우스 오른쪽 단추를 누른 후 ❷ [숨기기 취소]를 클릭합니다. [숨기기 취소] 대화상자에서 표시할 시트인 ❸ '4월'을 선택한 후 ❹ [확인]을 클릭합니다.

참고하세요

숨기기한 시트가 없는 경우에는 '숨기기 취소' 명령이 활성화되지 않습니다.

1

다음과 같이 조건대로 워크시트를 작성하세요.

[조건] • A열의 너비를 '1'로 지정한 후 시트의 이름을 '고등부'로 바꾸세요.

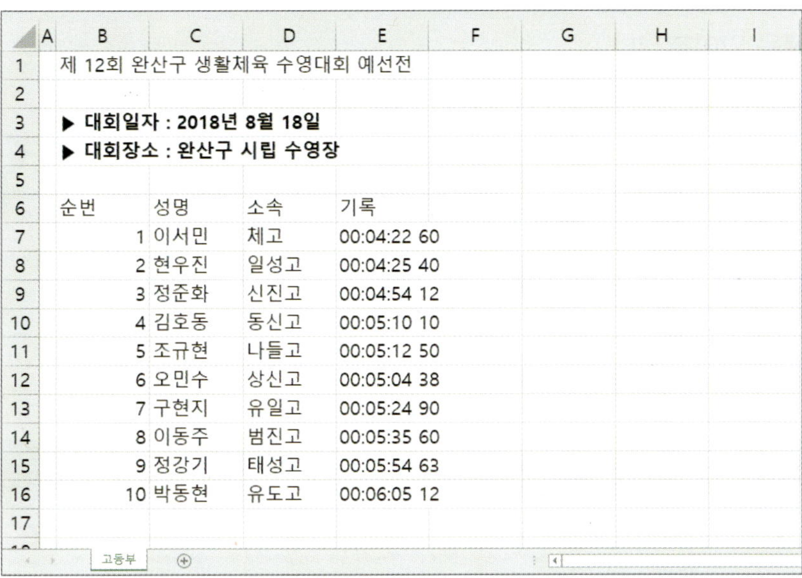

2

1번 문제에 이어 다음과 같이 조건대로 워크시트를 작성하세요.

[조건] • '고등부' 워크시트를 복사한 후 '일반부'로 이름을 변경하세요.
　　　 • 탭 색을 임의의 색으로 변경하세요.

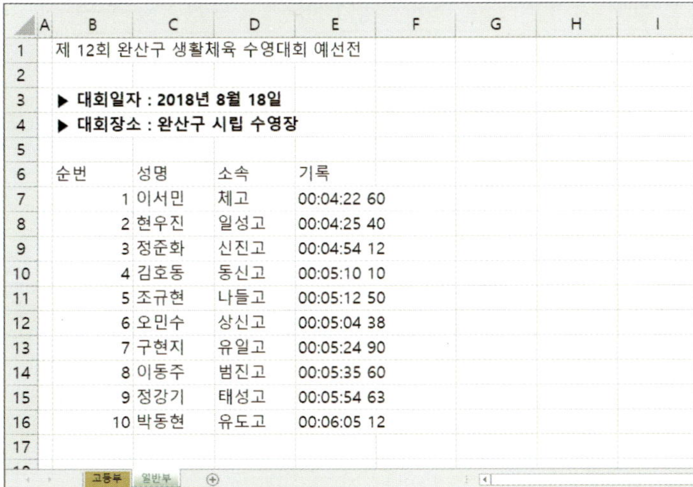

▲ 완성파일 : 수영대회.xlsx

07 셀 서식 지정하기

데이터를 사용자가 원하는 스타일로 꾸밀 수 있습니다. 글꼴, 크기, 테두리, 채우기 색으로 서식을 지정할 수 있으며, 맞춤형식을 이용하여 데이터를 정렬할 수 있습니다.

▶▶ 글꼴 서식을 알아봅니다.

▶▶ 맞춤 서식을 알아봅니다.

▶▶ 텍스트 셀 조정과 방향 설정에 대해 알아봅니다.

배울 내용 미리보기 ➕

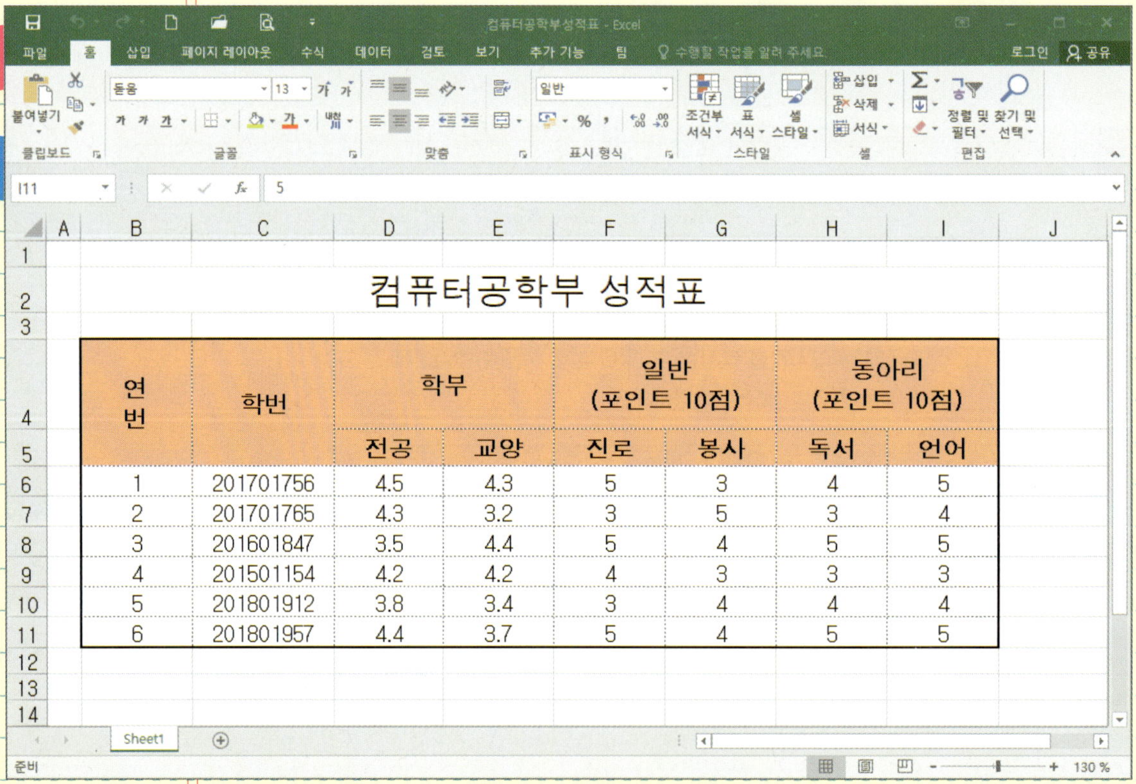

연번	학번	학부		일반 (포인트 10점)		동아리 (포인트 10점)	
		전공	교양	진로	봉사	독서	언어
1	201701756	4.5	4.3	5	3	4	5
2	201701765	4.3	3.2	3	5	3	4
3	201601847	3.5	4.4	5	4	5	5
4	201501154	4.2	4.2	4	3	3	3
5	201801912	3.8	3.4	3	4	4	4
6	201801957	4.4	3.7	5	4	5	5

컴퓨터공학부 성적표

▲ 파일명 : 컴퓨터공학부성적표.xlsx

01 글꼴 서식 지정하기

1 다음 워크시트와 같이 작성하고 A열의 너비를 '2'로 지정하세요.

A	B	C	D	E	일반 (포인트 10점)		동아리 (포인트 10점)		J
	컴퓨터공학부 성적표								
	연번	학번	학부						
			전공	교양	진로	봉사	독서	언어	
	1	201701756	4.5	4.3	5	3	4	5	
	2	201701765	4.3	3.2	3	5	3	4	
	3	201601847	3.5	4.4	5	4	5	5	
	4	201501154	4.2	4.2	4	3	3	3	
	5	201801912	3.8	3.4	3	4	4	4	
	6	201801957	4.4	3.7	5	4	5	5	

2 ❶ [B2] 셀을 클릭한 후 ❷ [홈] 탭의 [글꼴] 그룹에서 ❸ 글꼴은 '**돋움**'을 선택하고 글꼴 크기는 '20'pt로 선택합니다.

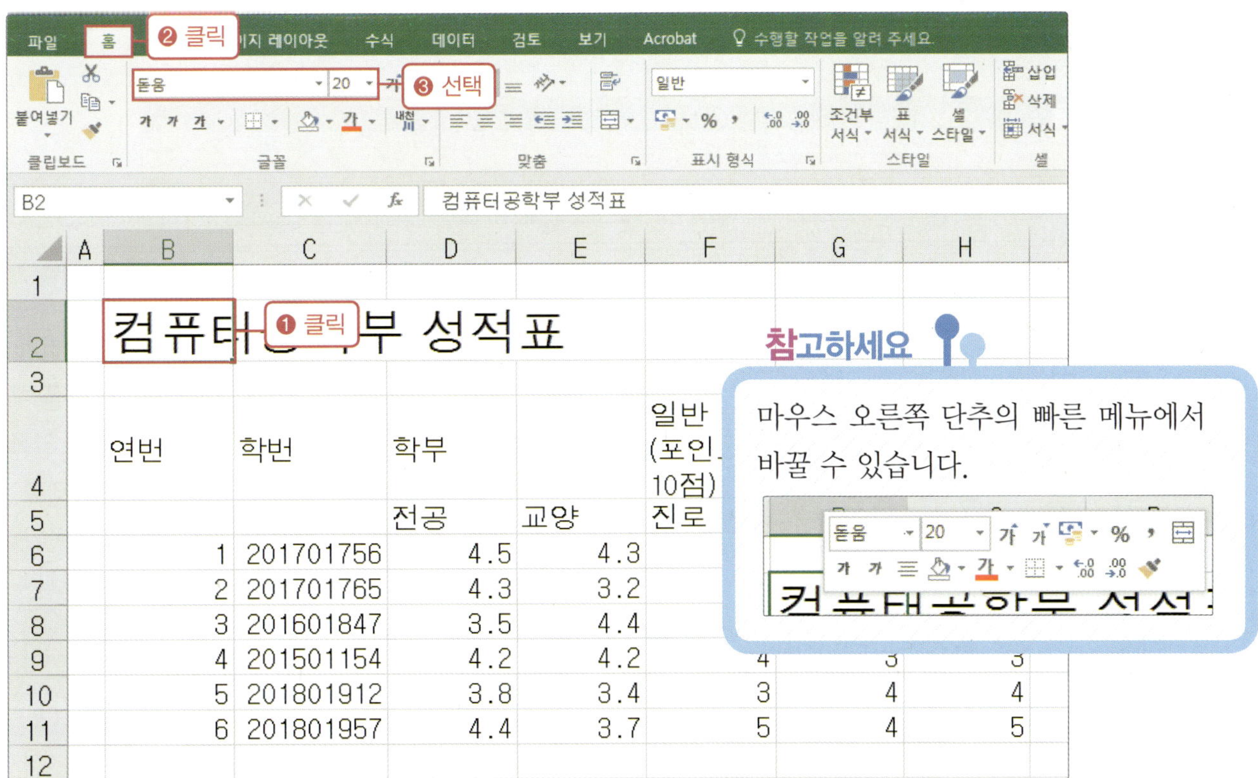

3 ❶ **[B4:I11] 셀까지 드래그**하여 영역을 설정한 후 ❷ **[홈] 탭**의 **[글꼴] 그룹**에서 글꼴은 **'돋움'**을 선택하고 글꼴 크기를 "**13**"을 입력한 후 **Enter** 를 누릅니다.

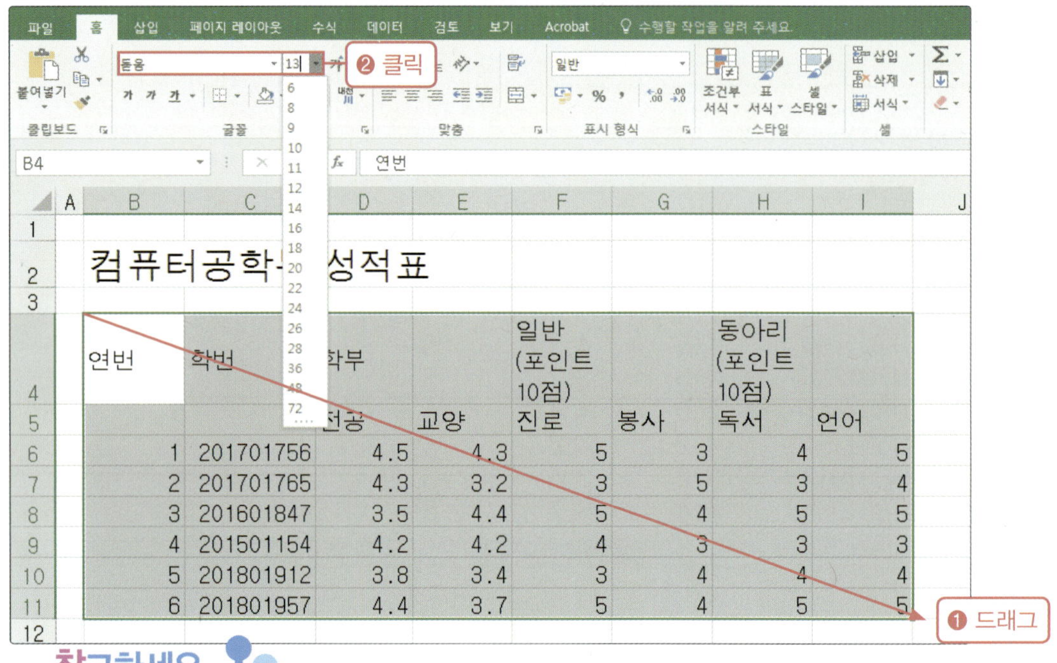

참고하세요

셀 안을 클릭한 후 **Ctrl** + **＊** 를 누르면 전체 영역이 선택됩니다.

4 ❶ **[B4:I5] 셀까지 드래그**하여 영역을 설정한 후 ❷ **[홈] 탭**의 **[글꼴] 그룹**에서 **'굵게'**를 선택합니다.

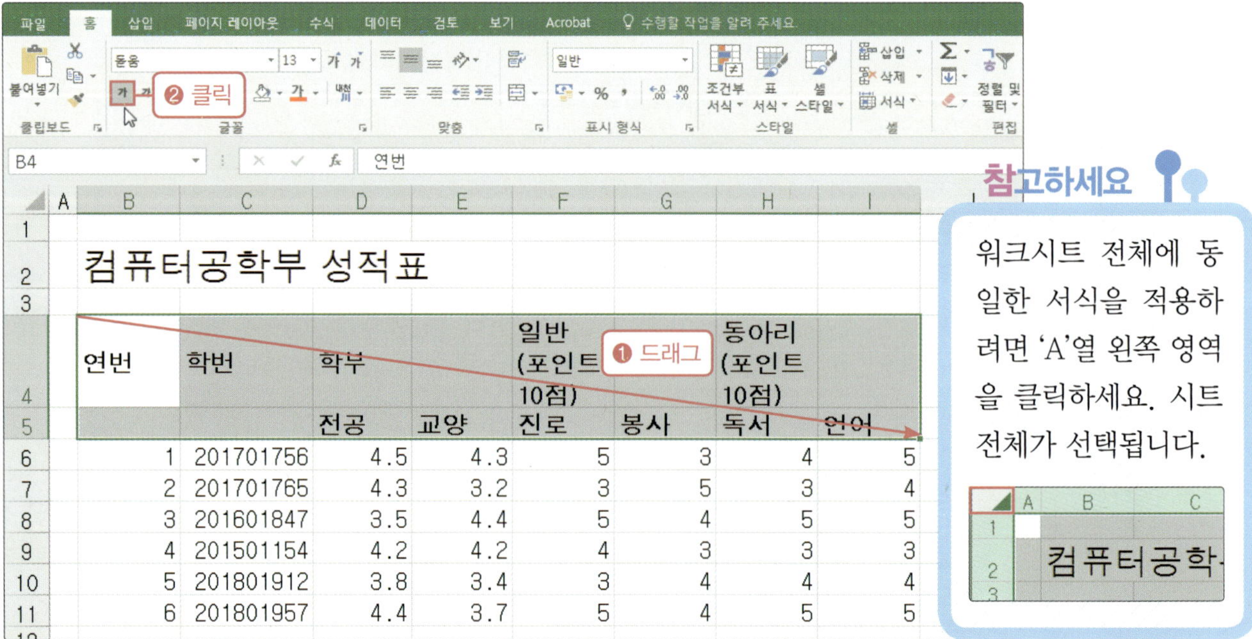

참고하세요

워크시트 전체에 동일한 서식을 적용하려면 'A'열 왼쪽 영역을 클릭하세요. 시트 전체가 선택됩니다.

02 테두리와 채우기 서식 지정하기

1 ❶ **[B4:I11] 셀까지 드래그**하여 영역을 설정한 후 [홈] 탭의 [글꼴] 그룹에서 ❷ **'테두리'**를 클릭한 후 ❸ **[모든 테두리]**를 선택합니다.

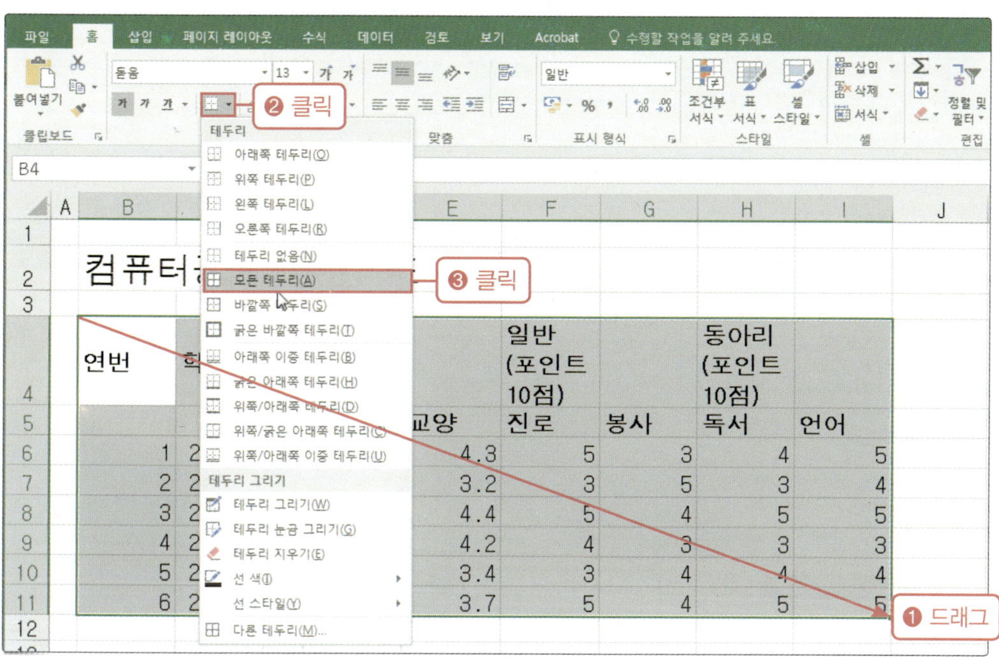

2 바깥쪽 테두리를 바꾸기 위해 [홈] 탭의 [글꼴] 그룹에서 ❶ **'테두리'**를 클릭한 후 ❷ **[굵은 바깥쪽 테두리]**를 선택합니다.

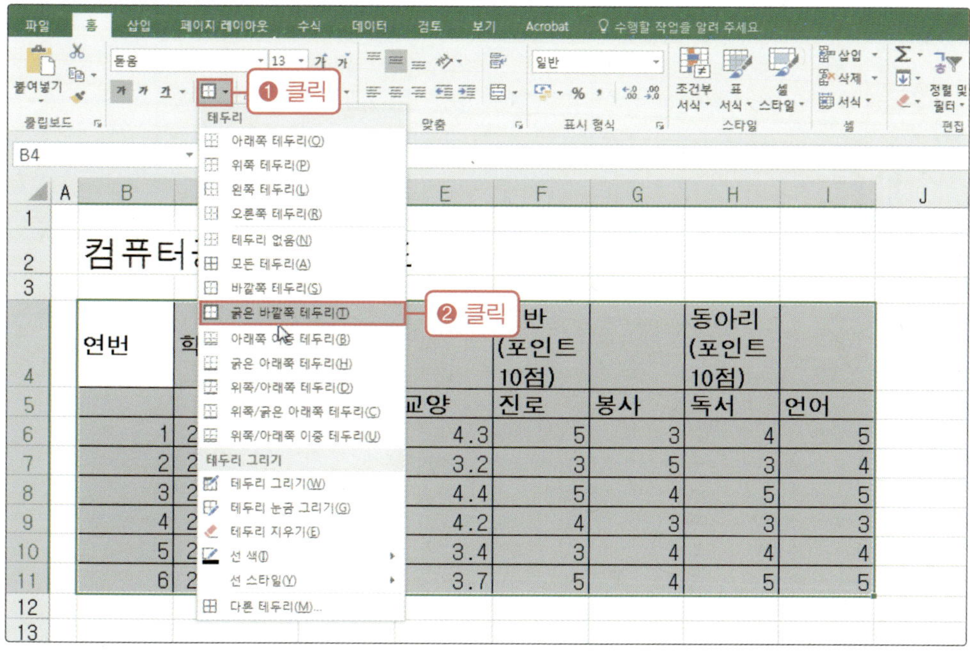

③ 안쪽 테두리를 바꾸기 위해 ❶ '테두리'의 ❷ [다른 테두리]를 선택합니다. [셀 서식] 대화상자에서 ❸ [스타일]의 '파선'을 선택하고 ❹ 색은 **임의의 색**과 ❺ 미리 설저에서 '**안쪽**'을 선택한 후 ❻ [**확인**]을 클릭합니다.

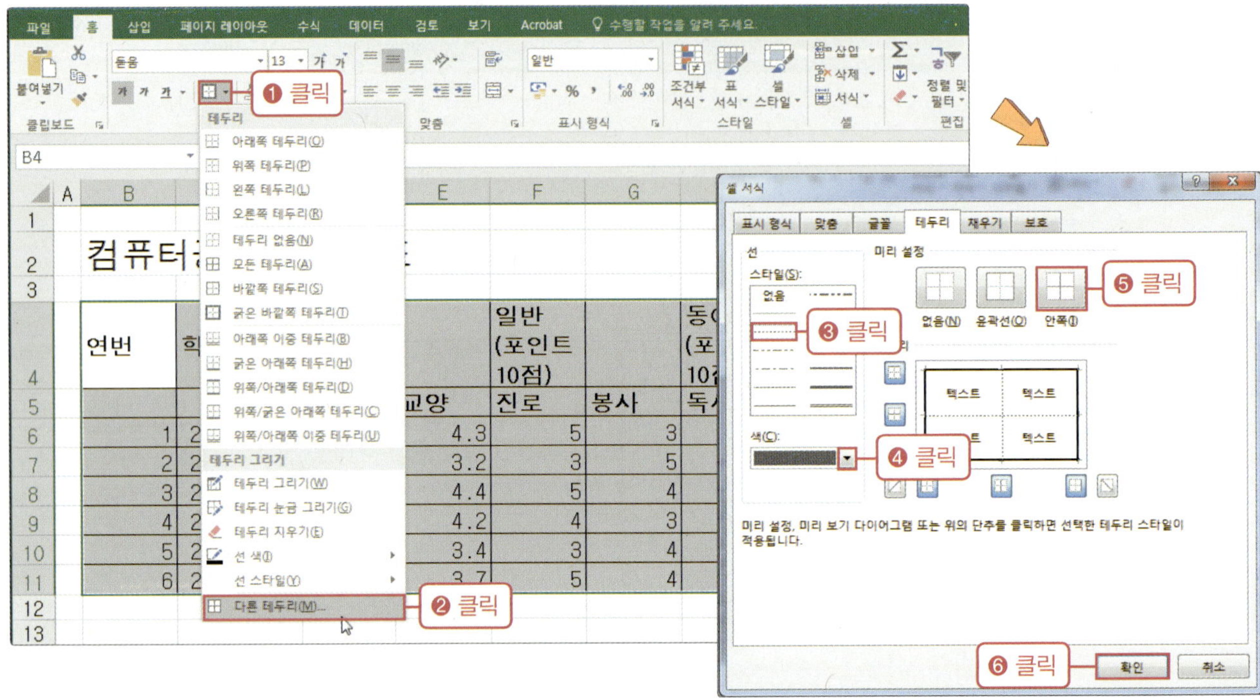

④ ❶ [B4:I5] **셀까지 드래그하여** 영역을 지정합니다. [홈] 탭의 [글꼴] 그룹에서 ❷ [**채우기 색**]의 목록 단추를 클릭한 후 ❸ **임의의 색**을 선택합니다.

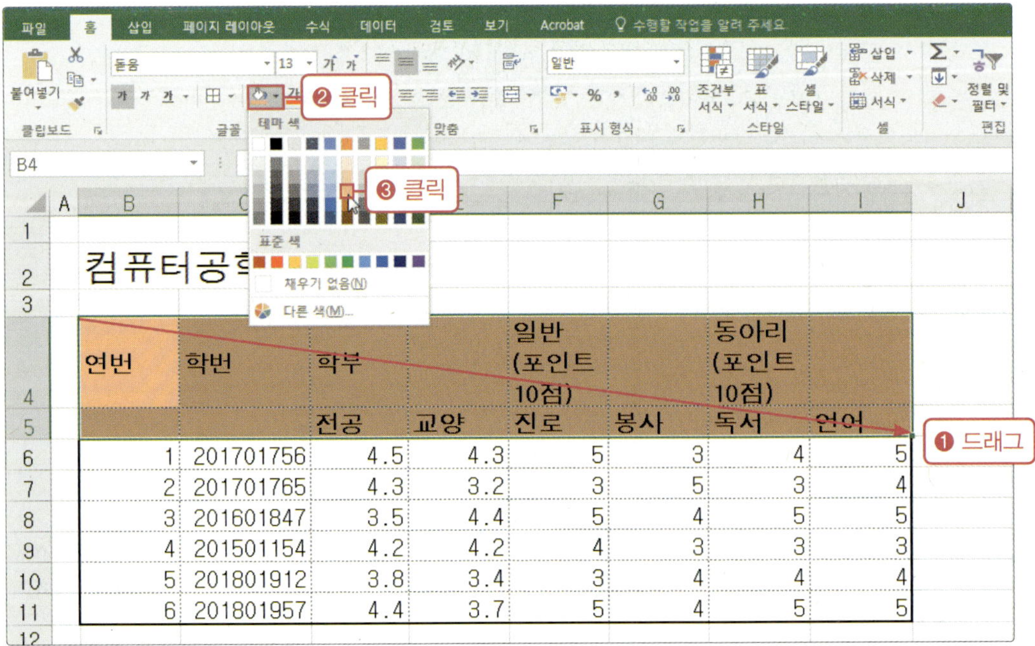

03 맞춤 서식 설정하기

1 제목 열을 병합하고 가운데 정렬을 하기 위해 ❶ **[B2:I2] 셀까지 영역을 지정**합니다. [홈] 탭의 [맞춤] 그룹의 ❷ **'병합하고 가운데 맞춤'**을 클릭합니다.

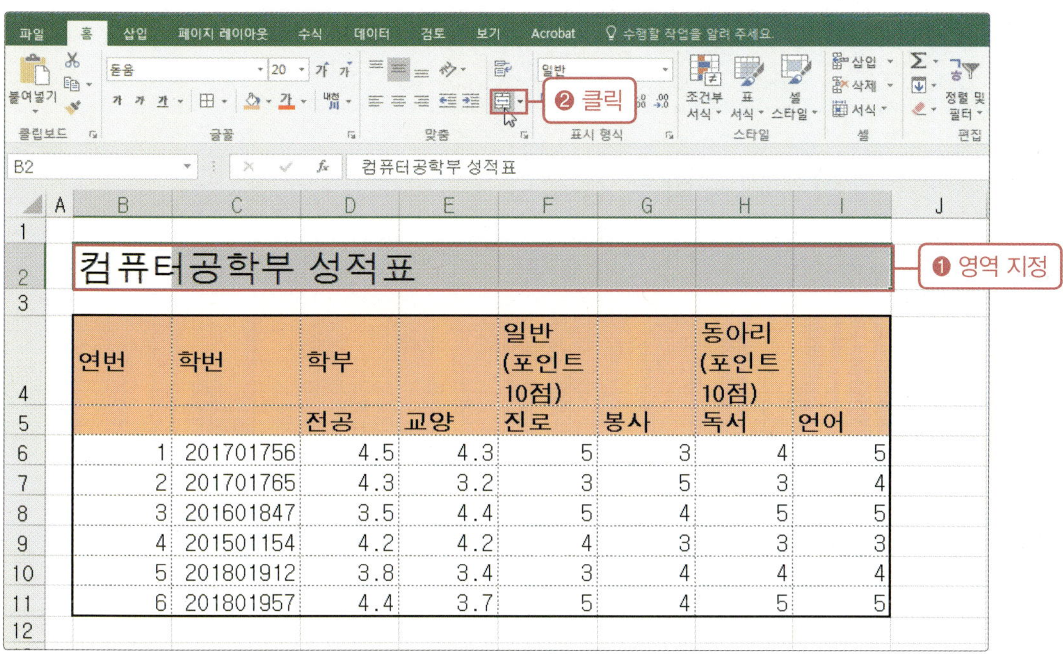

2 ❶ **[B4:B5], [C4:C5], [D4:E4], [F4:G4], [H4:I4] 셀을 각각 영역 지정**한 후 ❷ **'병합하고 가운데 맞춤'**을 클릭합니다.

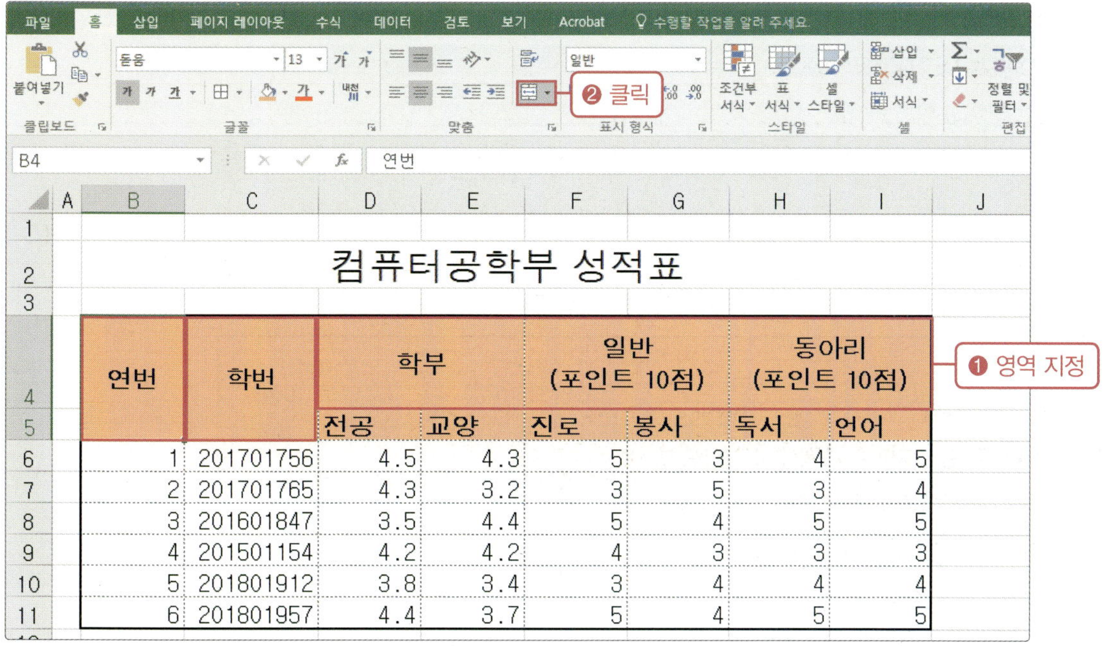

③ '가로 텍스트'를 '세로 쓰기'로 바꾸기 위해 ❶ **[B4] 셀을 클릭**한 후 [홈] 탭의 [맞춤] 그룹에서 ❷ **[방향]**의 목록 단추를 클릭하여 **'세로 쓰기'**를 선택합니다.

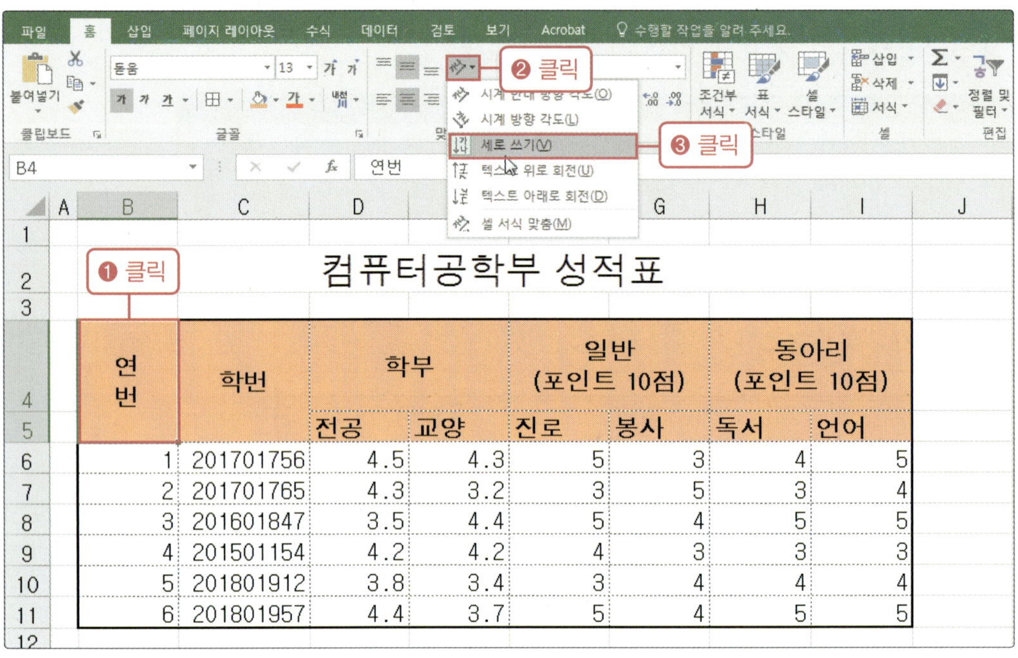

④ 입력된 데이터들을 맞춤 정렬합니다. ❶ **[D5:I5] 셀까지 드래그하여 영역을 지정한 후 ❷ Ctrl 을 누른 채 [B6:I11] 셀까지 드래그 하여 영역을 지정**합니다. [홈] 탭의 [맞춤] 그룹에서 ❸ **'가운데 맞춤'**과 **'가운데 정렬'**을 누릅니다.

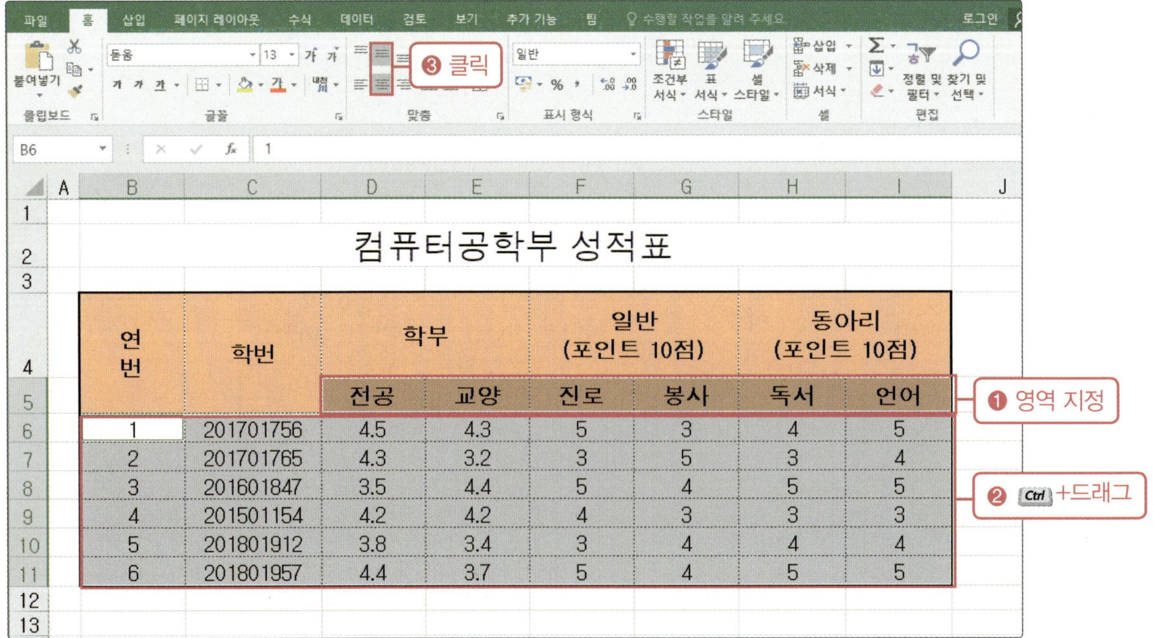

셀 병합과 채우기 핸들

- 셀 병합을 한 후 채우기 핸들을 이용해 복사하면 여러 셀에 동일한 셀 병합을 쉽게 할 수 있습니다.

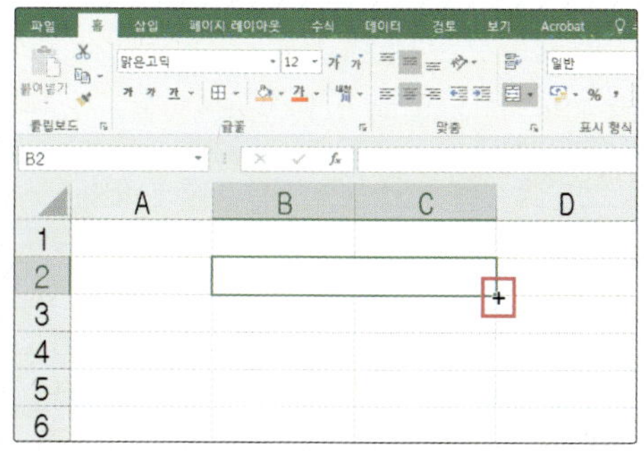 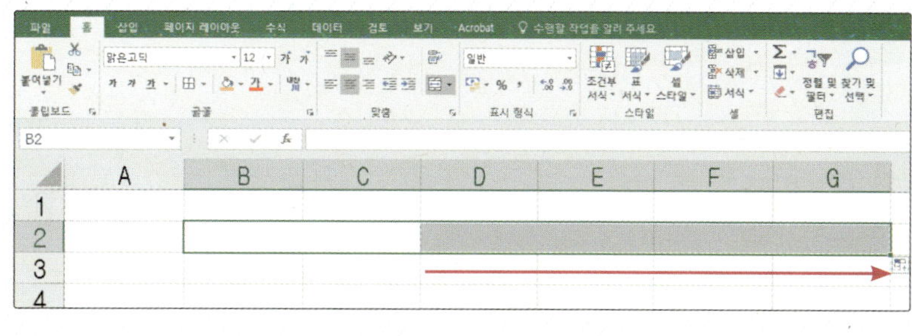

- 셀 병합의 목록 단추의 [전체 병합]은 영역 지정한 셀들을 행 단위로 병합합니다.
- 여러 행을 영역 지정한 후 [전체 병합]을 클릭하면 각 행 단위로 한꺼번에 병합을 할 수 있습니다.

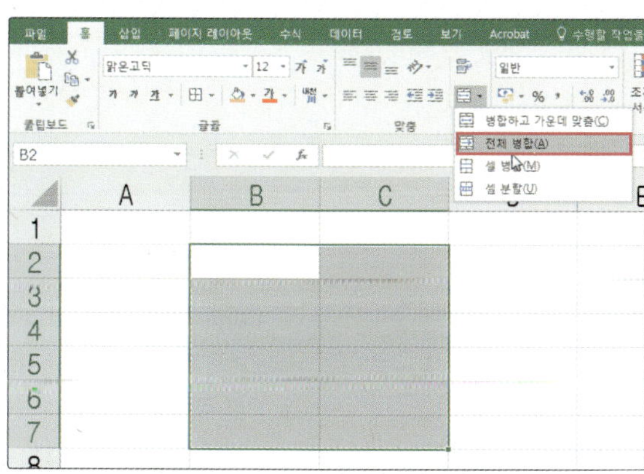 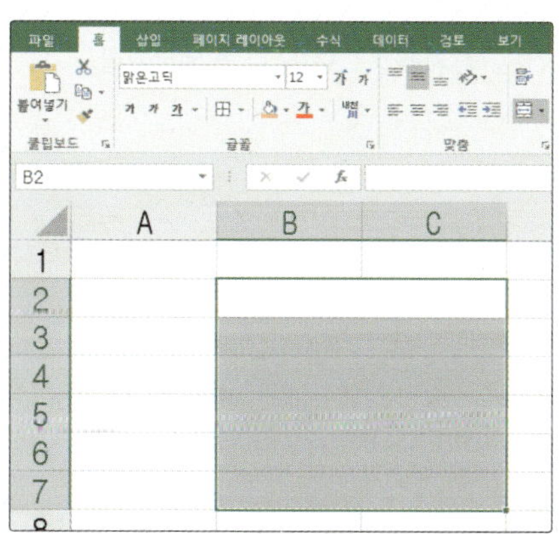

- [홈] 탭의 [맞춤] 그룹에서 [자세히] 단추를 클릭하여 나타난 [셀 서식] 대화상자에서 [맞춤] 탭의 [텍스트 조정]의 '셀에 맞춤'을 선택하면 셀에 입력된 텍스트가 셀 너비에 따라 자동으로 글꼴 크기를 줄여줍니다.

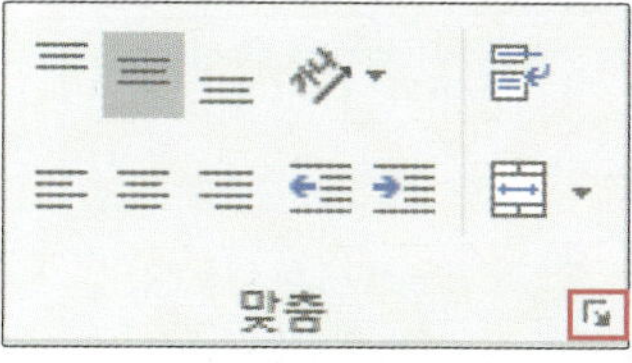 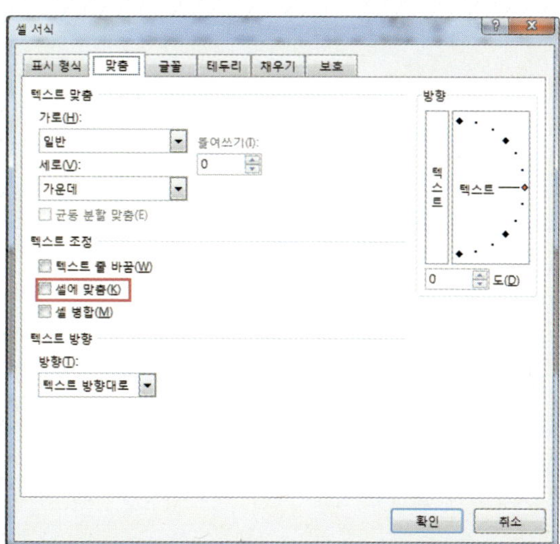

"혼자 풀어 보세요"

1 다음과 같이 조건대로 워크시트를 작성하세요.

[조건] • 워크시트의 내용을 작성하세요.
• A열의 너비를 '2'로 지정한 후 시트의 이름을 '연수계획'으로 바꾸세요.
• 문서 전체의 글꼴을 '돋움체', 글꼴 크기를 '12pt'로 지정하고, '가로 가운데 맞춤, 세로 가운데 맞춤'을 하세요.
• [B1:J1], [B3:B4], [C3:C4], [D3:D4], [E3:E4], [F3:F4], [G3:H3], [I3:J3] 셀은 '셀 병합'을 하세요.

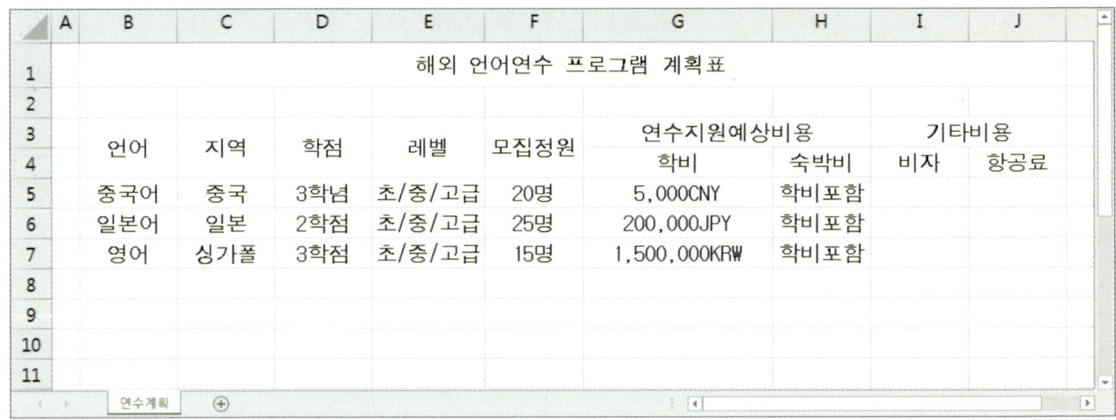

언어	지역	학점	레벨	모집정원	연수지원예상비용		기타비용	
					학비	숙박비	비자	항공료
중국어	중국	3학년	초/중/고급	20명	5,000CNY	학비포함		
일본어	일본	2학점	초/중/고급	25명	200,000JPY	학비포함		
영어	싱가폴	3학점	초/중/고급	15명	1,500,000KRW	학비포함		

해외 언어연수 프로그램 계획표

2 1번 문제에 이어 다음과 같이 조건대로 워크시트를 작성하세요.

[조건] • 전체 행 높이와 열의 너비를 문서에 맞게 조절하세요.
• 워크시트에 테두리를 적용하세요.
• [B3:J4] 셀 영역은 채우기를 적용하세요.

해외 언어연수 프로그램 계획표

언어	지역	학점	레벨	모집정원	연수지원예상비용		기타비용	
					학비	숙박비	비자	항공료
중국어	중국	3학점	초/중/고급	20명	5,000CNY	학비포함		
일본어	일본	2학점	초/중/고급	25명	200,000JPY	학비포함		
영어	싱가폴	3학점	초/중/고급	15명	1,500,000KRW	학비포함		

▲ 완성파일 : 해외연수계획표.xlsx

3 다음과 같이 조건대로 워크시트를 작성하세요.

[조건] • 워크시트의 내용을 작성하세요.
• 전체 글꼴은 '맑은 고딕', 글꼴 크기는 '12pt'로 설정하고, '가로 가운데 맞춤, 세로 가운데 맞춤'을 하세요.
• [A1:F1] 셀은 '병합하고 가운데 정렬'과 글꼴은 '굴림체', '20pt', '굵게'로 설정하세요.
• [A3:F3] 셀 영역은 '굵게'로 설정하세요.

	A	B	C	D	E	F
1			2018년 상반기 현장실습 배정표			
2						
3	연번	업종	업체명	희망인원	업무내용	근무조건
4	1	제조/수출	노리다㈜	2	관리, 영업, 거래처관리	하루 8시간, 주5일
5	2	교육서비스	이룸컨텐츠	3	교육컨텐츠 개발	하루 8시간, 주5일
6	3	교육서비스	제이앤비	1	강사관리	하루 8시간, 주5일
7	4	해운/물류	엔타이티	2	운항업무	하루 8시간, 주5일
8	5	출판업	유노	1	교정교열,편집	하루 8시간, 주5일
9	6	종합도매	파인스	2	시장조사	하루 8시간, 주5일
10	7	출판업	봄누리	3	교정교열,편집	하루 8시간, 주5일
11						

4 3번 문제에 이어 다음과 같이 조건대로 워크시트를 작성하세요.

[조건] • A열을 삽입하고 너비를 '1'로 지정하세요.
• [C4:C10] 셀 영역은 '텍스트 맞춤'에서 '가로–균등 분할(들여쓰기)'와 '들여쓰기 :1'을 설정하세요.
• [B3:G10] 셀 영역은 글꼴을 '굴림체'로, 테두리와 채우기를 설정하세요.

	A	B	C	D	E	F	G	H
1			2018년 상반기 현장실습 배정표					
2								
3		연번	업종	업체명	희망인원	업무내용	근무조건	
4		1	제 조 / 수 출	노리다㈜	2	관리, 영업, 거래처관리	하루 8시간, 주5일	
5		2	교 육 서 비 스	이룸컨텐츠	3	교육컨텐츠 개발	하루 8시간, 주5일	
6		3	교 육 서 비 스	제이앤비	1	강사관리	하루 8시간, 주5일	
7		4	해 운 / 물 류	엔타이티	2	운항업무	하루 8시간, 주5일	
8		5	출 판 업	유노	1	교정교열,편집	하루 8시간, 주5일	
9		6	종 합 도 매	파인스	2	시장조사	하루 8시간, 주5일	
10		7	출 판 업	봄누리	3	교정교열,편집	하루 8시간, 주5일	

▲ 완성파일 : 현장실습배정표.xlsx

08 표시 형식 지정하기

엑셀 데이터는 숫자와 문자 등에 데이터의 형식을 입력하여 가독성을 높이기도 합니다. 데이터를 분석하기 쉽도록 숫자 형식, 백분율, 자릿수, 문자 데이터 형식 등을 지정할 수 있습니다.

- ▶▶ 숫자 표시 형식을 알아봅니다.
- ▶▶ 백분율과 날짜 서식을 알아봅니다.
- ▶▶ 사용자 정의 설정에 대해 알아봅니다.

배울 내용 미리보기 ✚

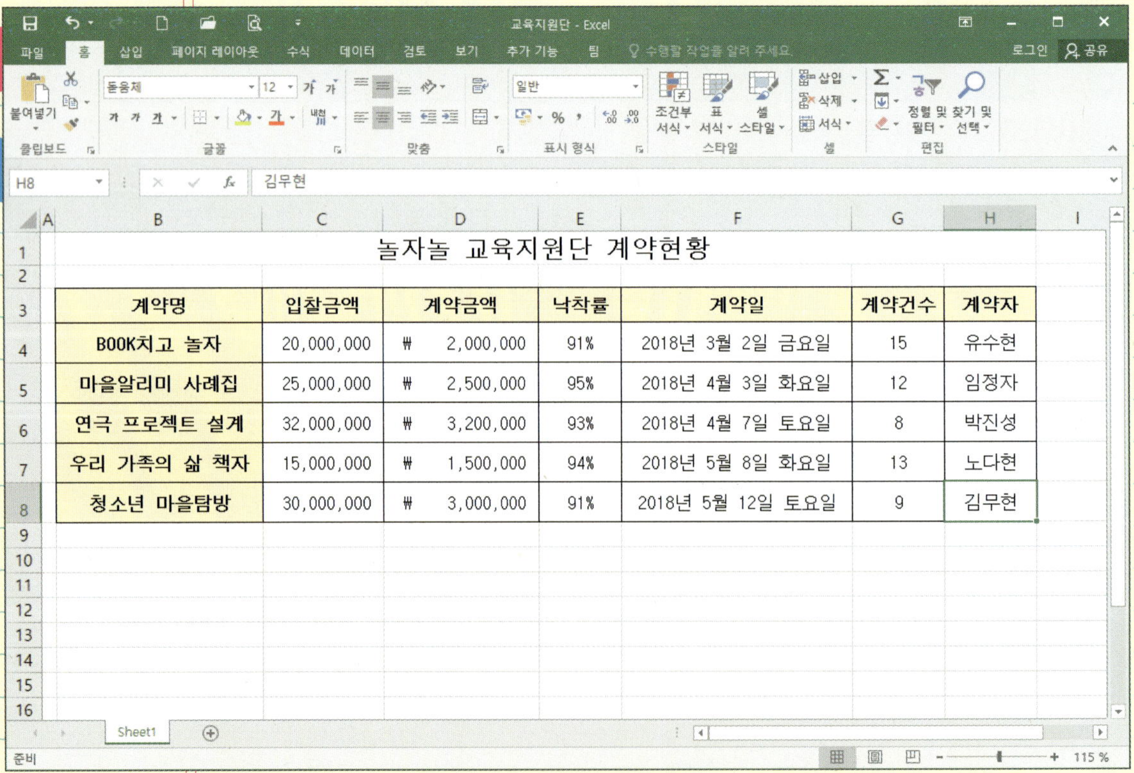

계약명	입찰금액	계약금액	낙찰률	계약일	계약건수	계약자
BOOK치고 놀자	20,000,000	₩ 2,000,000	91%	2018년 3월 2일 금요일	15	유수현
마을알리미 사례집	25,000,000	₩ 2,500,000	95%	2018년 4월 3일 화요일	12	임정자
연극 프로젝트 설계	32,000,000	₩ 3,200,000	93%	2018년 4월 7일 토요일	8	박진성
우리 가족의 삶 책자	15,000,000	₩ 1,500,000	94%	2018년 5월 8일 화요일	13	노다현
청소년 마을탐방	30,000,000	₩ 3,000,000	91%	2018년 5월 12일 토요일	9	김무현

▲ 파일명 : 교육지원단.xlsx

숫자 표시 형식

1 다음 워크시트와 같이 작성한 후 A열의 너비를 '1'로 **지정**하세요.

제목 글꼴은 '돋움체, 16pt'
본문은 '돋움체, 12pt'

계약명	입찰금액	계약금액	낙찰률	계약일	계약건수	계약자
BOOK치고 놀자	20000000	2000000	0.91	2018-03-02	15	유수현
마을알리미 사례집	25000000	2500000	0.95	2018-04-03	12	임정자
연극 프로젝트 설계	32000000	3200000	0.93	2018-04-07	8	박진성
우리 가족의 삶 책자	15000000	1500000	0.94	2018-05-08	13	노다현
청소년 마을탐방	30000000	3000000	0.91	2018-05-12	9	김무현

제목: 놀자놀 교육지원단 계약현황

2 숫자에 쉼표 스타일을 적용하기 위해 ❶ [C4:C8] 셀을 영역 지정한 후 ❷ [홈] 탭의 [표시 형식] 그룹에서 ❸ '쉼표 스타일(,)'을 클릭합니다.

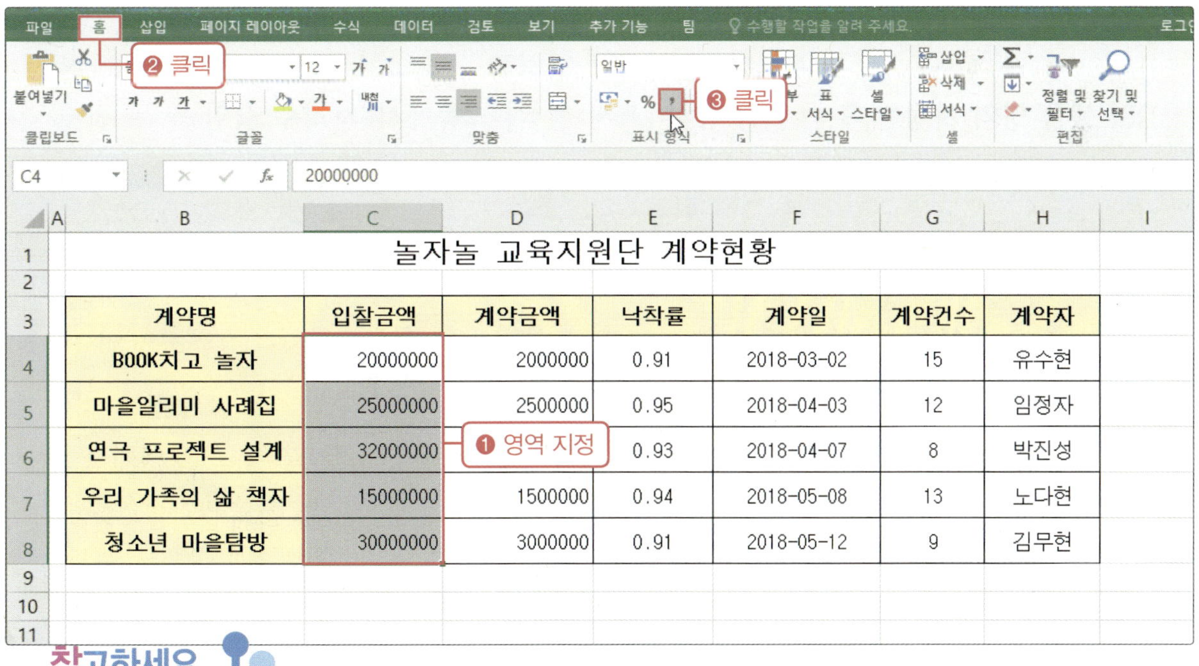

참고하세요

셀의 너비가 좁으면 '######'으로 표시됩니다. 열과 열사이의 경계선을 더블클릭하면 자동으로 너비가 조절됩니다.

③ 숫자에 통화 표시를 적용하기 위해 **❶ [D4:D8] 셀을 영역 지정**한 후 [홈] 탭의 [표시 형식] 그룹에서 **❷ '회계 표시 형식'**의 목록 단추를 누른 후 **❸ 'W한국어'**를 클릭합니다.

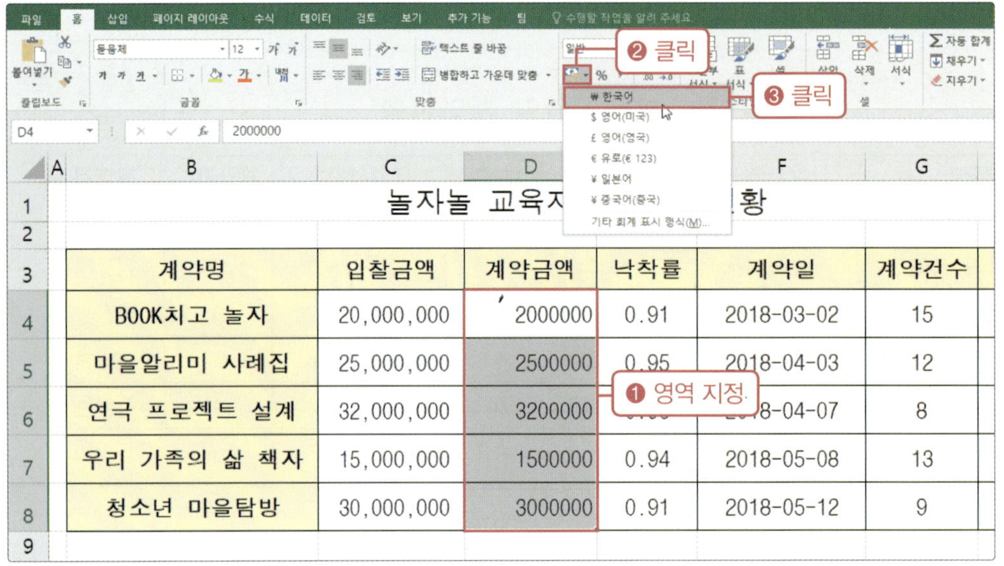

참고하세요

표시 형식을 원래대로 하려면 '일반'을 적용하세요.

④ [D] 열에 '######'으로 표시되면 셀 너비를 넓혀줍니다. 소수 자릿수를 조절하기 위해 **❶ [D4:D8] 셀을 영역 지정**한 후 **❷ [홈] 탭**의 **[표시 형식] 그룹**에서 **'자리수 줄임'**을 두 번 클릭합니다.

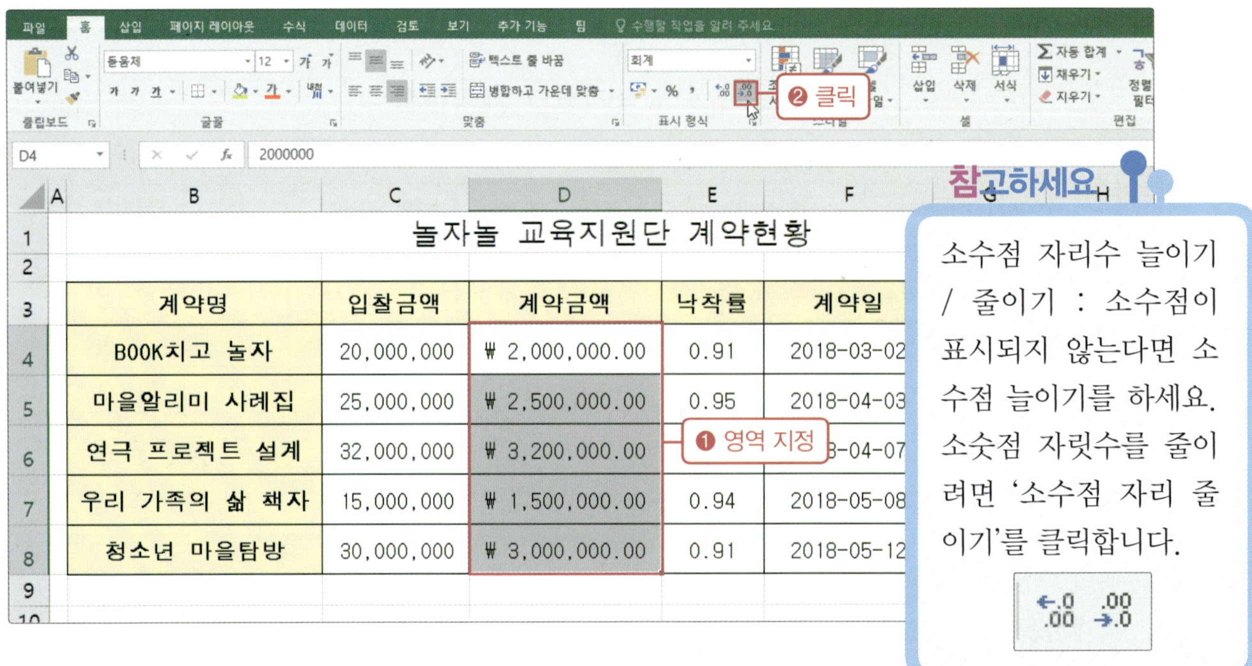

1 ❶ [E4:E8] 셀을 **영역 지정**한 후 [홈] 탭의 [표시 형식] 그룹에서 ❷ **'백분율 스타일'**을 클릭합니다.

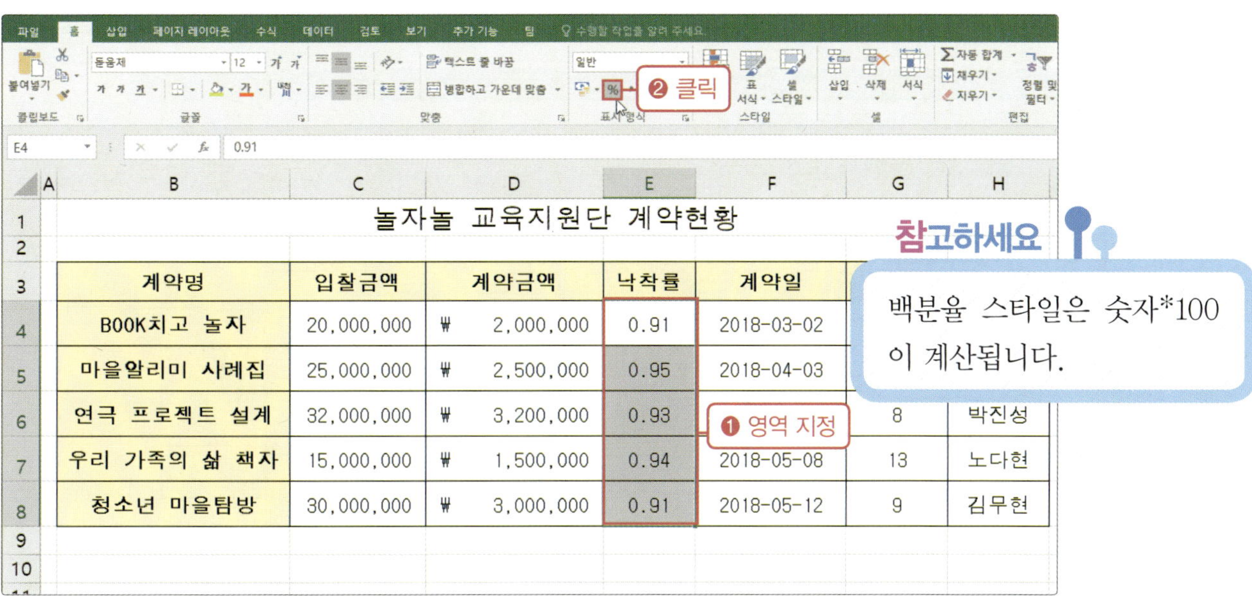

2 ❶ [F4:F8] 셀을 **영역 지정**한 후 [홈] 탭의 [표시 형식] 그룹에서 ❷ [표시 형식] 목록 단추를 누른 후 ❸ **'자세한 날짜'**를 클릭합니다.

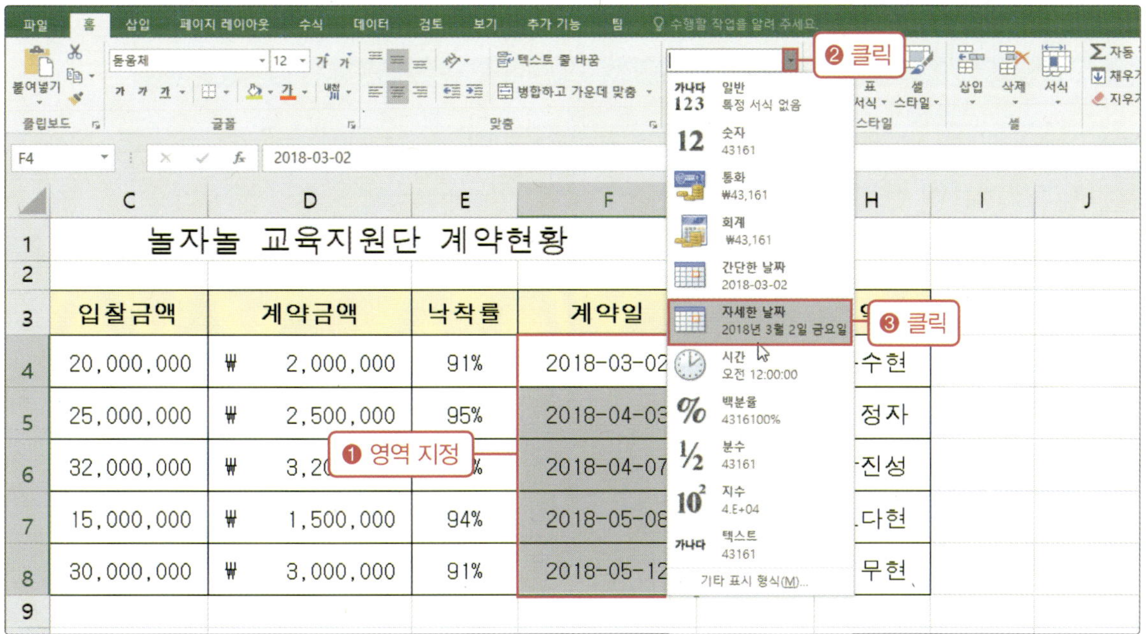

1 ❶ [G4:G8] 셀을 **영역 지정**한 후 [홈] 탭의 [표시 형식] 그룹에서 ❷ **[자세히]** 단추를 클릭합니다. [셀 서식] 대화상자의 **[표시 형식]** 탭에서 ❸ **'사용자 지정'** 목록을 선택한 후 '형식' 목록의 ❹ **'G/표준'**을 선택하고 형식 입력란에 **""건""을 추가로 입력**합니다. ❺ **[확인]**을 클릭합니다.

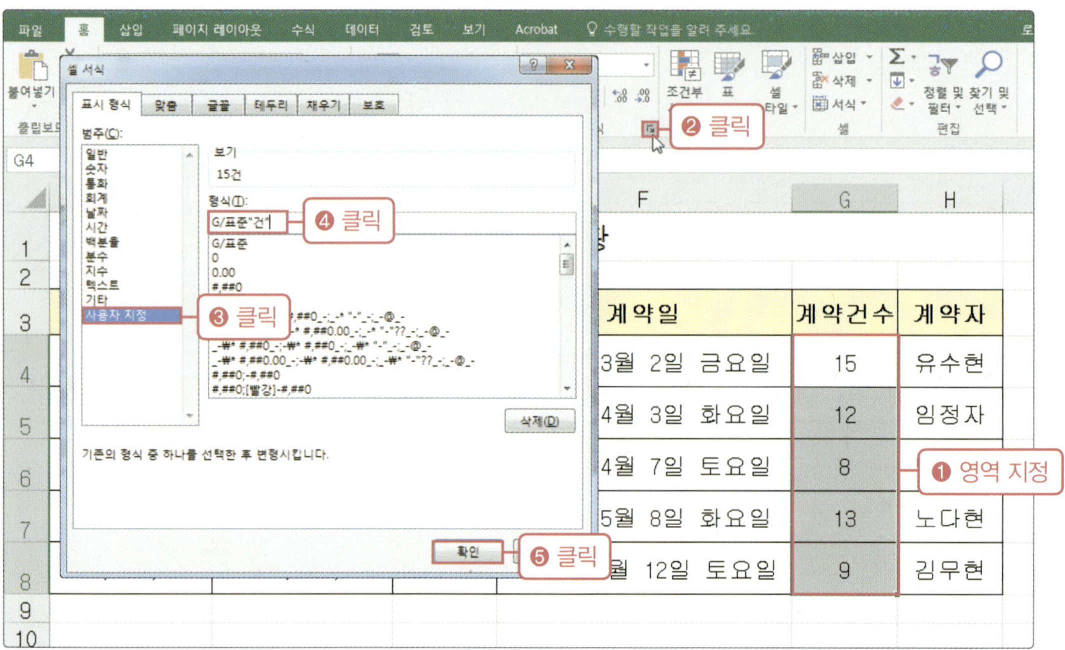

2 ❶ [H4:H8] 셀을 **영역 지정**한 후 [홈] 탭의 [표시 형식] 그룹에서 ❷ **[자세히]** 단추를 클릭합니다. [셀 서식] 대화상자의 **[표시 형식]** 탭에서 ❸ **'사용자 지정'** 목록을 선택합니다. ❹ '형식' 입력란에 **@"님"**을 입력하고 ❺ **[확인]**을 클릭합니다.

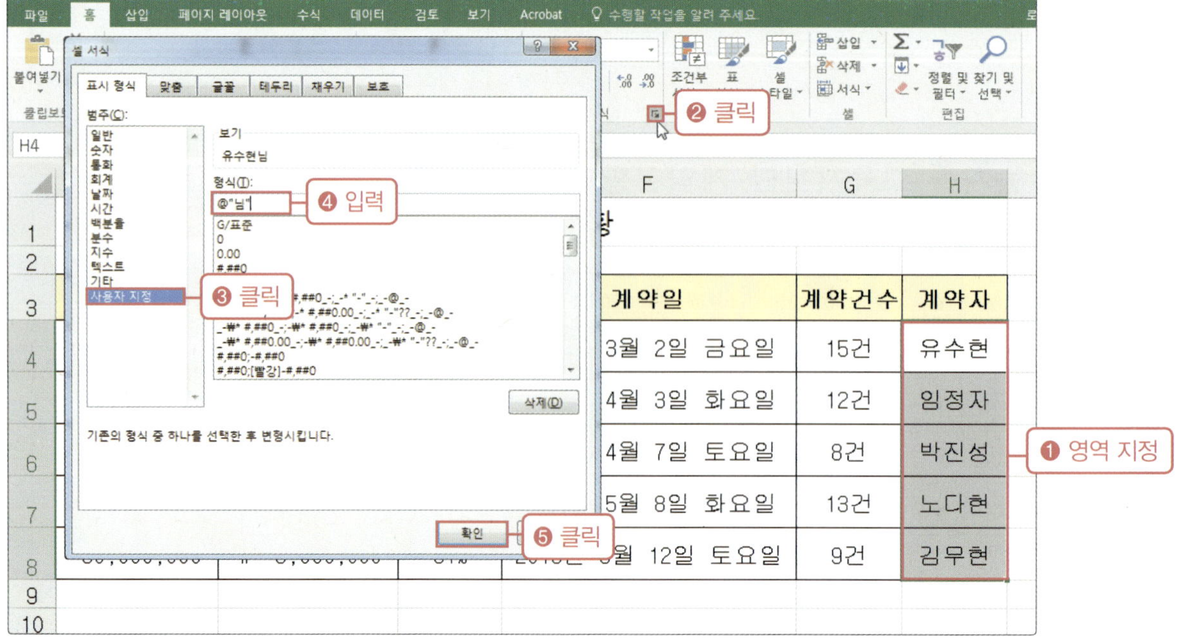

통화 스타일과 회계 스타일

통화 스타일은 숫자의 바로 앞에 표시되며, 회계 스타일은 셀의 왼쪽 열에 고정되어 표시됩니다.

입찰금액	계약금액
₩200,000	₩　2,000,000
₩2,500,000	₩　2,500,000
₩320,000	₩　3,200,000
₩1,500,000	₩　1,500,000
₩30,000,000	₩　3,000,000

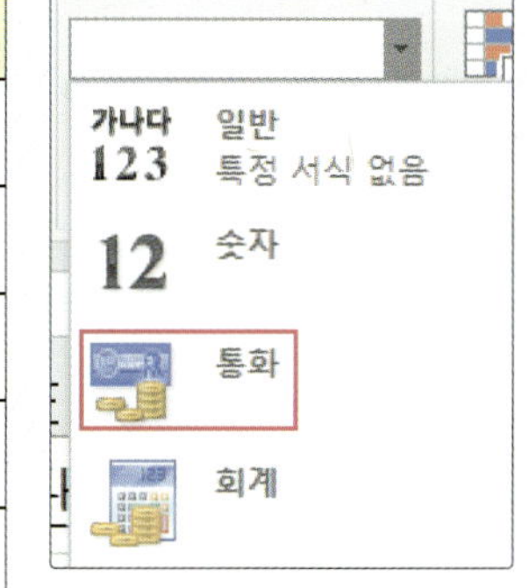

통화 스타일　　　회계 스타일

숫자를 한글과 한자로 변환하기

숫자를 한글과 한자로 변환할 수 있습니다. [셀 서식] − [기타] − [숫자(한글), 숫자(한자), 숫자(한자−갖은자)]를 선택합니다.

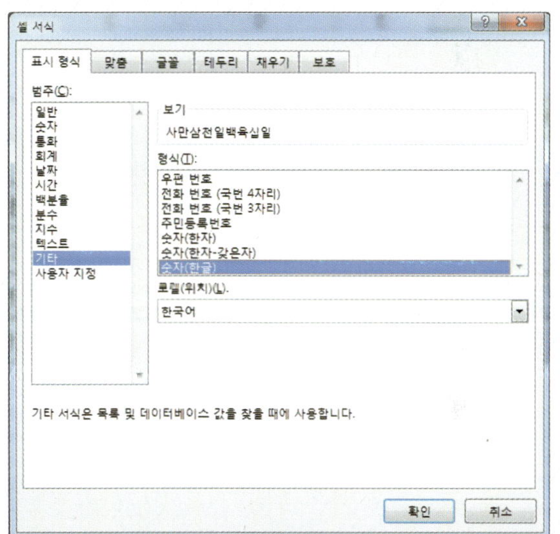

숫자를 세 자리마다 쉼표(,)찍고 '원' 입력하기

입력된 숫자에 세 자리마다 쉼표(,)를 찍고 텍스트를 입력하려면 [셀 서식] − [사용자 지정] − '#,##0'을 선택한 후 '"원"'을 추가로 입력합니다. '#'과 '0'은 숫자 코드입니다.

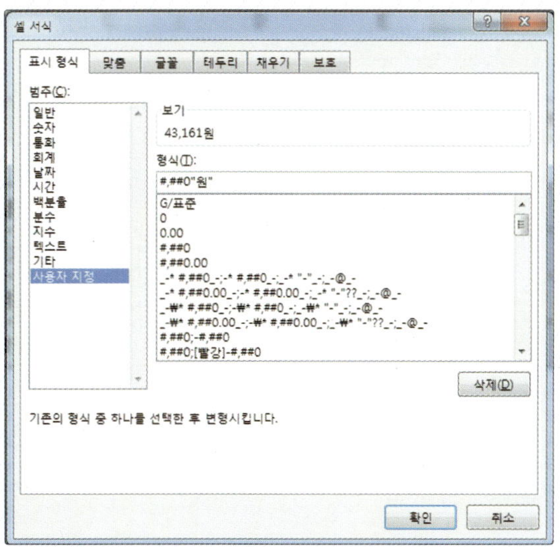

"혼자 풀어 보세요"

1 다음과 같이 조건대로 워크시트를 작성하세요.

	A	B	C	D	E	F	G	H
1				우리밀 우리빵 주문량				
2								
3		품번	품명	주문일자	1월	2월	3월	합계
4		1	알콤달콤 크림빵	2017-03-02	5000	1452	2254	8706
5		2	호두가 듬뿍듬뿍빵	2017-03-05	1451	2145	1547	5143
6		3	건강한 보리알곡빵	2017-03-06	1250	6541	4785	12576
7		4	부드러운 향 가득우유식빵	2017-03-07	6541	3214	3254	13009
8		5	신선한 야채가득 샌드위치	2017-03-08	2254	8547	2103	12904
9		6	쫀득쫀득 찹쌀도너츠	2017-03-09	8475	3514	2652	14641
10		7	건강한 녹차케익	2017-03-10	9541	2578	6584	18703
11								
12								

2 1번 문제에 이어 다음과 같이 조건대로 워크시트를 작성하세요.

	A	B	C	D	E	F	G	H
1				우리밀 우리빵 주문량				
2								
3		품번	품명	주문일자	1월	2월	3월	합계
4		1	알콤달콤 크림빵	2017년 3월 2일 목요일	5,000	1,452	2,254	₩ 8,706
5		2	호두가 듬뿍듬뿍빵	2017년 3월 5일 일요일	1,451	2,145	1,547	₩ 5,143
6		3	건강한 보리알곡빵	2017년 3월 6일 월요일	1,250	6,541	4,785	₩ 12,576
7		4	부드러운 향 가득우유식빵	2017년 3월 7일 화요일	6,541	3,214	3,254	₩ 13,009
8		5	신선한 야채가득 샌드위치	2017년 3월 8일 수요일	2,254	8,547	2,103	₩ 12,904
9		6	쫀득쫀득 찹쌀도너츠	2017년 3월 9일 목요일	8,475	3,514	2,652	₩ 14,641
10		7	건강한 녹차케익	2017년 3월 10일 금요일	9,541	2,578	6,584	₩ 18,703
11								
12								

▲ 완성파일 : 우리빵주문표.xlsx

3 다음과 같이 워크시트를 작성하세요.

	A	B	C	D	E	F
1				우리꽃 야생화 자수 회원 목록		
2						
3					총 회비	120000
4		이름	주소	상반기회비	하반기회비	비고
5		장나리	분당	15000	15000	
6		노희재	전주	25000	20000	
7		고영순	평택	10000	20000	
8		한미림	구미	15000	20000	
9		박가영	제주	20000	15000	
10		김희수	원주	25000	20000	
11		이진영	여주	10000	15000	
12						

4 3번 문제에 이어 다음과 같이 조건대로 워크시트를 작성하세요.

[조건]
- '이름' 뒤에 '님' 자를 추가하세요.
- '상반기회비'와 '하반기회비'는 '15,000원' 형식으로 지정하세요.
- [F3] 셀의 합계는 '숫자(갖은자)' 형식으로 지정하세요.

	A	B	C	D	E	F
1				우리꽃 야생화 자수 회원 목록		
2						
3					총 회비	壹拾貳萬
4		이름	주소	상반기회비	하반기회비	비고
5		장나리님	분당	15,000원	15,000원	
6		노희재님	전주	25,000원	20,000원	
7		고영순님	평택	10,000원	20,000원	
8		한미림님	구미	15,000원	20,000원	
9		박가영님	제주	20,000원	15,000원	
10		김희수님	원주	25,000원	20,000원	
11		이진영님	여주	10,000원	15,000원	

▲ 완성파일 : 회원목록.xlsx

인쇄하기

09

엑셀 문서를 인쇄 결과물로 확인할 수 있습니다. 문서를 인쇄하기 전에 미리 보기를 이용해 인쇄 영역 설정, 머리글 및 바닥글, 페이지 번호와 제목 행 반복 등을 지정할 수 있으며, 직접 인쇄가 가능합니다.

- ➤➤ 인쇄 미리 보기와 페이지 설정에 대해 알아봅니다.
- ➤➤ 페이지 나누기와 인쇄 영역에 대해 알아봅니다.
- ➤➤ 인쇄 머리글/바닥글, 페이지 번호에 대해 알아봅니다.

배울 내용 미리보기 ➕

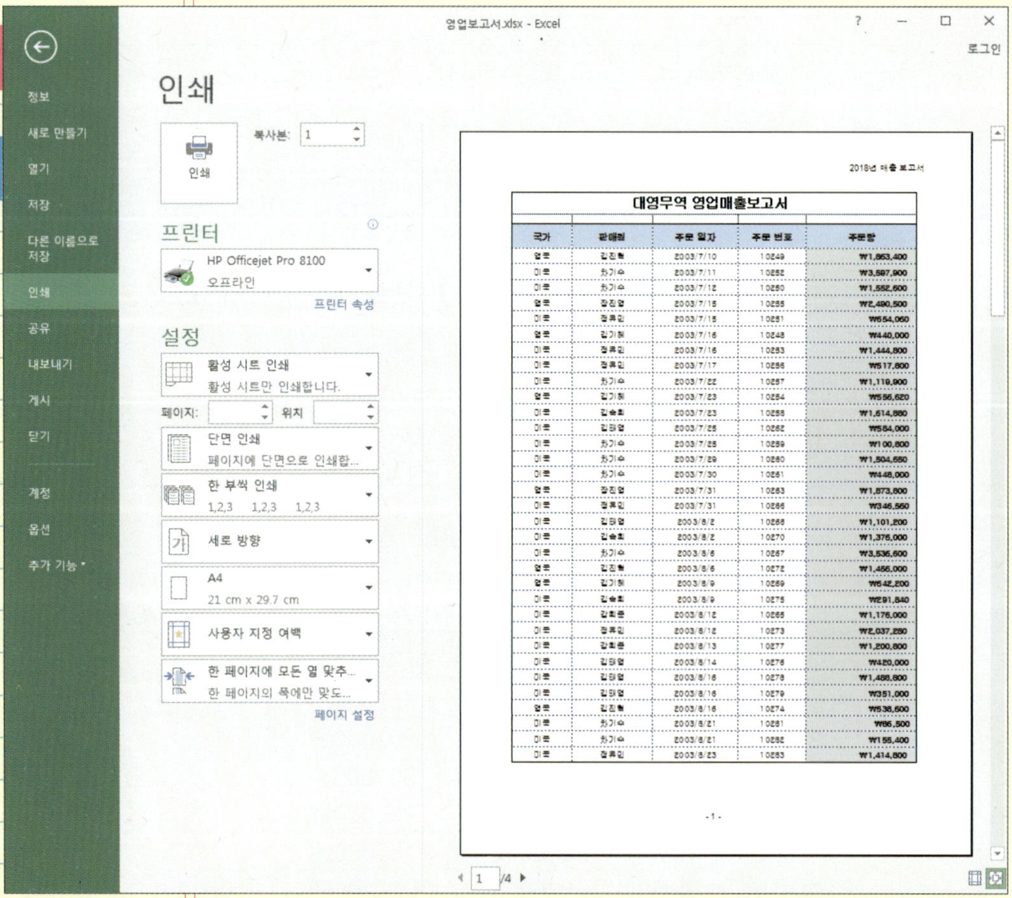

▲ 파일명 : 영업보고서.xlsx

1 '영업보고서–원본.xlsl' 파일을 엽니다. 현재 문서를 인쇄 미리보기를 하려면 [파일] 탭을 클릭한 후 ❶ **[인쇄]**를 선택합니다. 전체 문서여백을 보기 위해 ❷ 오른쪽 하단의 **'여백 표시'**를 클릭합니다.

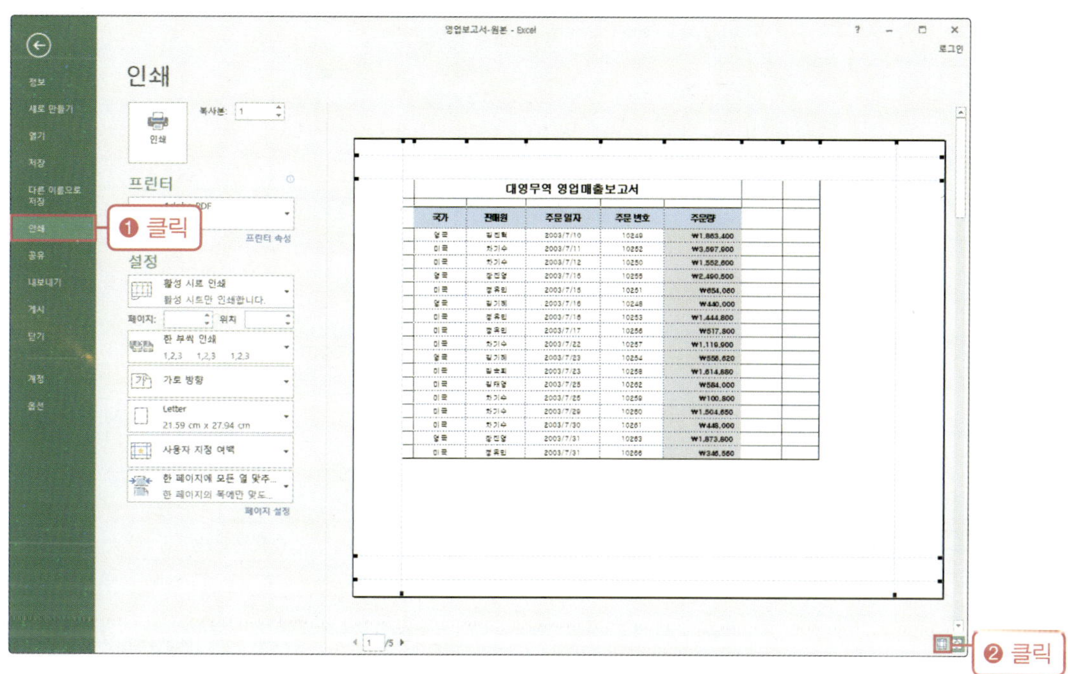

2 인쇄 방향은 ❶ **'세로 방향'**으로 설정하고, 인쇄 용지는 ❷ **'A4'**로 설정합니다.

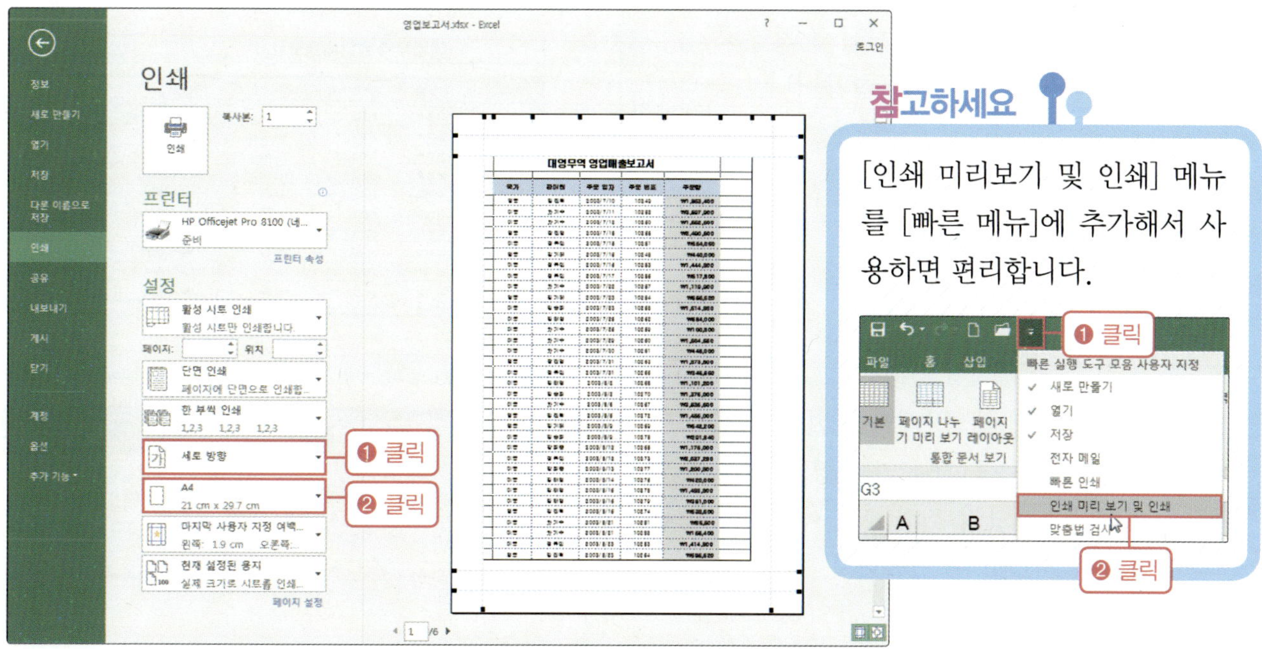

참고하세요

[인쇄 미리보기 및 인쇄] 메뉴를 [빠른 메뉴]에 추가해서 사용하면 편리합니다.

3 용지 여백 설정을 하려면 ❶ '**마지막 사용자 지정 여백**'을 클릭한 후 ❷ '**사용자 지정 여백**'을 선택합니다. [페이지 설정] 대화상자가 열리면 ❸ '왼쪽'과 '오른쪽'의 여백을 '1.5'으로 설정하고, '페이지 가운데 맞춤'은 ❹ '**가로**'로 선택한 후 ❺ [**확인**]을 클릭합니다.

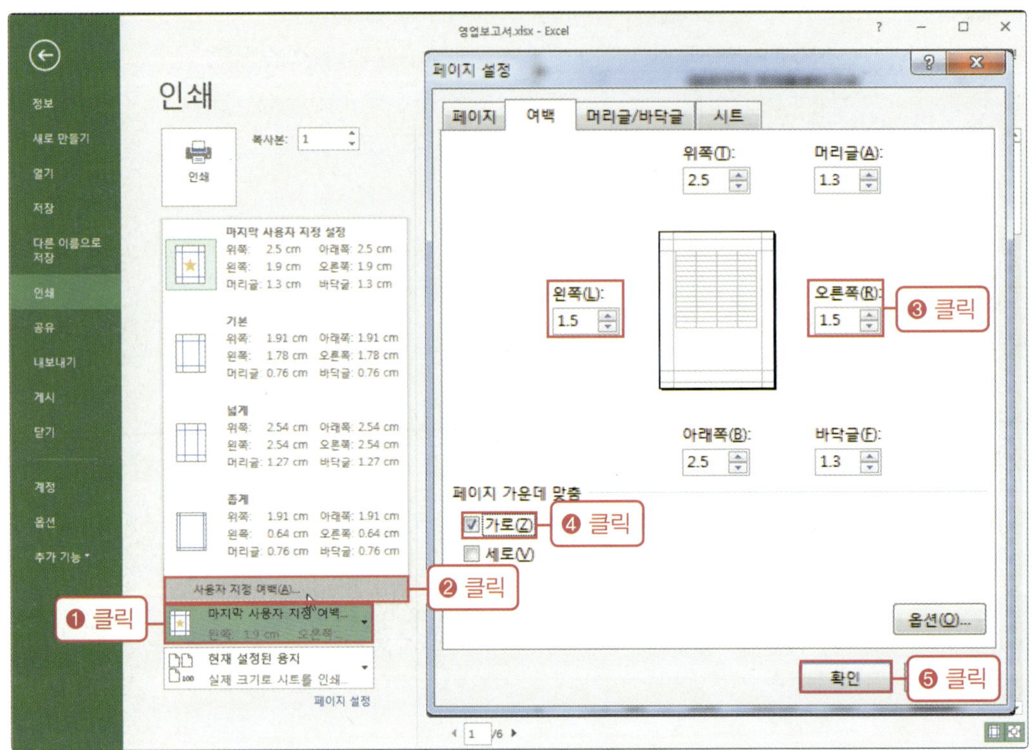

4 엑셀은 인쇄 미리보기에서 '용지 여백'과 '열 너비'를 조절할 수 있습니다. '여백 표시'가 된 상태에서 '열 너비'위에 마우스를 올려놓고 드래그하여 너비를 조절합니다.

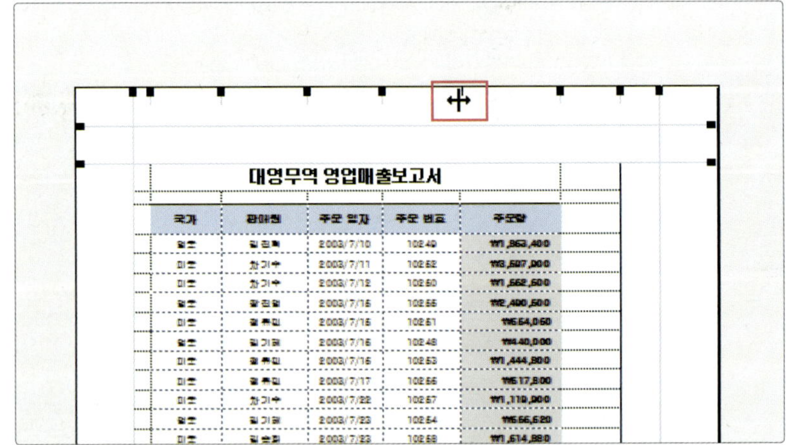

 **참고하세요**

[페이지 레이아웃] 탭의 [페이지 설정] 그룹에서 '여백', '용지 방향', '크기', '인쇄 영역' 등을 설정할 수 있습니다. [크기 조정] 그룹에서는 출력할 '페이지 수'를 지정할 수 있습니다.

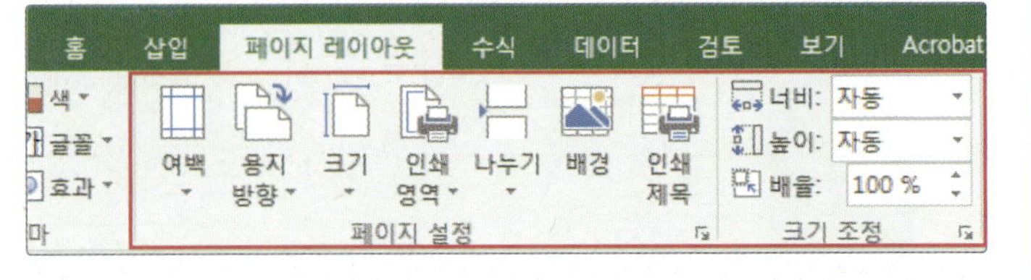

02 페이지 나누기와 인쇄 영역

1 인쇄 영역을 조절하기 위해 ❶ [보기] 탭의 [통합 문서 보기] 그룹에서 ❷ [페이지 나누기 미리 보기]를 클릭합니다. 오른쪽의 파란색 실선 위에 마우스를 올려놓은 후 '↔'일 때 [F] 열까지 드래그합니다. [A] 열도 [B] 열까지 드래그하여 조절합니다.

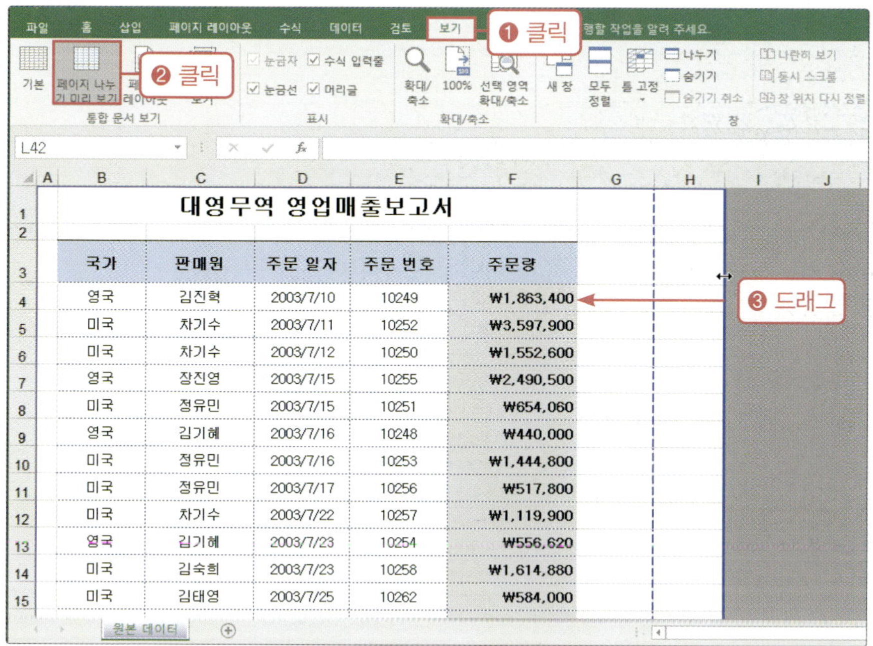

참고하세요

파란색 실선은 인쇄 영역이며, 파란색 점선은 페이지 영역으로 강제로 페이지를 조절할 때 사용합니다.

2 한 페이지에 인쇄될 영역도 조절합니다. ❶ **파란색 점선을 위아래로 드래그**하여 영어을 조절합니다.

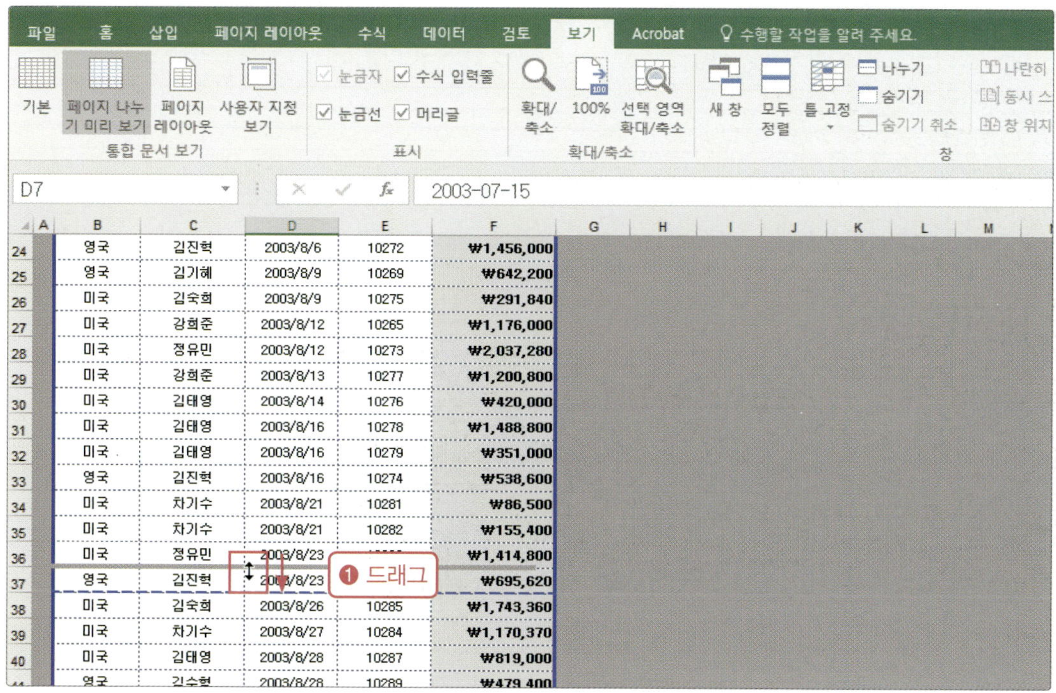

1 머리글과 바닥글을 삽입하기 위해 ❶ [보기] 탭의 [통합 문서 보기] 그룹에서 ❷ [페이지 레이아웃]을 클릭합니다.

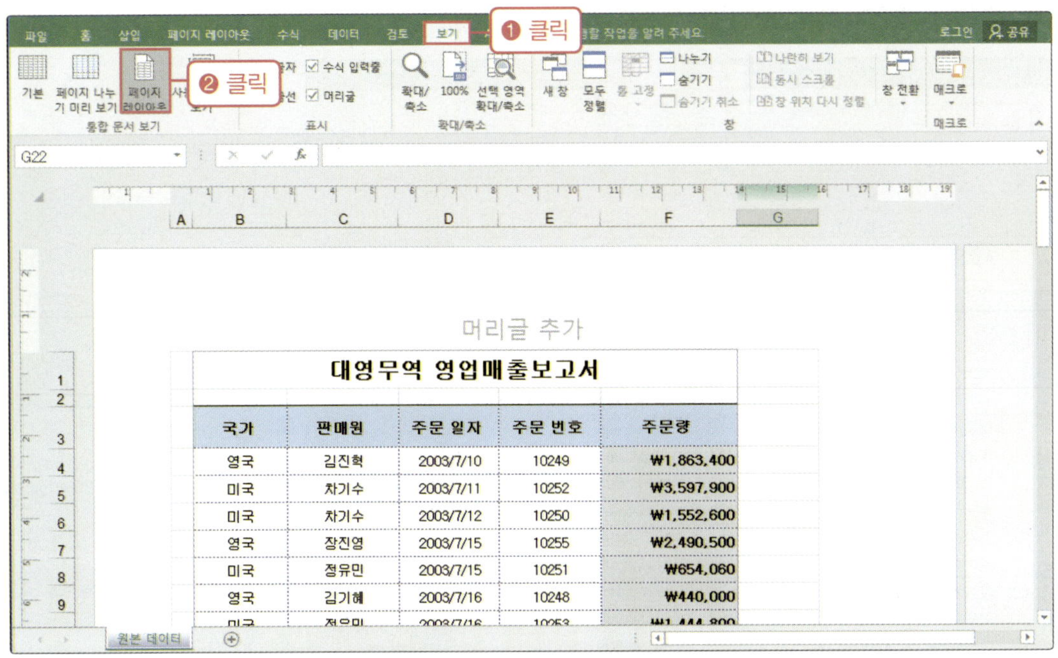

2 머리글의 오른쪽 영역을 클릭하여 "2018년 매출 보고서"를 입력합니다.

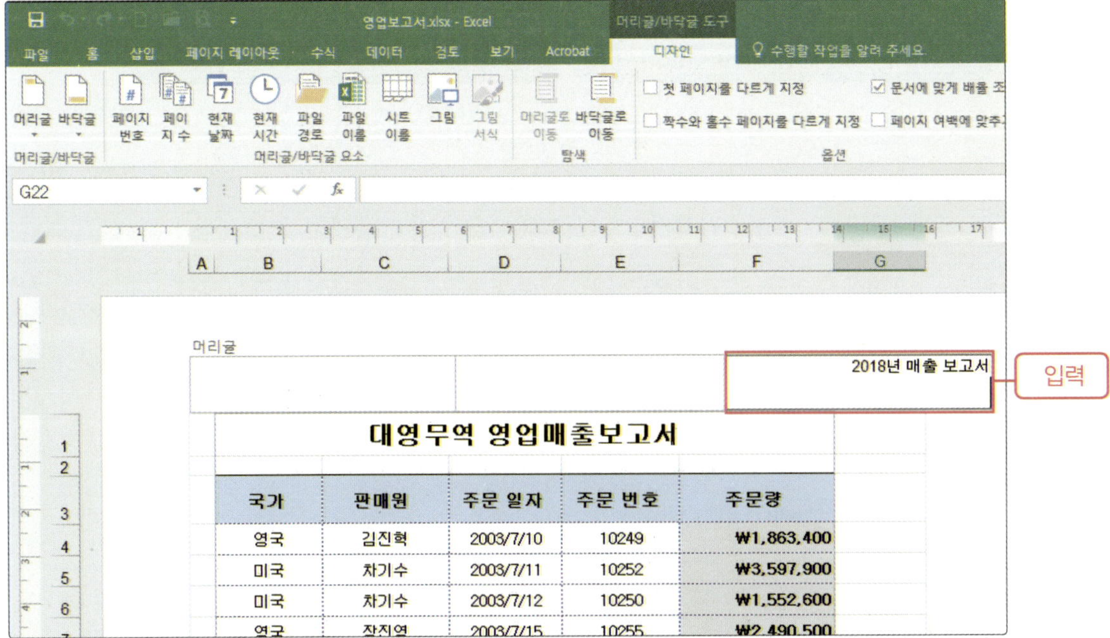

③ 바닥글에는 페이지 번호를 삽입합니다. 페이지 하단으로 이동한 후 ❶ **바닥글의 중간 영역**을 클릭합니다. ❷ **[머리글/바닥글 도구]–[디자인] 탭**의 **[머리글/바닥글 요소]** 그룹에서 ❸ **[페이지 번호]**를 클릭합니다. '&[페이지 번호]' 앞/뒤에 **"–"**을 입력하여 추가합니다.

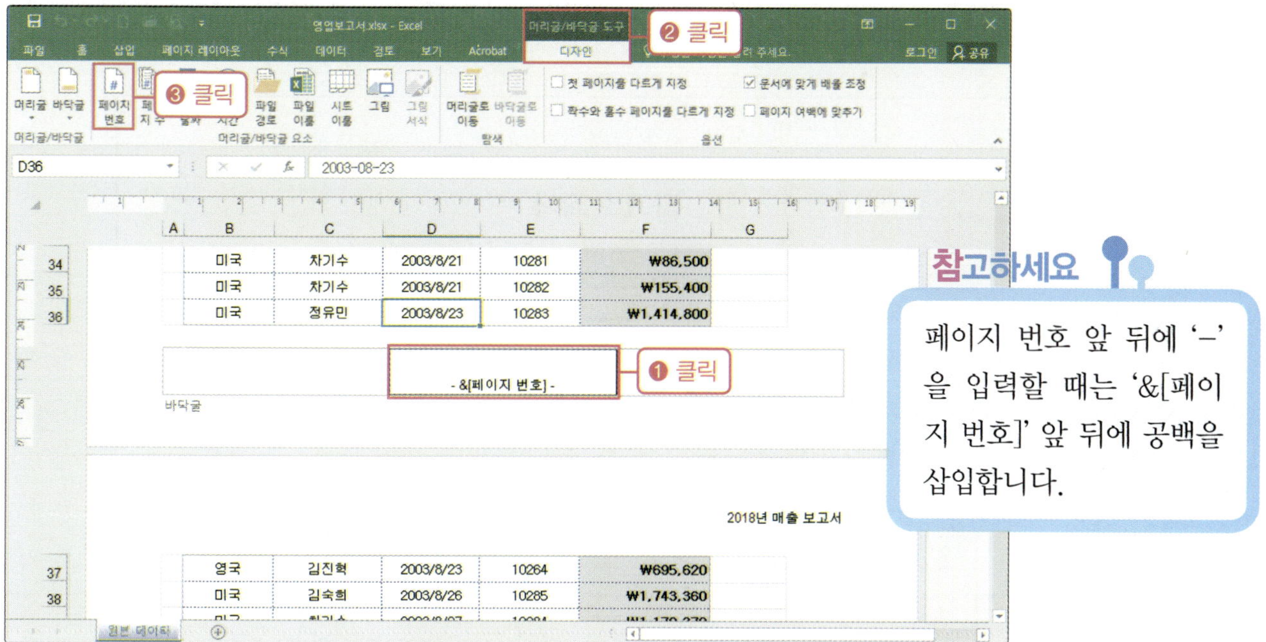

④ '인쇄 미리 보기'를 클릭한 후 인쇄 미리보기에서 전체 열 너비를 조절한 후 ❶ **[인쇄]**를 클릭합니다.

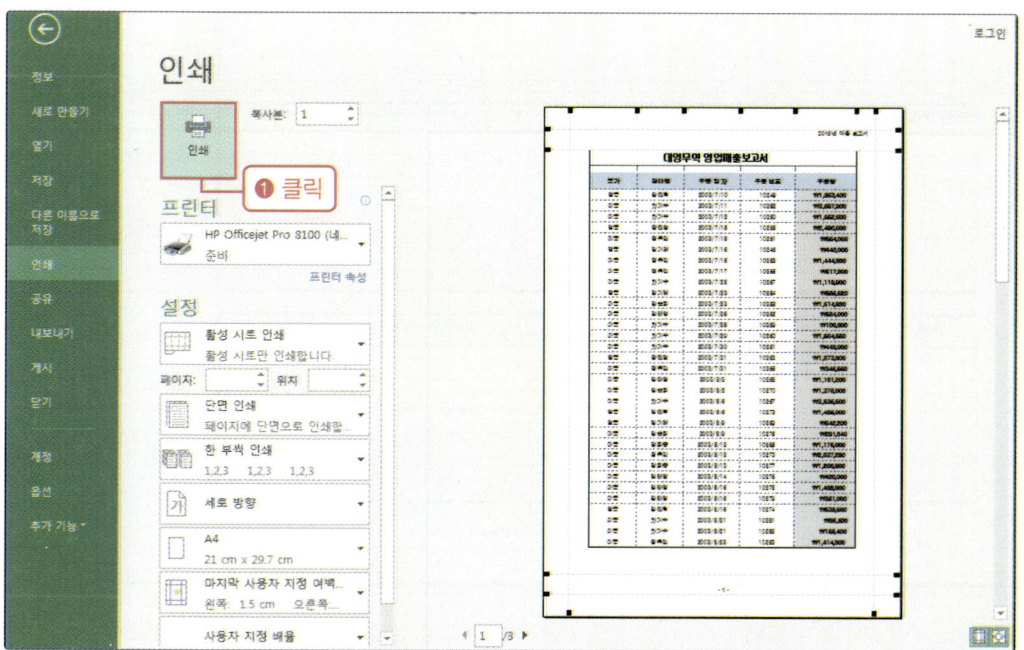

1 다음과 같이 워크시트를 작성하고, 인쇄해 보세요.

자기소개서

지원동기

성장 배경 및 생활 태도

나의 경쟁력 및 장단점

타사 경력과 자격사항, 전공 및 기술능력

입사 후 미래 계획과 비전

- 1 -

2

▲ 완성파일 : 자기소개서.xlsx

2 다음과 같이 워크시트를 작성하고, 인쇄해 보세요.

준비물 체크리스트

해외여행 준비물 체크리스트

구분	항목	수량	확인	구분	항목	수량	확인
서류	여권			세면도구	모자		
	여권사본				샴푸		
	항공권(e-티켓)				칫솔		
	여권사진				치약		
	가이드북				폼클린저		
	필기도구				썬크림		
전자기기	스마트폰			비상약	물티슈		
	충전기				소화제		
	멀티쿠커				감기약		
의류	멀티탭				물파스		
	긴팔 상의				면봉		
	긴팔 하의				지사제		
	반바지				진통제		
	반팔 상의				근육이완제		
	속옷			비상식품	라면		
	양말				즉석식품		
	손수건			기타	필기구		
	슬리퍼				보조가방		
	수영복				비닐봉지		
	선글라스				반짇고리		

4

▲ 완성파일 : 여행준비물.xlsx

10 사칙 연산과 참조 연산

엑셀을 사용하는 가장 큰 장점은 쉽고 빠른 계산식입니다. 사칙 연산과 셀 참조 방식으로 원하는 계산식을 쉽게 작성할 수 있습니다.

- 사칙 연산에 대해 알아봅니다.
- 참조 형식의 연산에 대해 알아봅니다.

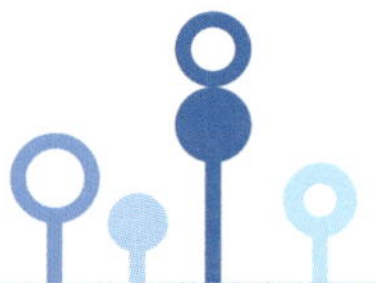

배울 내용 미리보기

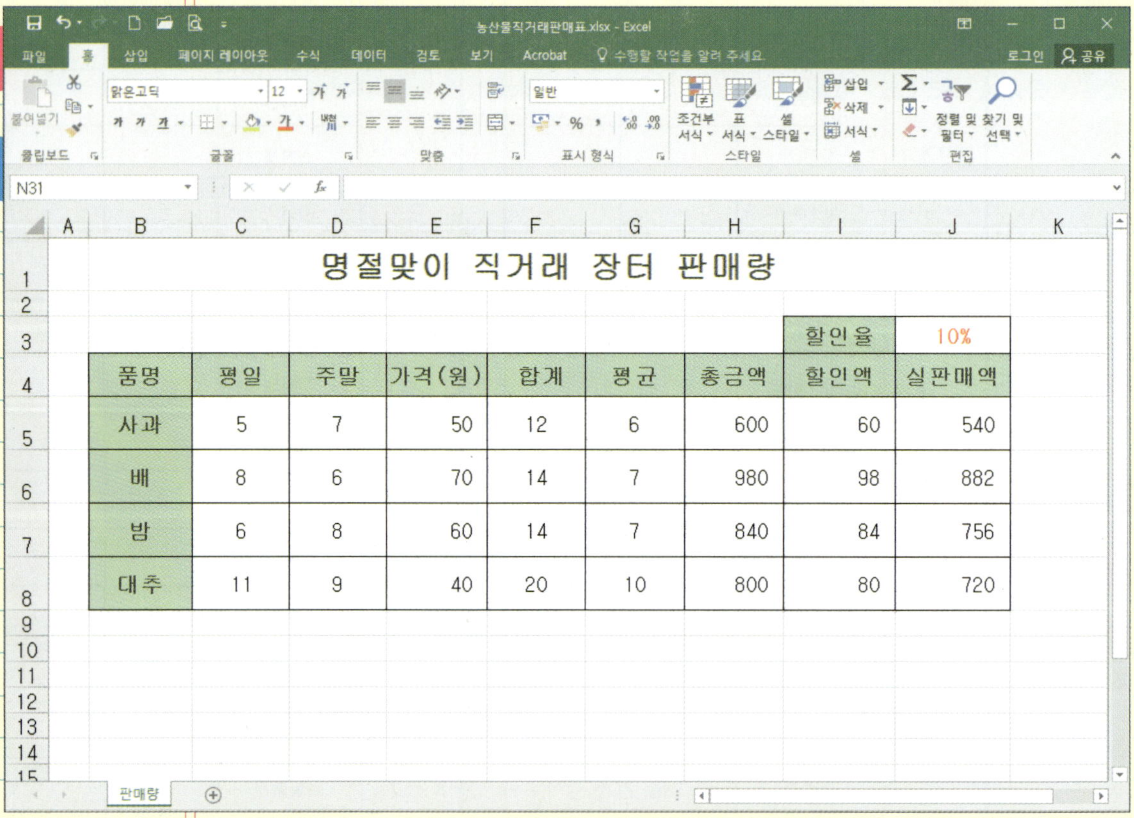

명절맞이 직거래 장터 판매량

							할인율	10%
품명	평일	주말	가격(원)	합계	평균	총금액	할인액	실판매액
사과	5	7	50	12	6	600	60	540
배	8	6	70	14	7	980	98	882
밤	6	8	60	14	7	840	84	756
대추	11	9	40	20	10	800	80	720

▲ 파일명 : 농산물직거래판매표.xlsx

1 다음 워크시트와 같이 작성합니다. A열의 너비를 '**3**'으로 지정하고 워크시트의 이름은 "**판매량**" **으로 입력**합니다.

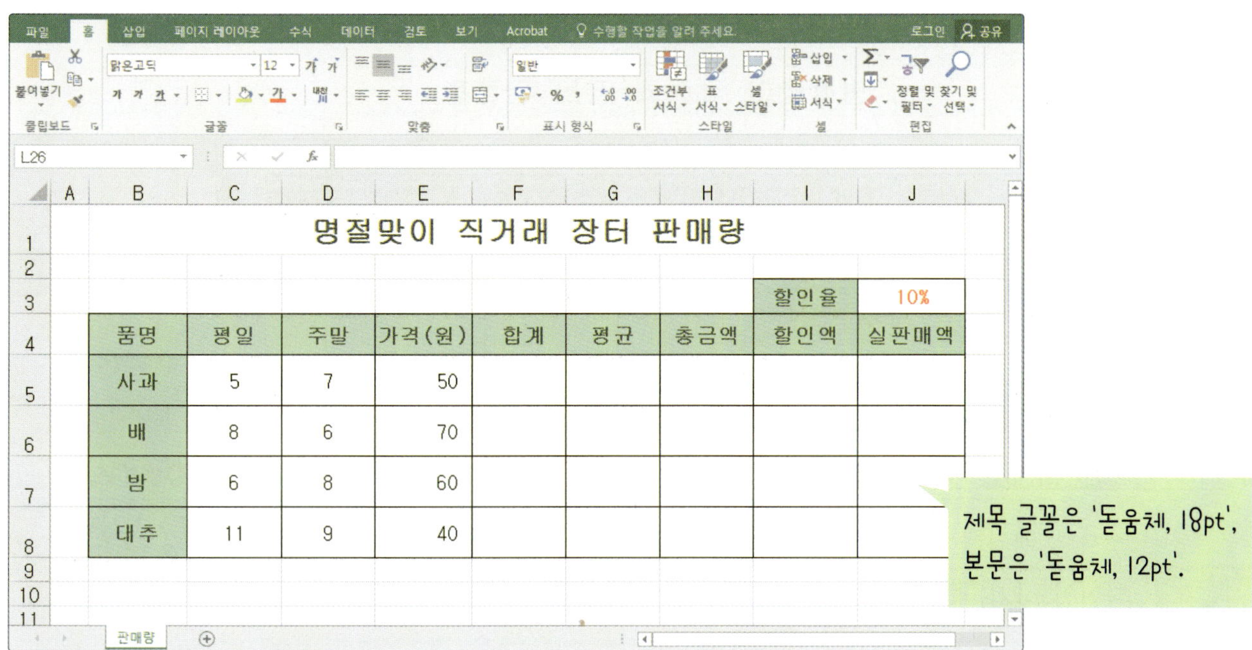

2 '합계'는 '평일'의 값과 '주말'의 값을 더한 값입니다. ❶ [F5] 셀을 클릭한 후 "="을 입력한 후 ❷ [C5] 셀을 클릭한 후 "+"를 입력합니다.

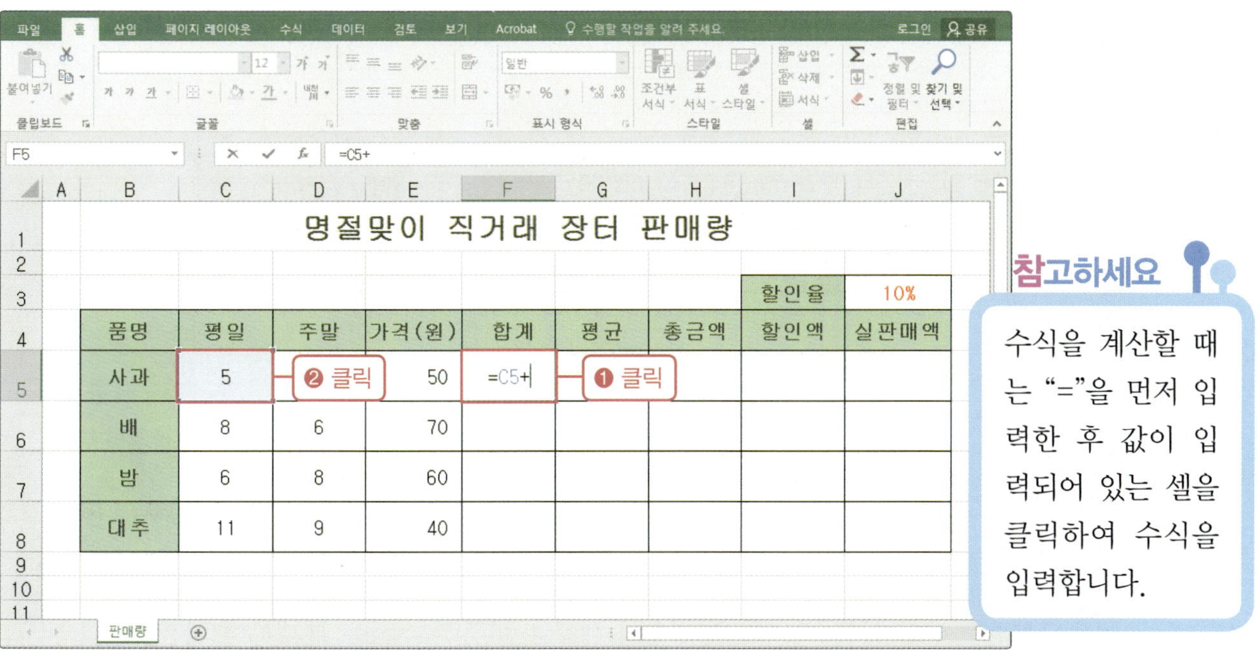

3 ❶ [D5] 셀을 클릭한 후 Enter 를 누릅니다.

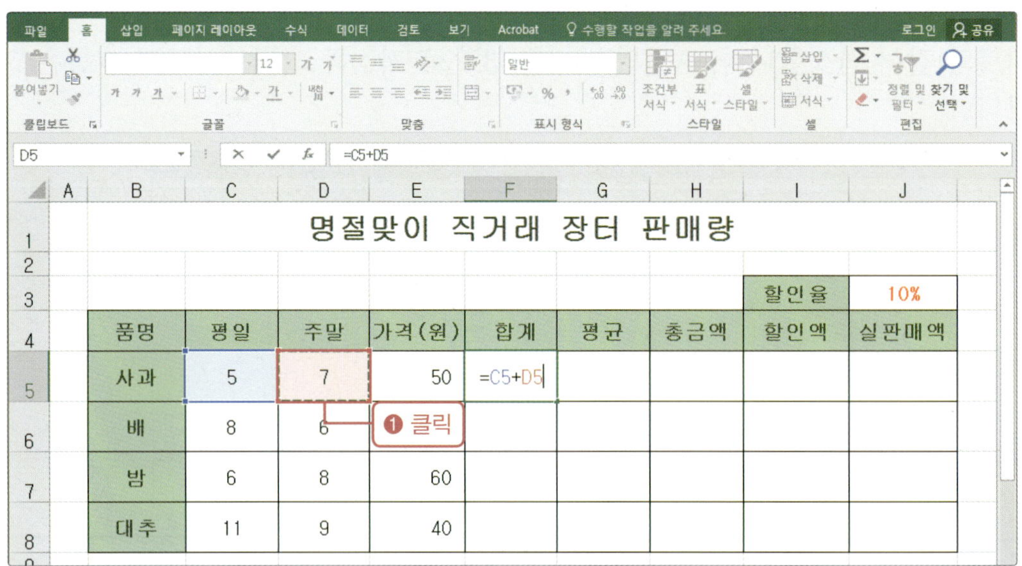

참고하세요

수식을 계산할 때는 셀 주소를 입력하여 계산을 합니다. 셀의 값이 바뀌면 계산도 자동으로 수정되어야 하기 때문입니다.

4 ❶ [F5] 셀의 자동 채우기 핸들로 [F8] 셀까지 드래그하여 수식을 복사합니다.

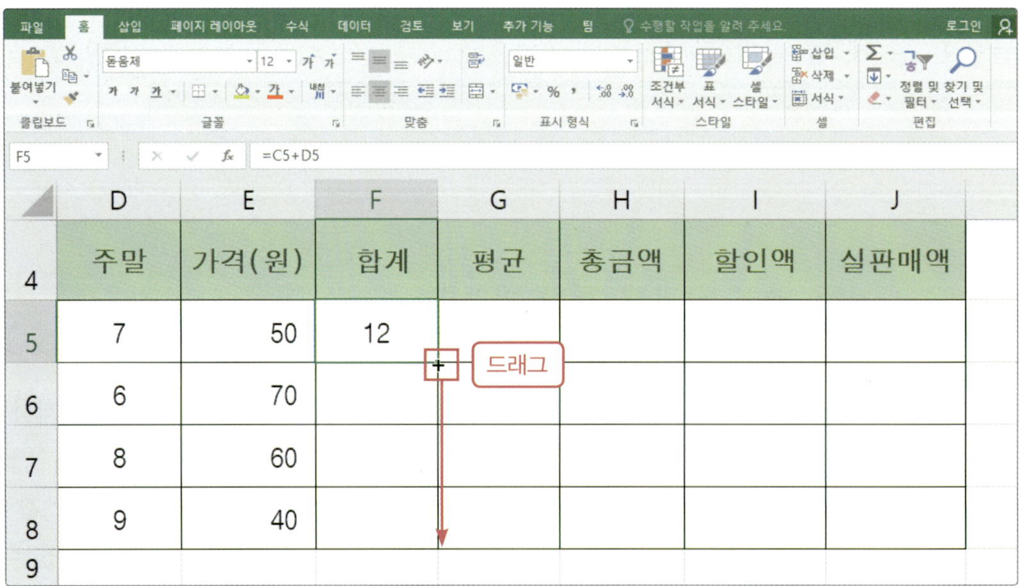

참고하세요

엑셀에서는 하나의 셀만 계산한 후 채우기 핸들을 이용해 수식을 복사하여 계산합니다. 수식 입력줄을 보면 셀 값이 증가하여 자동계산 된 것을 확인할 수 있습니다.

5 '평균'은 '합계/2'로 계산합니다. ❶ [G5] 셀에 "="을 입력한 후 [F5] 셀을 클릭하고 "/2"를 입력합니다. `Enter` 를 누른 후 [G8] 셀까지 채우기 핸들을 합니다.

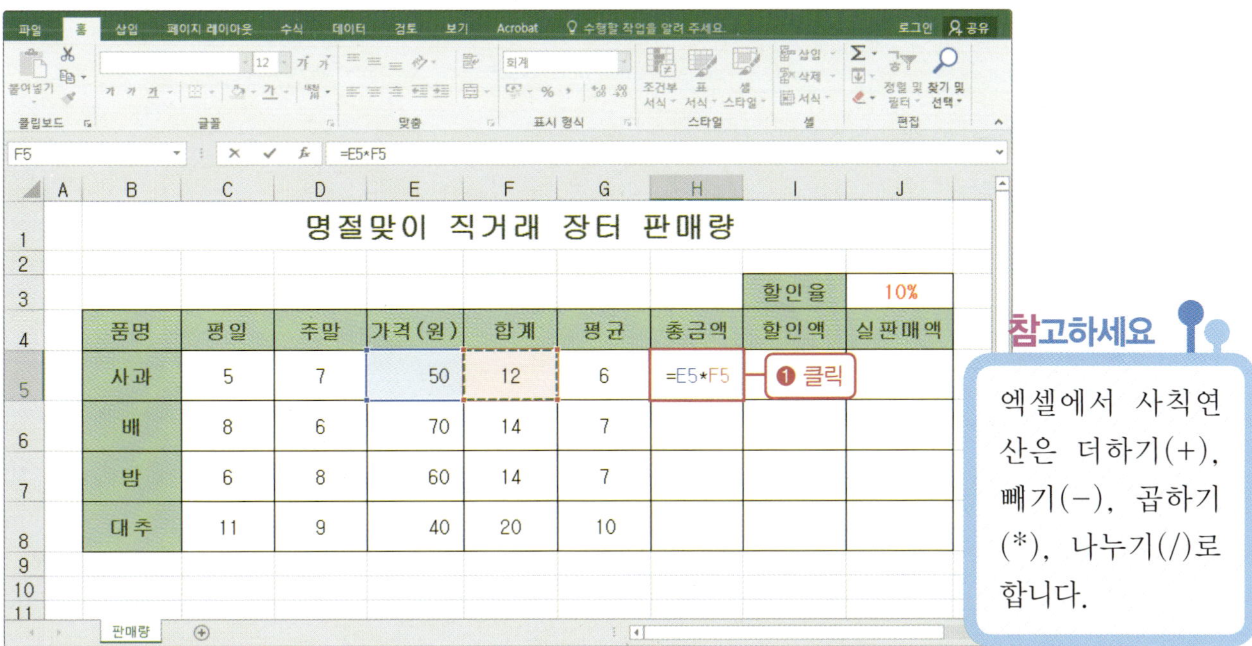

6 '총금액'은 '가격(원)*합계'로 계산합니다. ❶ [H5] 셀에 "="을 입력한 후 [E5] 셀을 클릭하고 "*"를 입력합니다. [F5] 셀을 클릭하여 수식을 완성한 후 `Enter` 를 누릅니다. [H8] 셀까지 채우기 핸들을 합니다.

참고하세요

엑셀에서 사칙연산은 더하기(+), 빼기(−), 곱하기(*), 나누기(/)로 합니다.

1 '할인액'은 '총 금액*할인율'로 계산합니다. ❶ [I5] 셀에 **"="**을 입력한 후 [H5] 셀을 클릭한 후 ＊를 누릅니다. 할인액 **[J3] 셀을** 클릭한 후 Enter 를 누릅니다. **[I8] 셀까지 채우기 핸들을** 합니다. 값이 오류가 나옵니다.

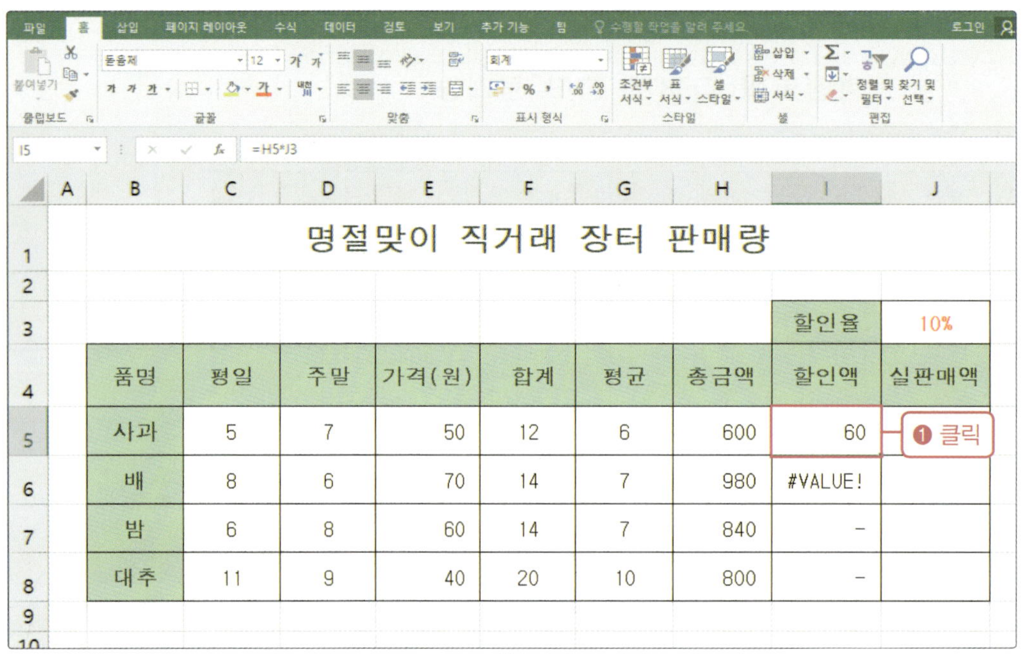

2 키보드의 Ctrl + ~ 를 누릅니다. 값이 수식으로 표시됩니다. 수식을 살펴보면 '총 금액*할인액'이 수식이 복사되면서 할인액 부분도 변경되었습니다.

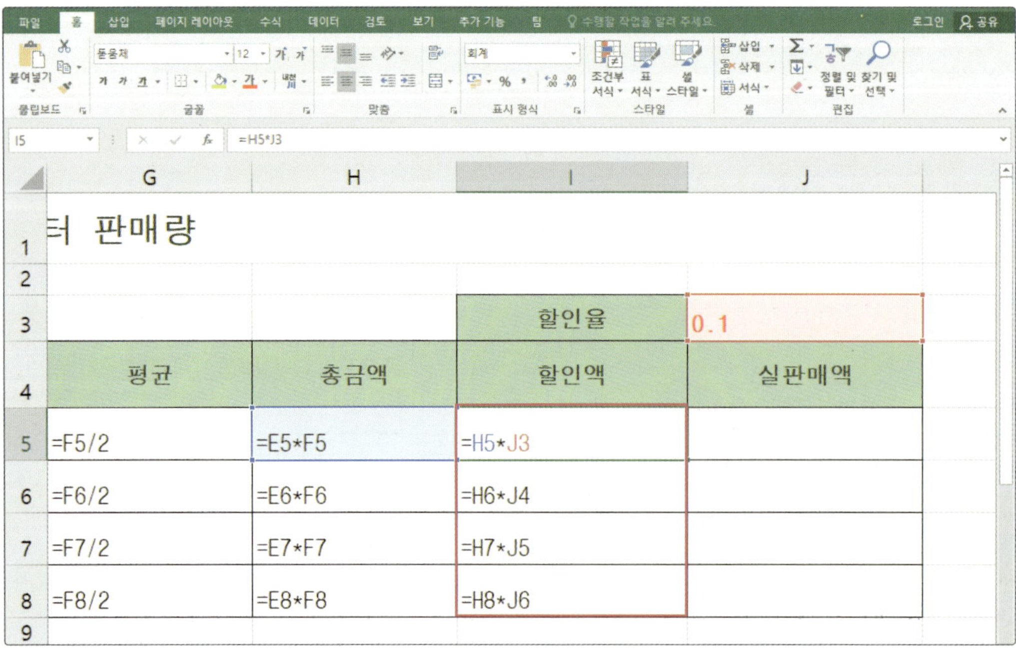

3 키보드의 Ctrl + ~ 를 눌러 수식을 다시 값으로 표시합니다. ❶ **[I5] 셀을 더블클릭**한 후 **J3을 블록 설정**합니다. F4 를 누른 후 Enter 를 누릅니다. [I8] 셀까지 채우기 핸들을 이용해 수식을 복사합니다.

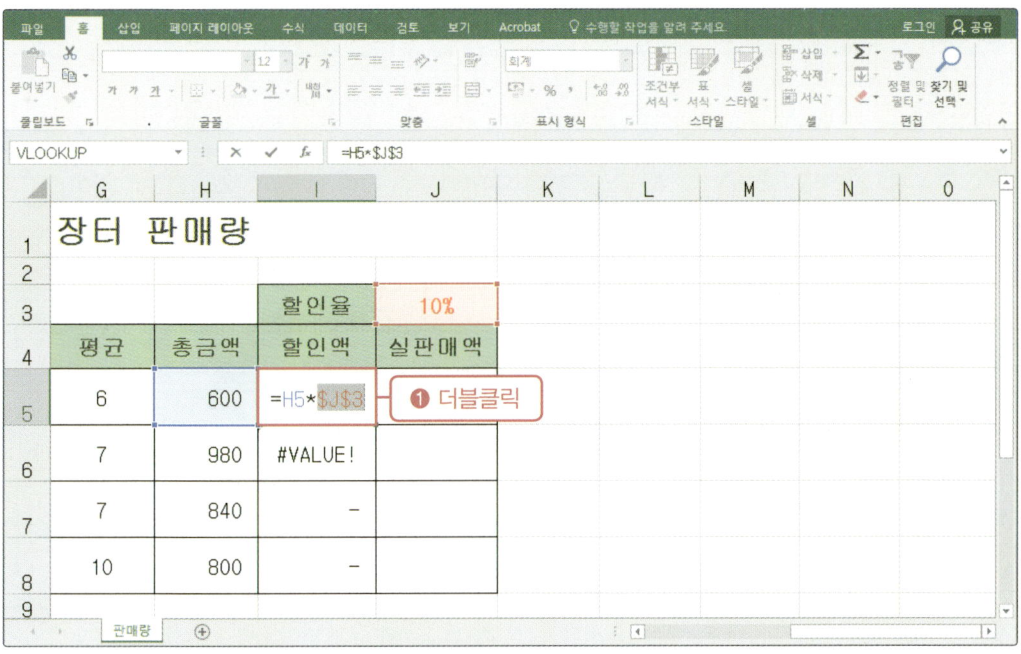

4 키보드의 Ctrl + ~ 를 누릅니다. 값이 수식으로 표시되었습니다. '할인액'이 고정되어 있음을 확인할 수 있습니다.

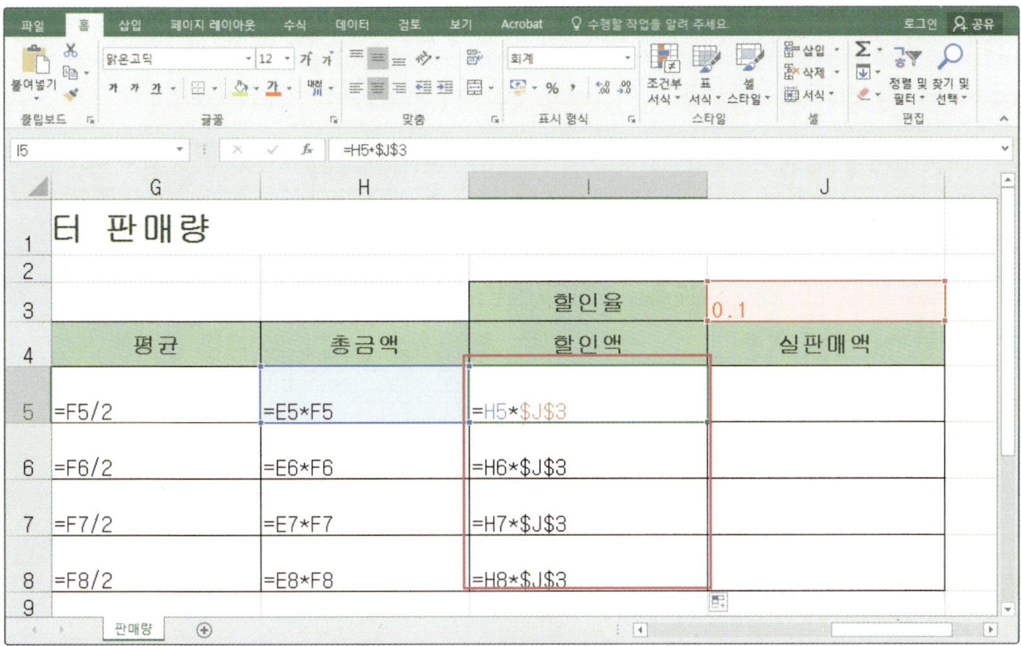

5 '실 판매액'은 '총 금액−할인액'으로 계산합니다. [J5] 셀에 **"="**을 입력한 후 [H5] 셀을 클릭하고 **"−"**을 입력합니다. [I5]를 클릭한후 Enter 를 누릅니다. **[J8] 셀까지 채우기 핸들**을 하여 완성합니다.

명절맞이 직거래 장터 판매량

품명	평일	주말	가격(원)	합계	평균	총금액	할인액	실판매액
사과	5	7	50	12	6	600	60	540
배	8	6	70	14	7	980	98	882
밤	6	8	60	14	7	840	84	756
대추	11	9	40	20	10	800	80	720

할인율 10%

참고하세요

절대 참조와 상대 참조, 혼합 참조

- 수식을 복사하거나 이동하면 셀의 위치가 바뀌어 참조되는 셀의 주소도 변경됩니다.
- 참조형식은 키보드의 F4 를 눌러 참조형식을 변경할 수 있습니다.

상대 참조	절대 참조	혼합 참조
B10	$B$10	$B10, B$10

- 상대 참조는 셀이 복사되면 셀 주소도 변경됩니다.
- 절대 참조는 셀이 복사되거나 위치가 변경되어도 셀 주소는 변하지 않습니다. 고정된 값을 계산할 때 주로 사용됩니다.
- 혼합 참조는 행 또는 열의 셀 주소가 변경됩니다. 수식을 오른쪽으로 복사하면 열 번호가 변동되며, 아래로 복사하면 행 번호가 변경됩니다.

"혼자 풀어 보세요"

1 다음과 같이 조건대로 워크시트를 작성하세요.

[조건] • 제목 글꼴 : 굴림체, 18pt
 • 본문 글꼴 : 굴림체, 14pt
 • E열 합계=1차+2차, F열 증감=2차−1차

반	1차	2차	합계	증감	보너스점수 / 10 총갯수
1반	324	356	680	32	
2반	450	465	915	15	
3반	365	349	714	- 16	
4반	411	421	832	10	
5반	265	251	516	- 14	
합계					
평균					

제목: 새콤달콤 사과따기 체험 행사

2 1번 문제에 이어 다음과 같이 조건대로 워크시트를 작성하세요.

[조건] • 10행 합계=1반~5반, 11행 평균=1반~5반 합계 / 5
 • G열 총 갯수 = 합계(E5)*보너스 점수(G3)

반	1차	2차	합계	증감	보너스점수 / 10 총갯수
1반	324	356	680	32	690
2반	450	465	915	15	925
3반	365	349	714	- 16	724
4반	411	421	832	10	842
5반	265	251	516	- 14	526
합계	1,815	1,842	3,657	27	3,667
평균	363	368	731		

제목: 새콤달콤 사과따기 체험 행사

▲ 완성파일 : 사과밭체험행사.xlsx

11 자동함수를 이용한 계산식

엑셀의 중심은 함수라고 할 수 있습니다. 계산식을 편리하게 하기 위해 제공되는 함수 중에서 가장 기본이 되는 합계, 평균, 최대값, 최소값, 숫자 개수 등을 구할 수 있습니다.

- 합계와 평균에 대해 알아봅니다.
- 최대값과 최소값에 대해 알아봅니다.
- 숫자 개수에 대해 알아봅니다.

배울 내용 미리보기

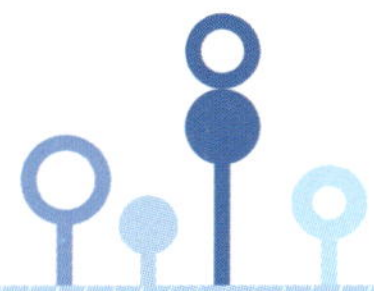

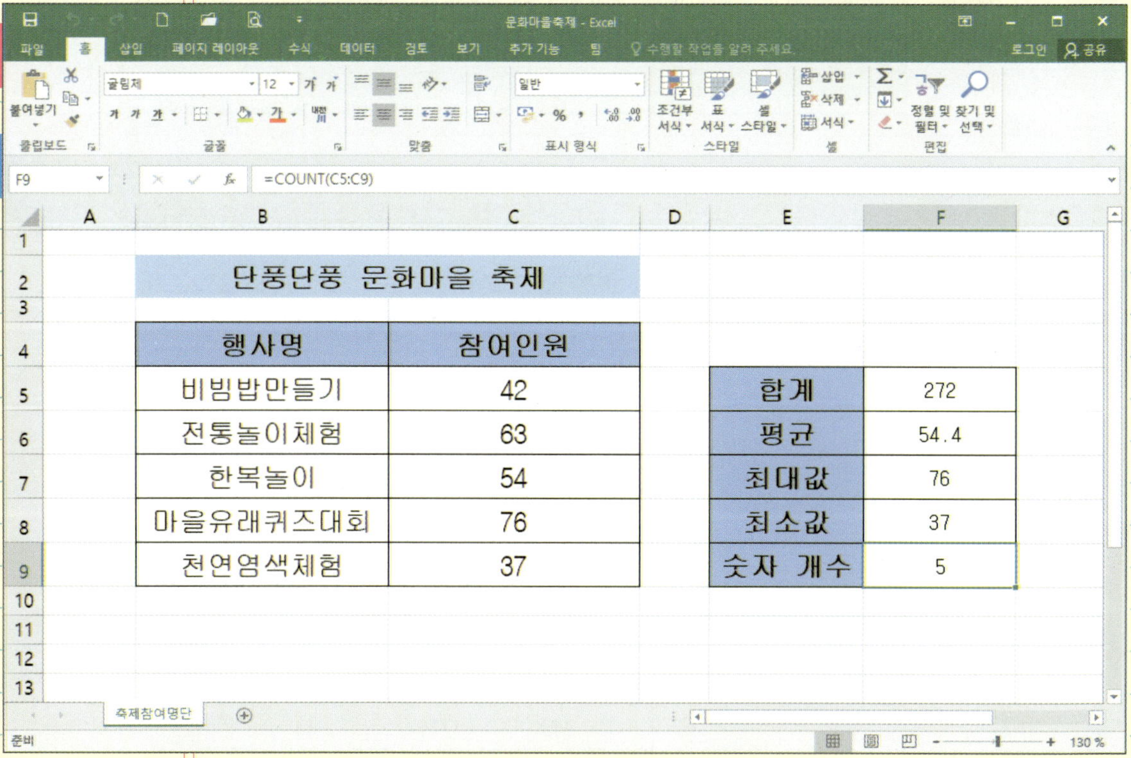

문화마을축제 - Excel
F9
=COUNT(C5:C9)
단풍단풍 문화마을 축제
행사명
참여인원
비빔밥만들기
42
전통놀이체험
63
한복놀이
54
마을유래퀴즈대회
76
천연염색체험
37
합계
272
평균
54.4
최대값
76
최소값
37
숫자 개수
5
축제참여명단

▲ 파일명 : 문화마을축제.xlsx

01 자동 합계와 평균구하기

1 글꼴은 '굴림체, 16pt'로 설정한 후 다음 워크시트와 같이 작성하고, 워크시트의 이름은 "축제참여명단"으로 입력합니다.

행사명	참여인원
비빔밥만들기	42
전통놀이체험	63
한복놀이	54
마을유래퀴즈대회	76
천연염색체험	37

단풍단풍 문화마을 축제

합계	
평균	
최대값	
최소값	
숫자 개수	

2 '참여인원'의 '합계'를 구하기 위해 ❶ [F5] 셀을 클릭한 후 ❷ [홈] 탭의 [편집] 그룹에서 ❸ Σ의 목록 단추(▼)를 누른 후 **'합계'**를 클릭합니다.

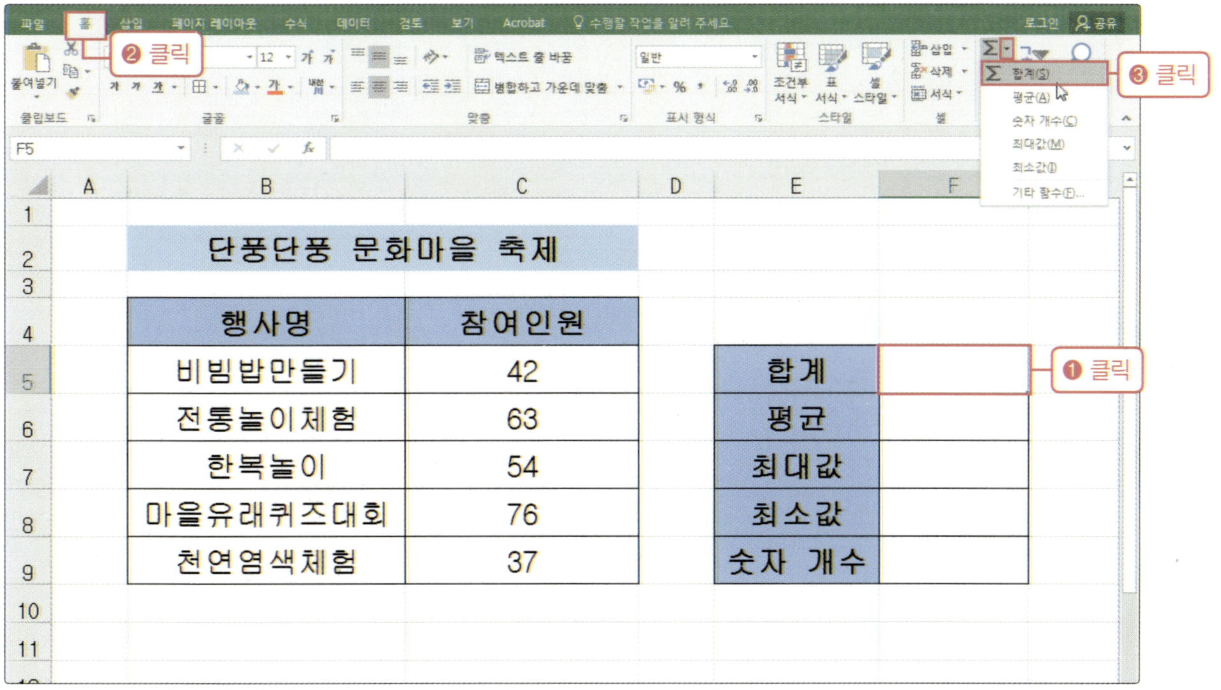

3 '=SUM' 함수가 표시되었지만, 합계를 구할 범위가 맞지 않습니다.

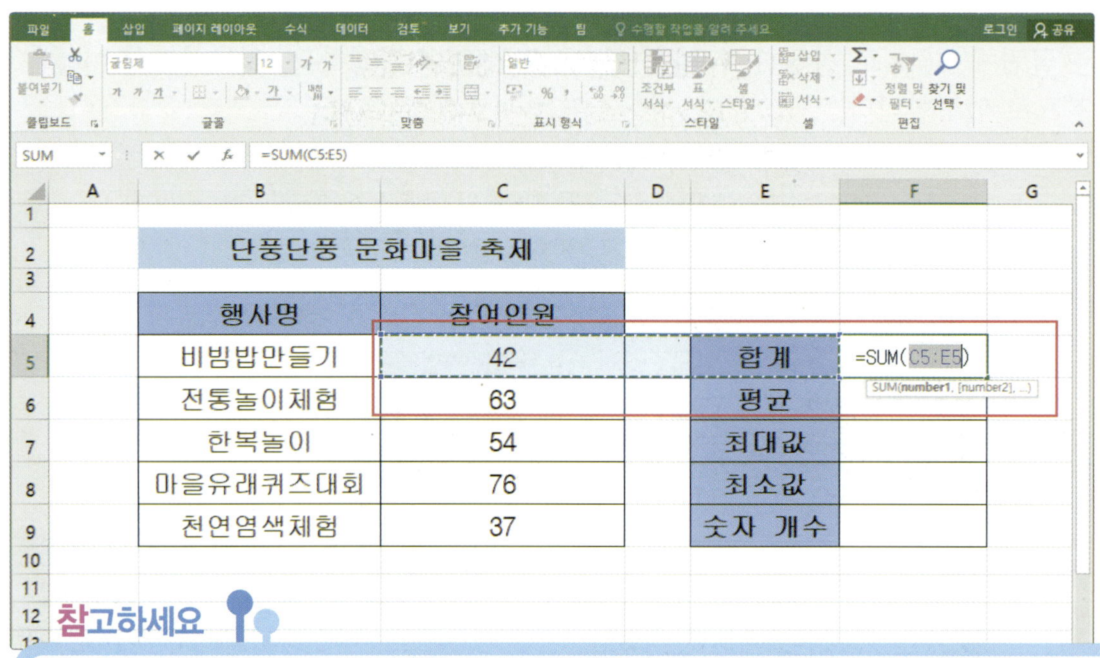

참고하세요

합계는 '=SUM(범위)', '=SUM(인수1, 인수2..)' 형식입니다.

4 기본 범위가 설정된 상태에서 ❶ **[C5:C9] 셀까지 드래그**하여 합계를 구할 영역을 설정한 후 Enter 를 누릅니다.

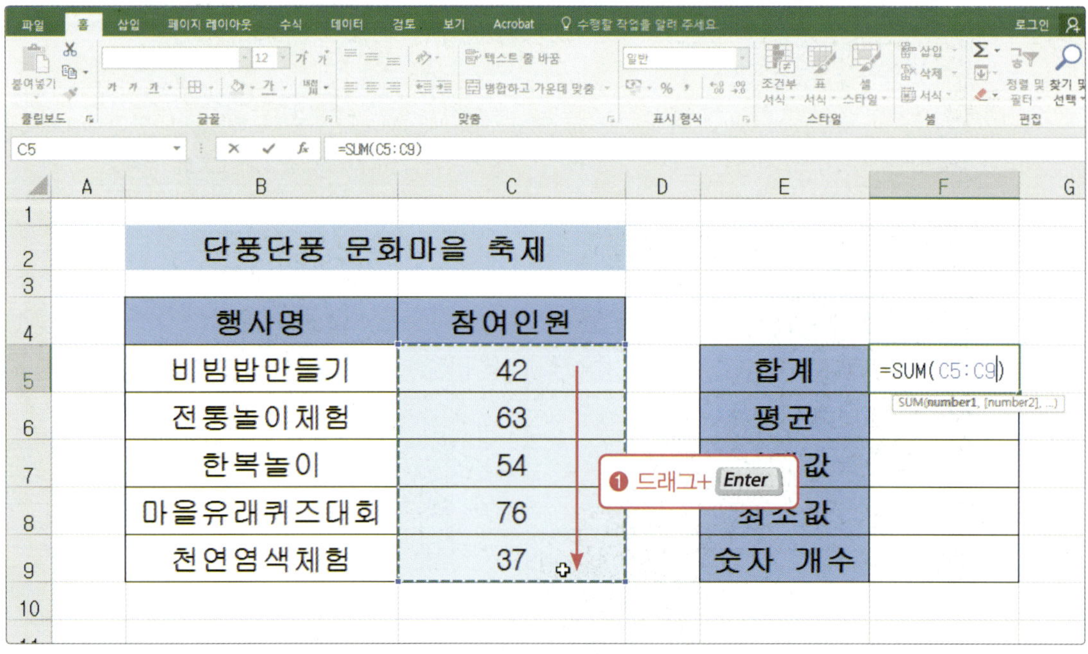

5 평균을 구하기 위해 ❶ [F6] 셀을 클릭한 후 ❷ [홈] 탭의 [편집] 그룹에서 ❸ Σ의 목록 단추 (▼)를 누른 후 '**평균**'을 클릭합니다.

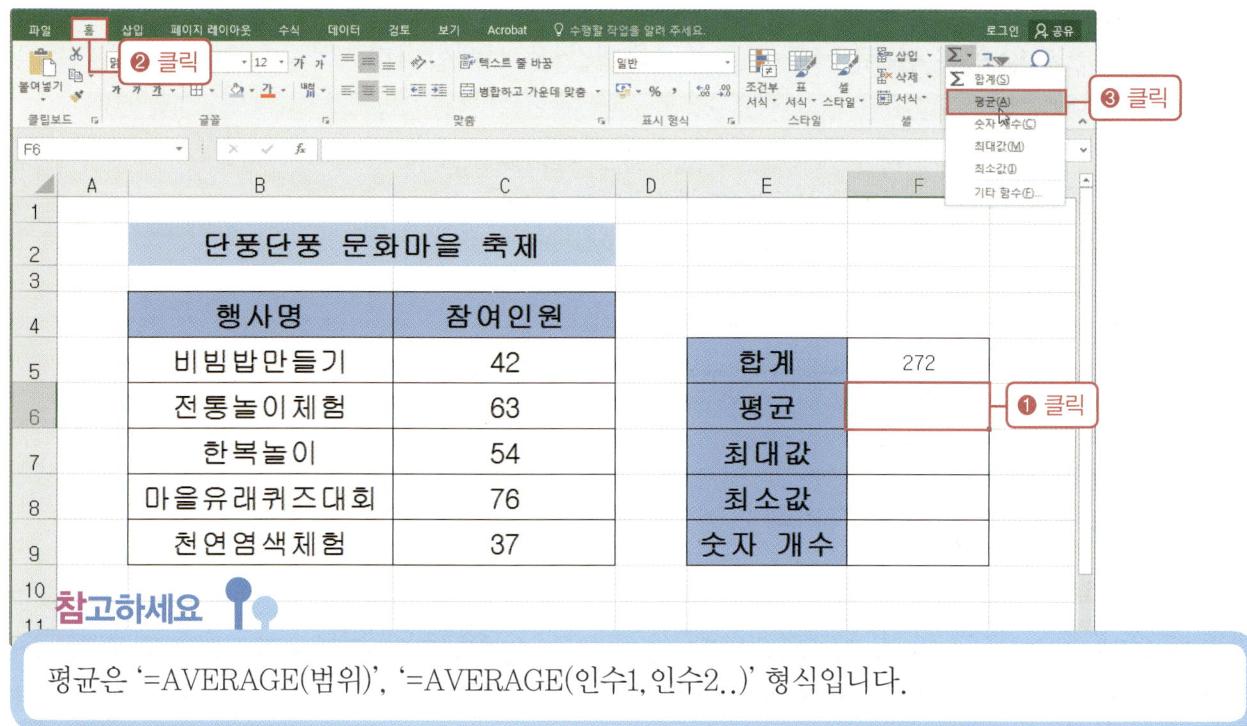

참고하세요

평균은 '=AVERAGE(범위)', '=AVERAGE(인수1, 인수2..)' 형식입니다.

6 기본 범위가 설정된 상태에서 ❶ [C5:C9] 셀까지 드래그하여 평균을 구할 영역을 선정한 후 Enter 를 누릅니다.

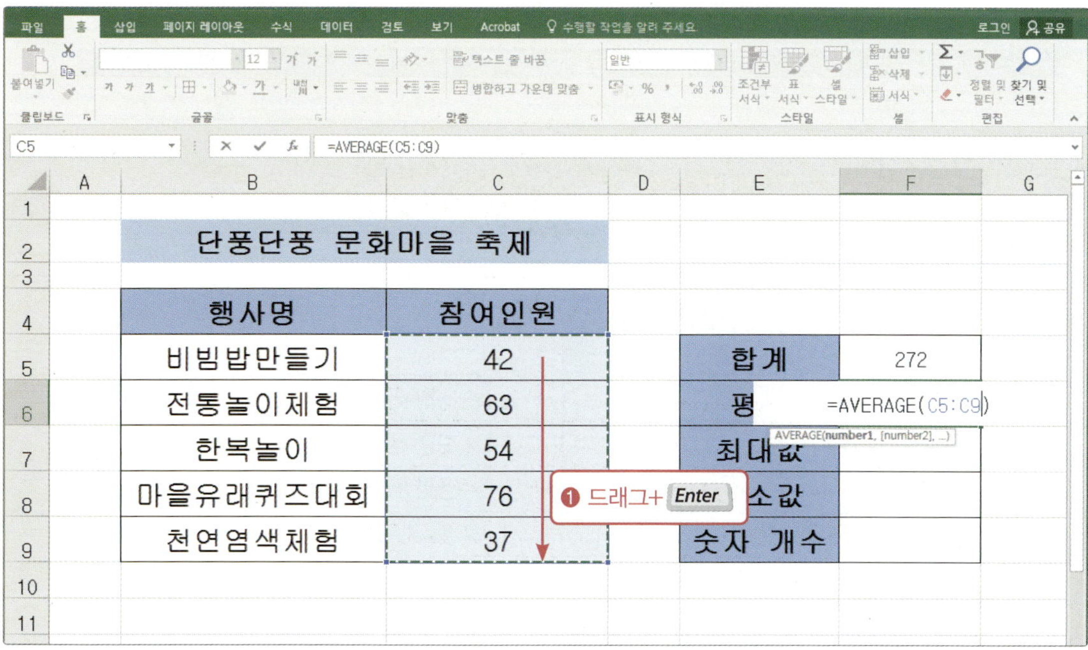

최대값과 최소값 / 숫자 개수 구하기

1 최대값은 인수 중에서 가장 큰 값을 구합니다. ❶ [F7] 셀을 클릭한 후 ❷ [홈] 탭의 [편집] 그룹에서 ❸ Σ의 목록 단추(▼)를 누른 후 [최대값]을 선택합니다.

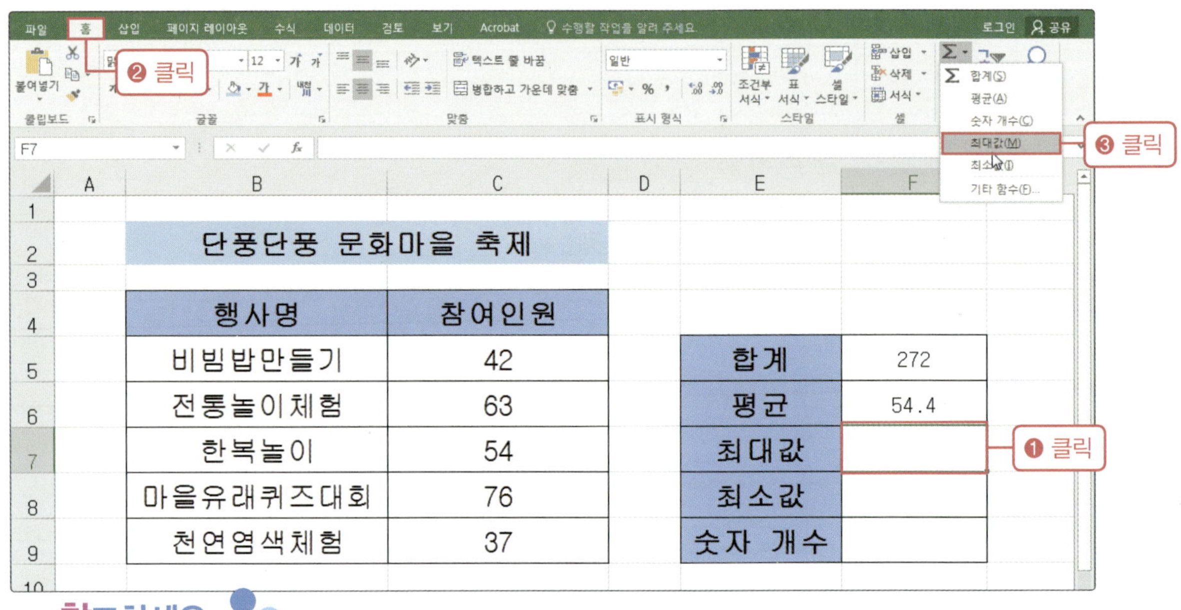

참고하세요

최댓값은 '=MAX(범위)', '=MAX(인수1, 인수2..)' 형식입니다.

2 기본 범위가 설정된 상태에서 ❶ [C5:C9] 셀까지 드래그하여 최대값을 구할 영역을 설정한 후 Enter 를 누릅니다.

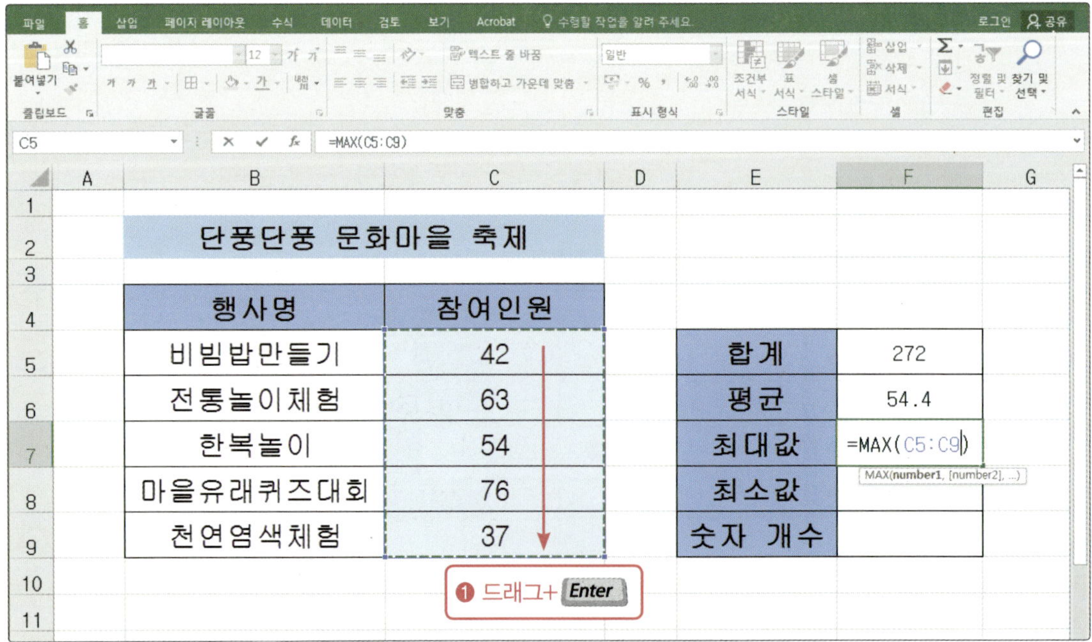

3 최소값은 인수 중에서 가장 작은 값을 구합니다. ❶ [F8] 셀을 클릭한 후 ❷ [홈] 탭의 [편집] 그룹에서 ❸ Σ의 목록 단추(▼)를 누른 후 [최소값]을 선택합니다. ❹ [C5:C9] 셀까지 드래그하여 최소값을 구할 영역을 설정한 후 Enter 를 누릅니다.

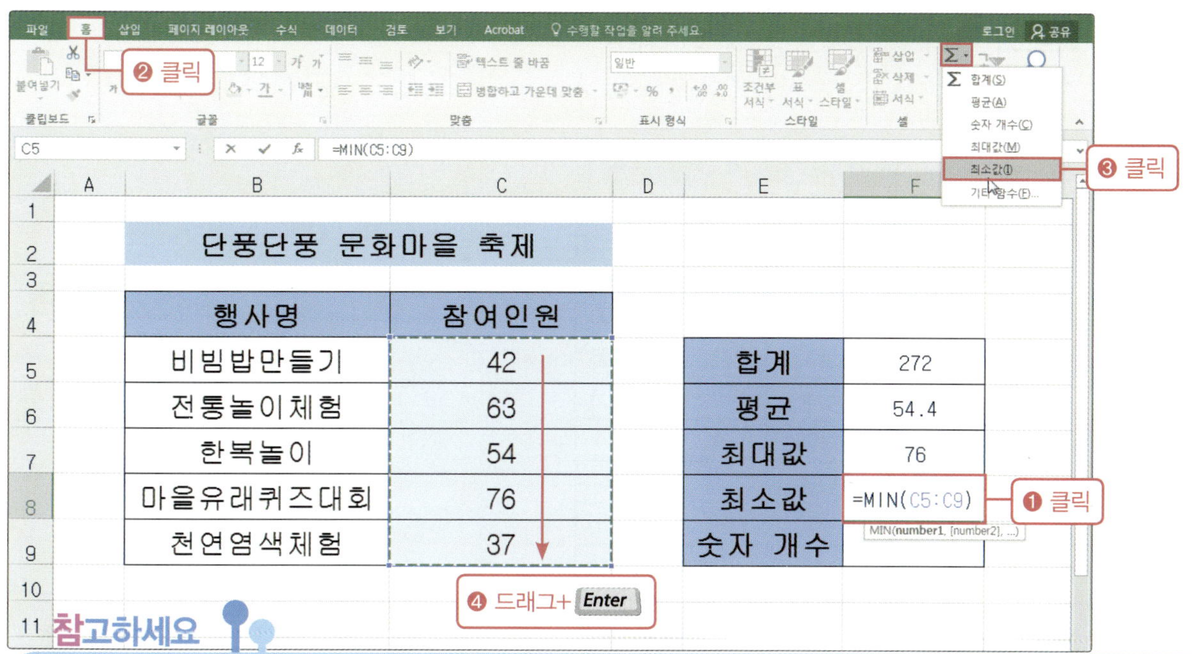

참고하세요

> 최솟값은 '=MIN(범위)', '=MIN(인수1, 인수2..)' 형식입니다.

4 숫자 개수 함수는 숫자가 있는 셀의 개수를 구합니다. ❶ [F9] 셀을 클릭한 후 ❷ [홈] 탭의 [편집] 그룹에서 ❸ Σ의 목록 단추(▼)를 누른 후 '숫자 개수'를 선택합니다. ❹ [C5:C9] 셀까지 드래그하여 숫자 개수를 구할 영역을 설정한 후 Enter 를 누릅니다.

1 다음과 같이 워크시트를 작성하세요.

	A	B	C	D
1				
2		아름다운마을 기부금 목록		
3				
4		후원처	기부금	
5		내일복지관	₩ 100,000	
6		장수마을	₩ 120,000	
7		우리협동조합	₩ 165,000	
8		나눔공동체	₩ 156,000	
9		기부금 합계		
10		기부금 평균		
11		최대 기부금		
12		최소 기부금		
13				

2 1번 문제에 이어 다음 조건과 같이 작성하세요.

[조건] · ● 기부금의 합계, 평균, 최대값, 최소값을 구하세요.

	A	B	C	D
1				
2		아름다운마을 기부금 목록		
3				
4		후원처	기부금	
5		내일복지관	₩ 100,000	
6		장수마을	₩ 120,000	
7		우리협동조합	₩ 165,000	
8		나눔공동체	₩ 156,000	
9		기부금 합계	541,000	
10		기부금 평균	135,250	
11		최대 기부금	165,000	
12		최소 기부금	100,000	
13				

▲ 완성파일 : 기부금목록.xlsx

3 다음과 같이 조건대로 워크시트를 작성하세요.

[조건] • [E5:E9] 셀은 '균등분할 맞춤'을 설정하세요.

	A	B	C	D	E	F
1						
2		10월 가을 정기 도서전				
3						
4		도서종목	출품건수			
5		소설	37		출 품 총 도 서	
6		시	58		최 대 출 품 건 수	
7		수필	46		최 소 출 품 건 수	
8		동화	75		출 품 평 균	
9		예술	69		출 품 도 서 목 록 갯 수	
10						

4 3번 문제에 이어 다음 조건과 같이 작성하세요.

[조건] • '출품 건수'에는 예) '37건'의 셀 서식을 채우세요.
• 출품도서의 합계, 평균, 최대값, 최소값, 출품목록 갯수를 구하세요

	A	B	C	D	E	F
1						
2		10월 가을 정기 도서전				
3						
4		도서종목	출품건수			
5		소설	37건		출 품 총 도 서	285건
6		시	58건		최 대 출 품 건 수	57건
7		수필	46건		최 소 출 품 건 수	5
8		동화	75건		출 품 평 균	75건
9		예술	69건		출 품 도 서 목 록 갯 수	37건
10						
11						

▲ 완성파일 : 도서목록.xlsx

12 통계 함수의 활용

통계 함수 중에서 셀의 요소 값의 개수를 구하는 COUNT 계열 함수와 데이터의 특정 위치에 있는 셀 값을 표시하는 SMALL, LARGE 함수가 있습니다. 다양한 통계 함수를 활용하여 계산을 할 수 있습니다.

➤➤ COUNTA 함수와 COUNTBLANK 함수에 대해 알아봅니다.

➤➤ SMALL, LARGE 함수에 대해 알아봅니다.

배울 내용 미리보기 

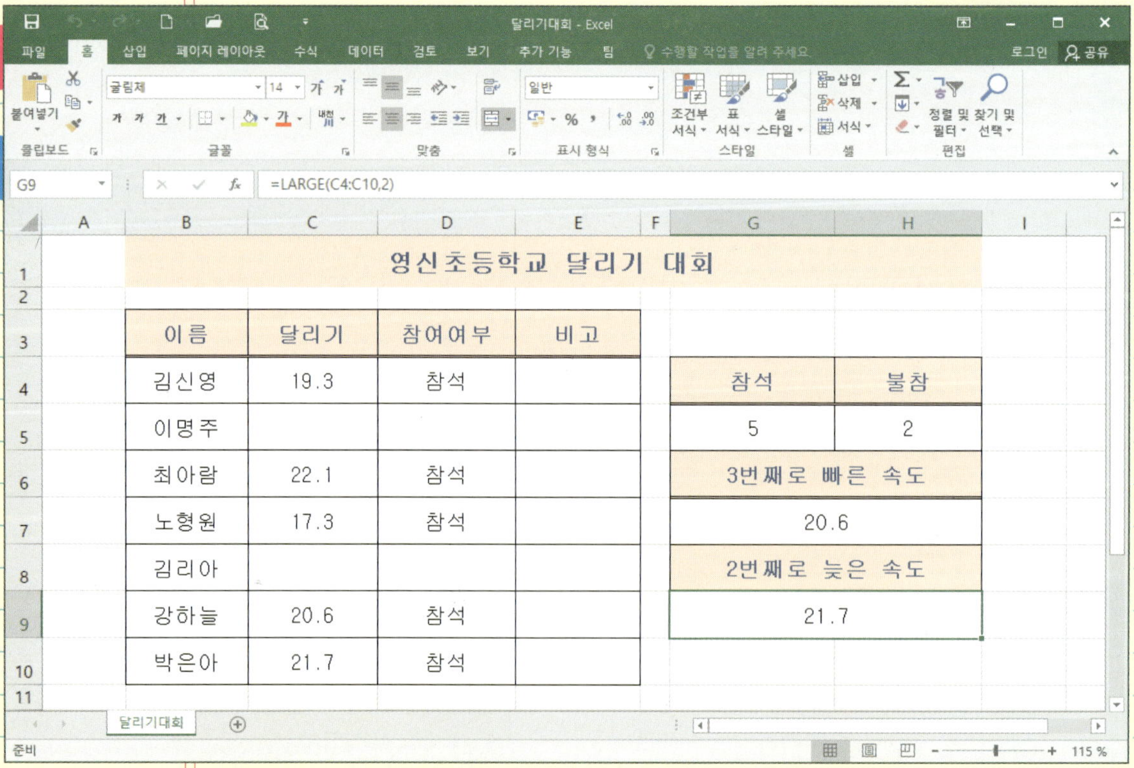

	영신초등학교 달리기 대회					
이름	달리기	참여여부	비고			
김신영	19.3	참석			참석	불참
이명주					5	2
최아람	22.1	참석			3번째로 빠른 속도	
노형원	17.3	참석			20.6	
김리아					2번째로 늦은 속도	
강하늘	20.6	참석			21.7	
박은아	21.7	참석				

▲ 파일명 : 달리기대회.xlsx

01 COUNTA와 COUNTBLANK 함수

1 다음 워크시트와 같이 작성한 후 워크시트의 이름은 **"달리기대회"로 입력**합니다.

	이름	달리기	참여여부	비고		참석	불참
	김신영	19.3	참석				
	이명주						
	최아람	22.1	참석			3번째로 빠른 속도	
	노형원	17.3	참석				
	김리아					2번째로 늦은 속도	
	강하늘	20.6	참석				
	박은아	21.7	참석				

제목 글꼴은 글꼴은 '굴림체, 16pt'
본문 글꼴은 '굴림체, 14pt'

2 달리기 대회에 참석한 인원수를 구하기 위해 ❶ [G5] 셀을 클릭한 후 ❷ [수식] 탭의 [함수 라이브러리] 그룹에서 ❸ [함수 더 보기]의 목록 단추(▼)에서 ❹ [통계]의 ❺ 'COUNTA'를 선택합니다.

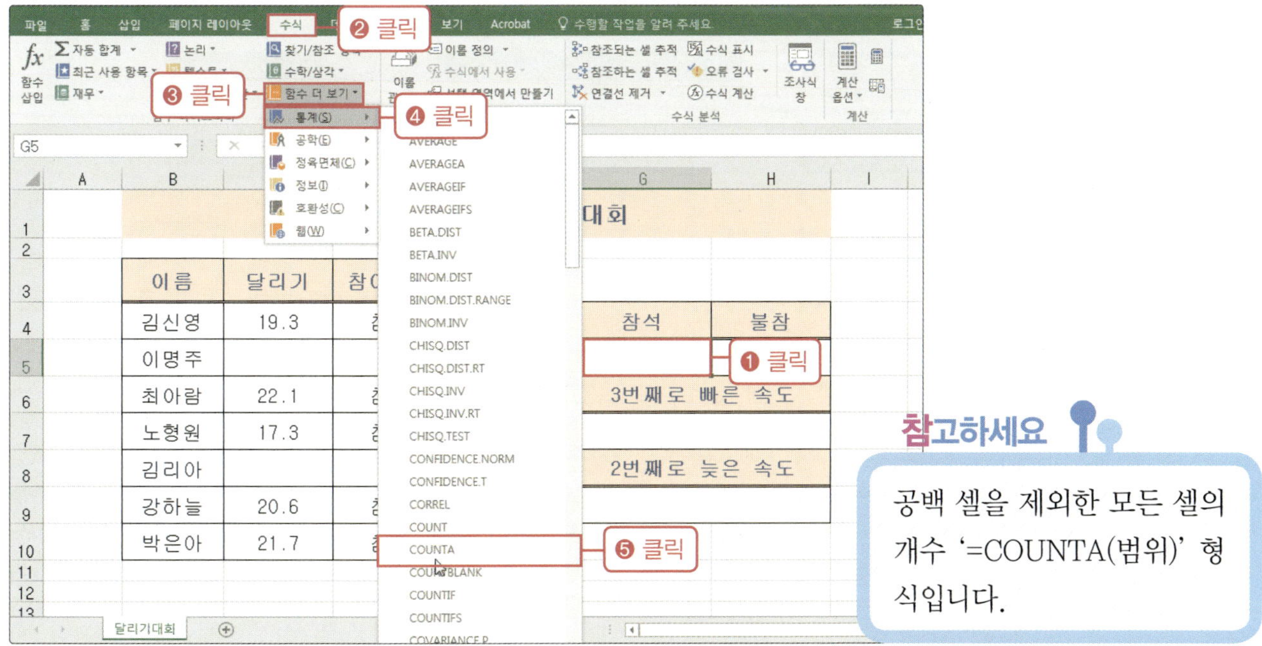

❸ [COUNTA 함수 인수] 대화상자가 나타나면 ❶ 'Value1'에 ❷ [C4:C10] 셀까지 드래그합니다.
❸ [확인]을 클릭합니다.

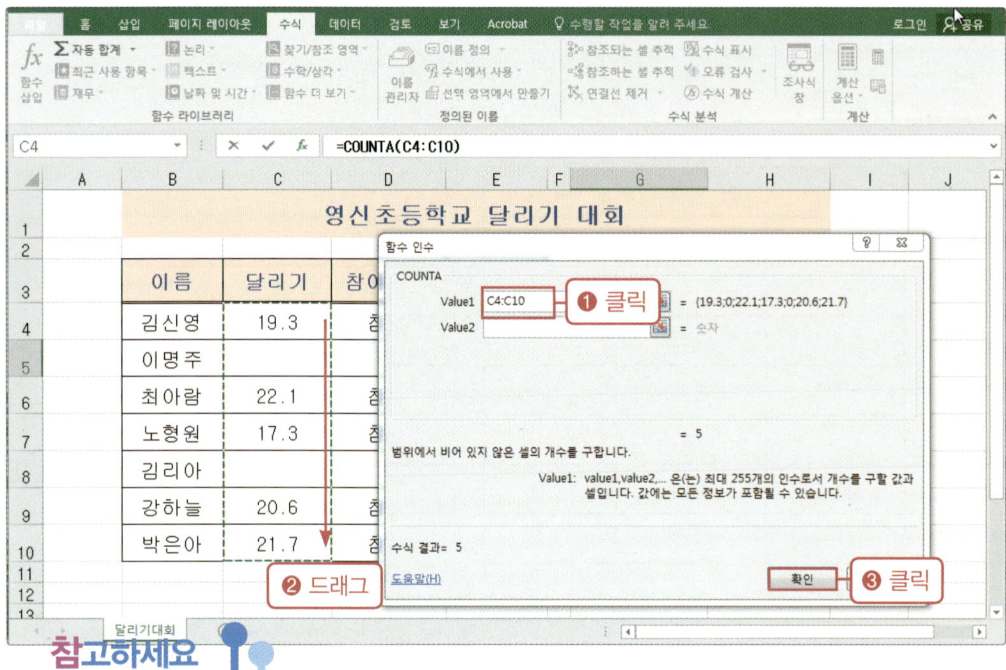

> **참고하세요**
> [함수 인수] 대화상자의 Value1은 개수를 구할 셀들의 범위입니다.

❹ 달리기 대회에 불참한 인원수를 구하기 위해 ❶ [H5] 셀을 클릭한 후 ❷ [수식] 탭의 [함수 라이브러리] 그룹에서 ❸ [함수 더 보기]의 목록 단추(▼)에서 ❹ [통계]의 ❺ 'COUNTBLANK'를 선택합니다.

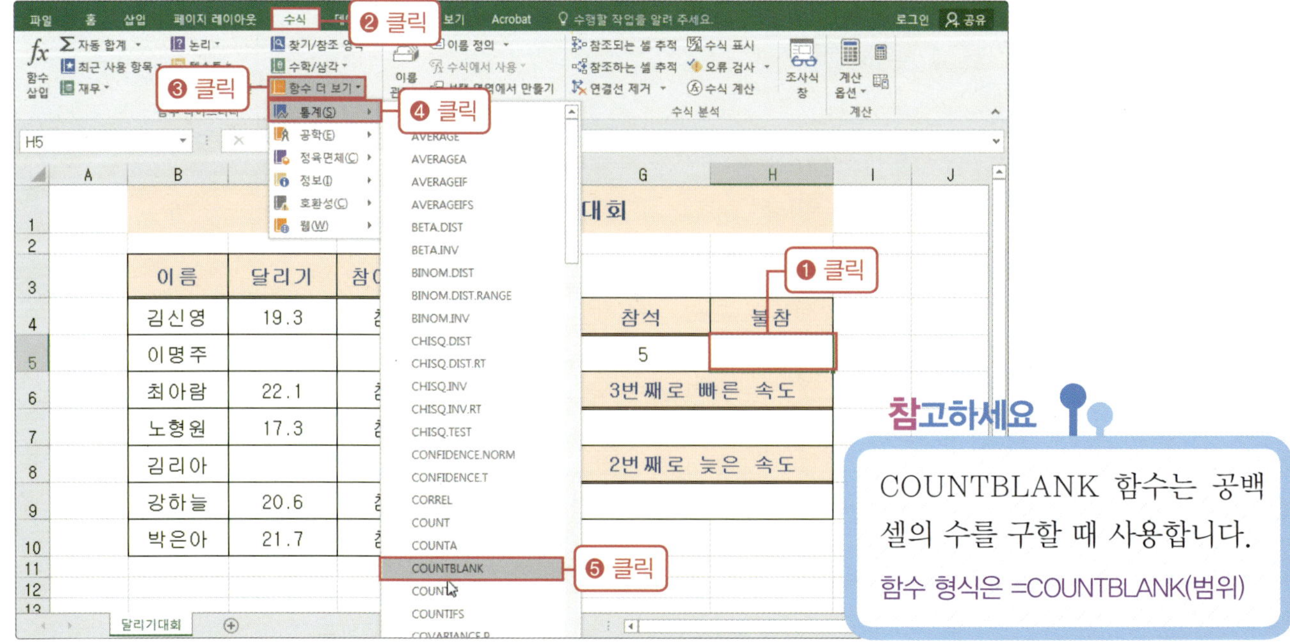

> **참고하세요**
> COUNTBLANK 함수는 공백 셀의 수를 구할 때 사용합니다.
> 함수 형식은 =COUNTBLANK(범위)

5 [COUNTBLANK 함수 인수] 대화상자가 나타나면 ❶ [C4:C10] 셀까지 드래그합니다. ❷ 'Range'에 범위가 표시되면 ❸ [확인]을 클릭합니다.

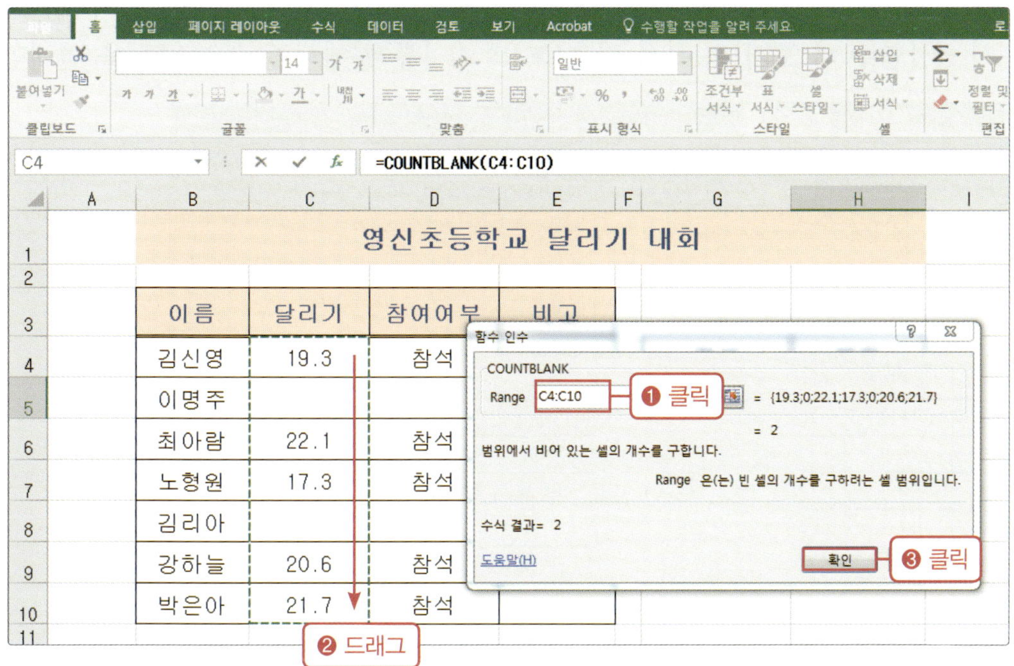

참고하세요

이름 범위 지정하기

- 범위를 이름정의로 지정하여 함수식을 입력하면 이해하기도 쉽고, 셀 범위 고정도 수월합니다.
- 범위를 이름정의 하려면 셀의 범위를 영역 지정한 후 이름상자에 '이름'을 입력한 후  를 누릅니다. [C4:C10] 범위는 '달리기'라는 이름과 범위가 동일시됩니다.
- 예를 들면 =COUNTA(C4:C10)과 =COUNTA(달리기)는 같습니다.

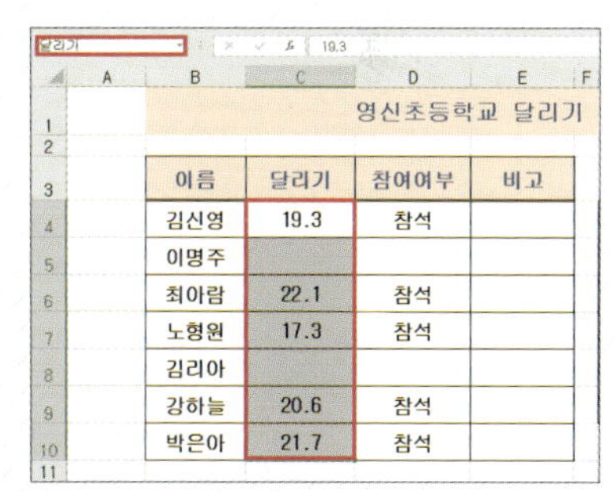

- 여러 범위를 한꺼번에 이름정의하려면 필드를 포함하여 영역을 지정한 후 [수식] – [정의된 이름] – [선택 영역에서 만들기] – [첫 행]을 선택합니다.
- 이름 범위를 수정하려면 [수식] – [정의된 이름] – [이름 관리자]에서 편집할 수 있습니다.

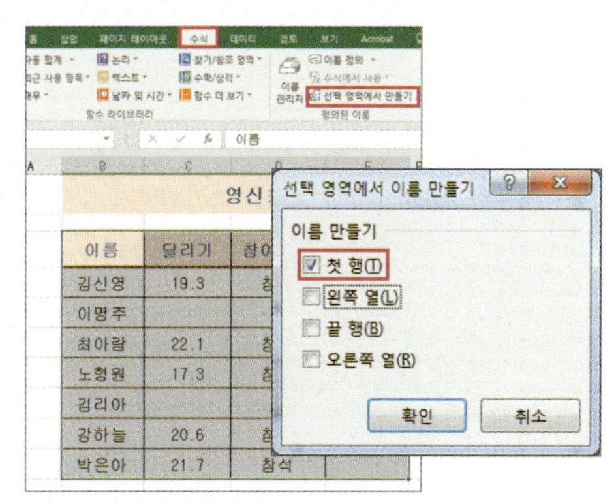

SMALL / LARGE 함수

1 세 번째로 빠른 달리기 속도를 구하기 위해 ❶ [G7] 셀을 클릭한 후 ❷ [수식] 탭의 [함수 라이브러리] 그룹에서 ❸ [함수 더 보기]의 목록 단추(▼)의 ❹ [통계]에서 ❺ 'SMALL'을 선택합니다.

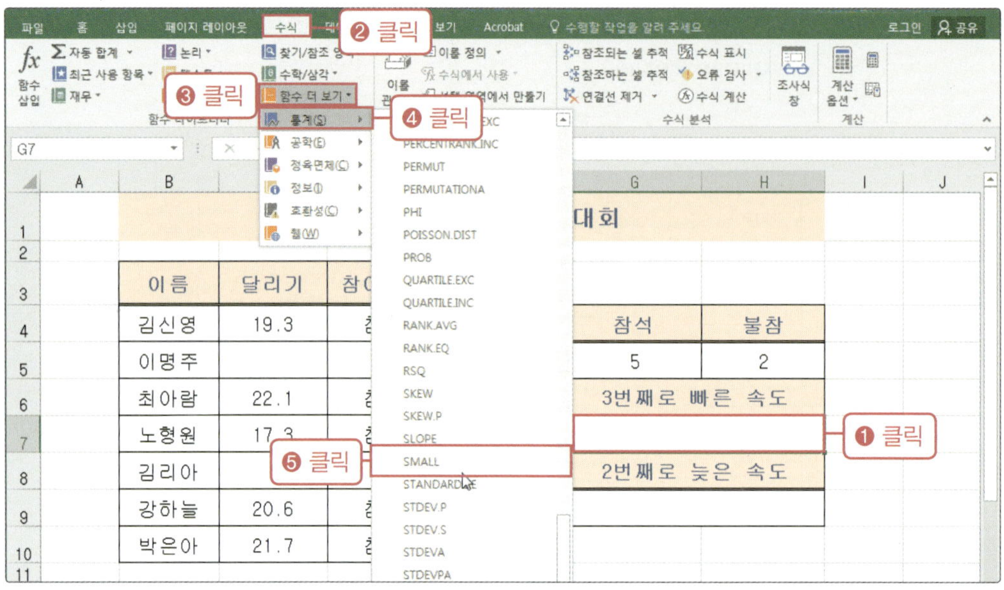

2 [SMALL 함수 인수] 대화상자가 표시되면 ❶ 'Array'에 ❷ [C4:C10] 셀까지 드래그합니다. ❸ 'K'에는 **"3"을 입력**한 후 ❹ [확인]을 클릭합니다.

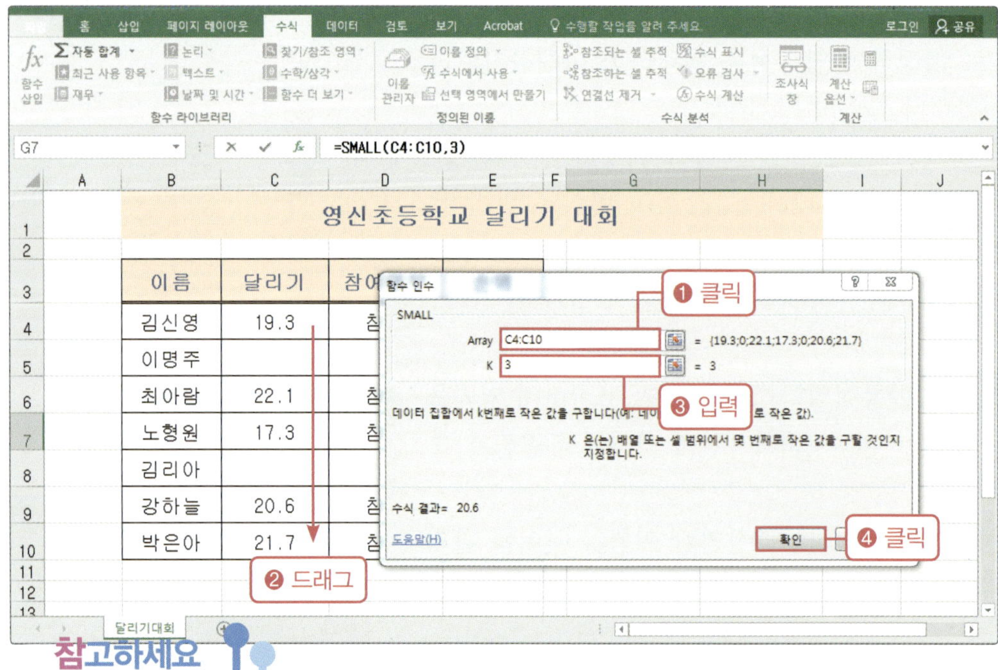

참고하세요

SMALL 함수는 특정 순위의 작은 수를 구할 때 사용하는 함수입니다.

함수 형식은 =SMALL(범위, k번째)

3 두 번째로 느린 달리기 속도를 구하기 위해 ❶ **[G9] 셀**을 클릭한 후 ❷ **[수식] 탭**의 **[함수 라이브러리] 그룹**에서 ❸ **[함수 더 보기]**의 목록 단추(▼)의 ❹ **[통계]**에서 ❺ **'LARGE'**을 선택합니다.

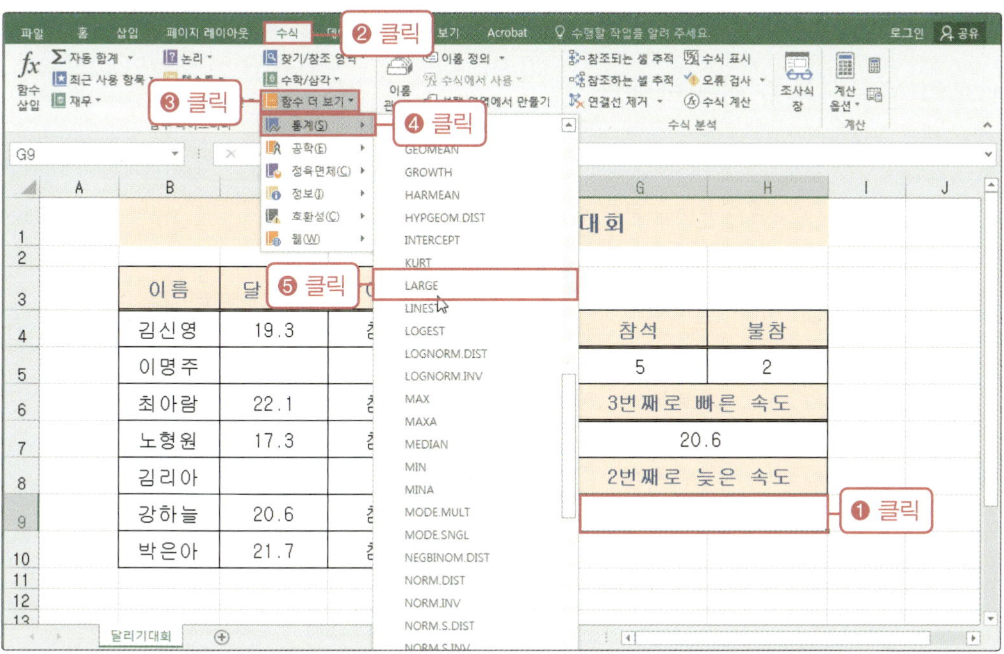

4 **[LARGE 함수 인수]** 대화상자가 표시되면 ❶ **'Array'**에 ❷ **[C4:C10] 셀까지 드래그**합니다. ❸ **'K'**에는 **"2"**를 입력한 후 ❹ **[확인]**을 클릭합니다.

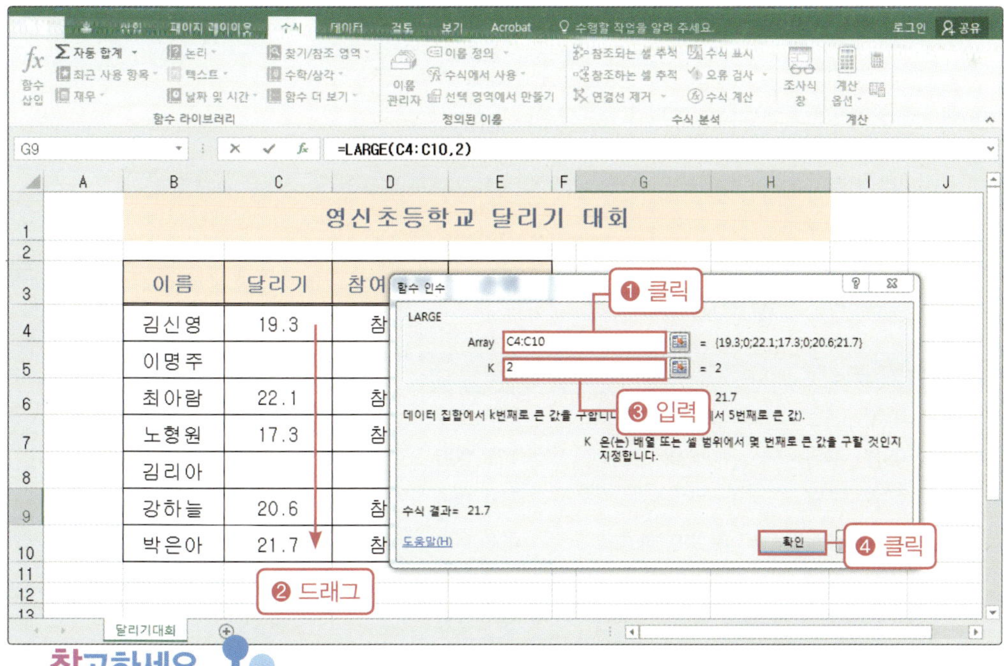

참고하세요

LARGE 함수는 특정 순위의 큰 값을 구할 때 사용하는 함수입니다.

함수 형식은 =LARGE(범위, k번째)

"혼자 풀어 보세요"

1 다음과 같이 워크시트를 작성하세요.

	A	B	C	D	E	F	G	H
1			출장비 보고서					
2								
3		지출날짜	분류	비용				
4		05월 04일	교통비	220,000		전체 지출 항목 건수		
5		05월 04일	식비	175,000				
6		05월 06일	숙박비	250,000				
7		05월 06일	마케팅비	458,000		두 번째로 지출이 큰 금액		
8		05월 07일	사무용품비	78,000				
9		합계						
10		지출이 많은 비용						
11		지출이 적은 비용						
12								
13								

2 1번 문제에 이어 다음 조건과 같이 작성하세요.

[조건] • 지출이 많은 비용, 지출이 적은 비용, 전체 지출 항목, 두번째로 지출이 큰 금액을 구하세요.

	A	B	C	D	E	F	G	H
1			출장비 보고서					
2								
3		지출날짜	분류	비용				
4		05월 04일	교통비	220,000		전체 지출 항목 건수		
5		05월 04일	식비	175,000			5	
6		05월 06일	숙박비	250,000				
7		05월 06일	마케팅비	458,000		두 번째로 지출이 큰 금액		
8		05월 07일	사무용품비	78,000			250,000	
9		합계		1,181,000				
10		지출이 많은 비용		458,000				
11		지출이 적은 비용		78,000				
12								
13								

▲ 완성파일 : 출장비보고서.xlsx

3 다음과 같이 워크시트를 작성하세요.

상반기 호반빌딩 관리비 내역서

월별	전기세	수도세	청소비	소방비	합계
1월	175,200	25,000	150,000	60,000	
2월	165,320	24,500	150,000	60,000	
3월	154,000	25,000	150,000	60,000	
4월	146,200	21,500	150,000	60,000	
5월	167,500	32,500	150,000	60,000	
6월	189,450	37,540	150,000	60,000	
합계					
평균					
최고사용량					
최소사용량					
세번째 적은 사용량					
세번째 많은 사용량					

4 3번 문제에 이어 다음 조건과 같이 작성하세요.

[조건] • 합계, 평균, 최고사용량, 최소사용량, 세번째 적은 사용량, 세번째 많은 사용량을 구하세요.

상반기 호반빌딩 관리비 내역서

월별	전기세	수도세	청소비	소방비	합계
1월	175,200	25,000	150,000	60,000	410,200
2월	165,320	24,500	150,000	60,000	399,820
3월	154,000	25,000	150,000	60,000	389,000
4월	146,200	21,500	150,000	60,000	377,700
5월	167,500	32,500	150,000	60,000	410,000
6월	189,450	37,540	150,000	60,000	436,990
합계	997,670	166,040	900,000	360,000	2,423,710
평균	166,278	27,673	150,000	60,000	403,952
최고사용량	189,450	37,540	150,000	60,000	436,990
최소사용량	146,200	21,500	150,000	60,000	377,700
세번째 적은 사용량	165,320	25,000	150,000	60,000	399,820
세번째 많은 사용량	167,500	25,000	150,000	60,000	410,000

▲ 완성파일 : 관리비내역서.xlsx

13 순위 함수 활용

엑셀에서 순위를 구할 때는 RANK 함수를 사용합니다. 특정 필드를 기준으로 오름차순 또는 내림차순으로 순위를 구할 수 있습니다.

- RANK 함수의 내림차순에 대해 알아봅니다.
- RANK 함수의 오름차순에 대해 알아봅니다.

배울 내용 미리보기

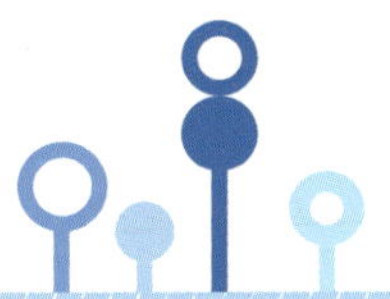

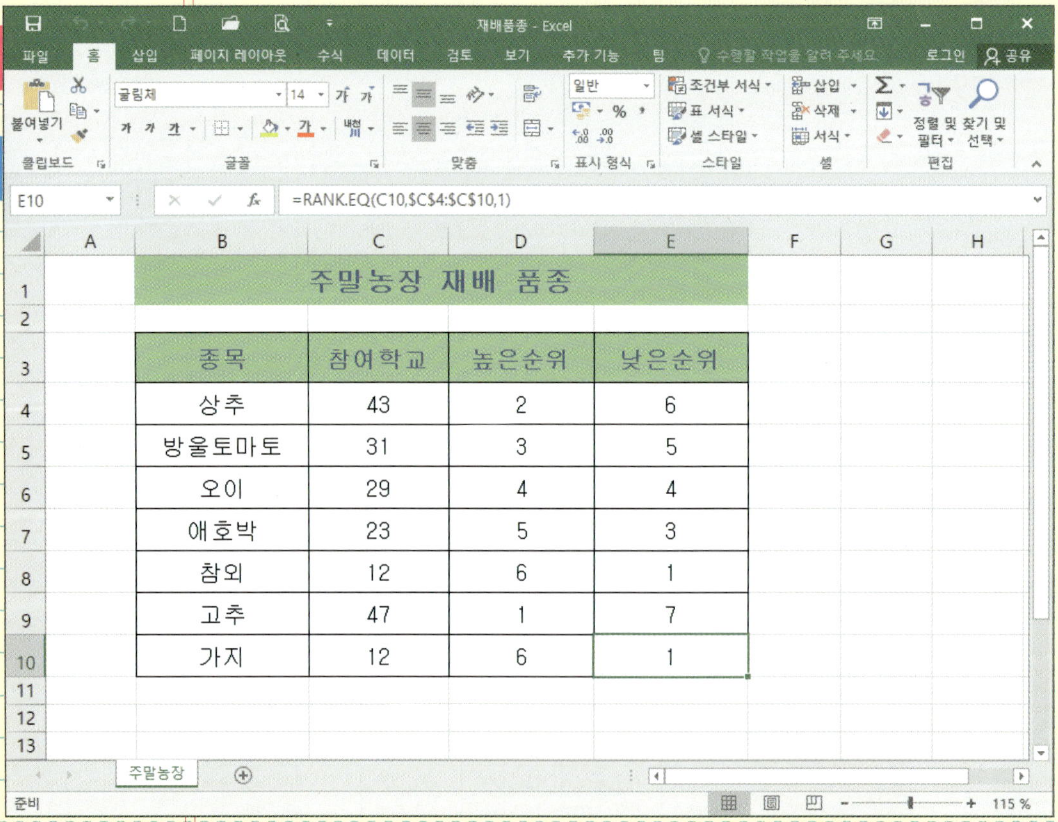

재배품종 - Excel
E10
=RANK.EQ(C10,$C$4:$C$10,1)
주말농장 재배 품종
주말농장
준비
115 %

종목	참여학교	높은순위	낮은순위
상추	43	2	6
방울토마토	31	3	5
오이	29	4	4
애호박	23	5	3
참외	12	6	1
고추	47	1	7
가지	12	6	1

▲ 파일명 : 재배품종.xlsx

높은 수가 일등 RANK

1 다음 워크시트와 같이 작성합니다. 워크시트의 이름은 "주말농장"으로 입력합니다.

2 ❶ [D4] 셀을 클릭한 후 ❷ [수식] 탭의 [함수 라이브러리] 그룹에서 ❸ [함수 더 보기]의 ❹ [통계]를 클릭합니다. 통계 함수들 중에서 ❺ 'RANK.EQ' 함수를 선택합니다.

참고하세요

RANK.EQ 함수는 이전 버전의 RANK 함수와 동일한 결과를 반환합니다.

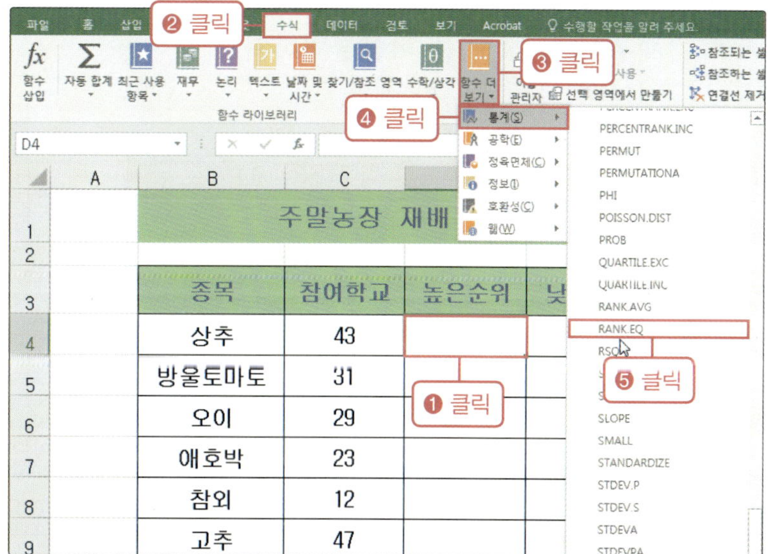

3 [RANK.EQ 함수 인수] 대화상자가 열리면 'Number'를 클릭한 후 등수를 구할 첫 번째 셀인 [C4] 셀을 클릭합니다.

참고하세요

RANK.EQ : 오름차순 또는 내림차순 순위
Number : 순위를 구하려는 수
Ref : 순위를 구하려는 목록
Order : 순위를 정할 방법(0 또는 생략하면 내림차순, 1이면 오름차순)

4 ❶ 'Ref' 입력란을 클릭한 후 마우스로 [C4:C10] **영역을 드래그**한 후 절대범위로 바꾸기 위해 F4 를 누르고 ❷ [확인]을 클릭합니다.

참고하세요

Number : C4(C4 참여학교의 순위를 구하여라)
Ref : $C$4:$C$10(참여학교의 범위에서 구하여라)
Order : 내림차순 하여라.(빈 공백 또는 0)

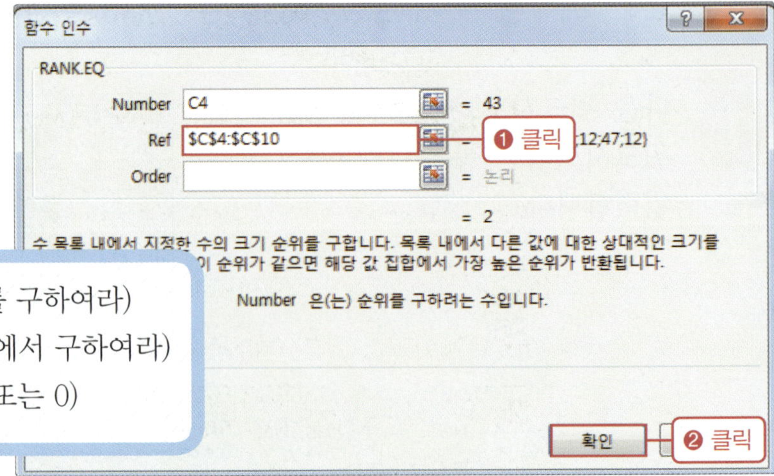

5 등수가 구해진 [D4] 셀을 클릭한 후 **채우기 핸들(+)을 더블클릭**하여 나머지 수식을 복사합니다.

	A	B	C	D	E
1			주말농장 재배 품종		
2					
3		종목	참여학교	높은순위	낮은순위
4		상추	43	2	
5		방울토마토	31		
6		오이	29		
7		애호박	23		
8		참외	12		
9		고추	47		
10		가지	12		
11					

6 전체 등수가 구해진 결과를 확인할 수 있습니다.

	A	B	C	D	E
1			주말농장 재배 품종		
2					
3		종목	참여학교	높은순위	낮은순위
4		상추	43	2	
5		방울토마토	31	3	
6		오이	29	4	
7		애호박	23	5	
8		참외	12	6	
9		고추	47	1	
10		가지	12	6	
11					

1 다음은 낮은 숫자가 1등이 되도록 '오름차순' 등수를 내봅니다. **[E4] 셀**을 클릭한 후 **"=ran"**를 입력하면 'ran'으로 시작되는 함수 목록이 나옵니다. **'RANK.EQ' 함수를 더블클릭**합니다.

2 **[E4] 셀**에 함수가 등록이 되면 수식 입력줄의 '**fx**'를 **클릭**합니다.

3 함수 마법사가 열리면 ❶ **'Number' 입력란**에는 **[C4] 셀**을 클릭하여 입력하고 'Ref'입력란을 클릭한 후 ❷ **[C4:C10] 영역을 드래그**합니다. 영역은 절대 범위로 바꾸기 위해 F4 를 누릅니다.

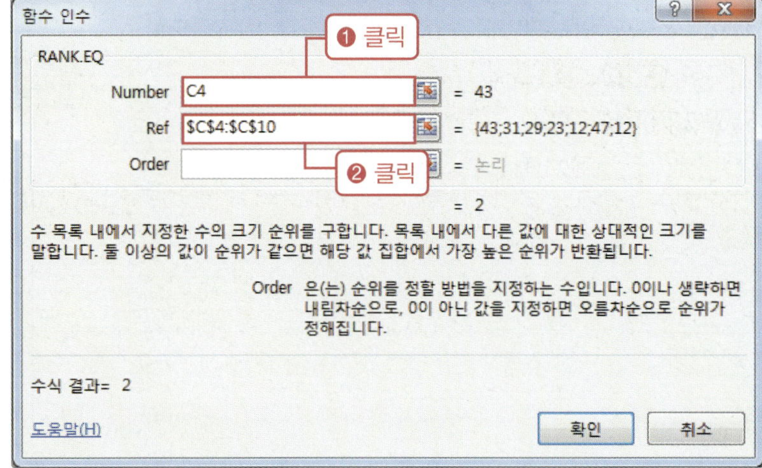

4 마지막으로 ❶ 'Order'를 클릭한 후 "1"을 입력한 다음 ❷ [확인]을 누릅니다.

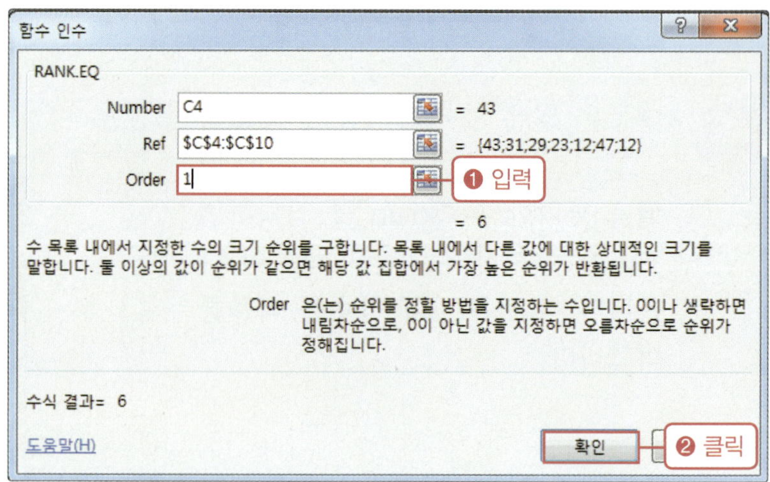

참고하세요 

오름차순 등수를 구할 때에는 'True' 또는 "1을 입력합니다.

5 [E4] 셀의 채우기 핸들 단추를 더블 클릭합니다.

	A	B	C	D	E
1			주말농장 재배 품종		
2					
3		종목	참여학교	높은순위	낮은순위
4		상추	43	2	6
5		방울토마토	31	3	
6		오이	29	4	
7		애호박	23	5	
8		참외	12	6	
9		고추	47	1	
10		가지	12	6	
11					

6 전체 등수가 구해진 결과를 확인할 수 있습니다.

	A	B	C	D	E
1			주말농장 재배 품종		
2					
3		종목	참여학교	높은순위	낮은순위
4		상추	43	2	6
5		방울토마토	31	3	5
6		오이	29	4	4
7		애호박	23	5	3
8		참외	12	6	1
9		고추	47	1	7
10		가지	12	6	1
11					

"혼자 풀어 보세요"

1 다음과 같이 워크시트를 작성하세요.

	종류	주문수량	많은 수량	낮은 수량
		김미나돈까스 주문서		
	등심 돈까스	102		
	치즈 돈까스	140		
	고구마치즈 돈까스	122		
	생선까스	95		
	돌돌말이 가스	105		
	치킨치즈까스	132		
	안심 치즈까스	107		

2 문제 1번에 이어 다음과 같이 조건대로 워크시트를 작성하세요.

[조건]
- 많은 수량은 주문 수량이 많은 순이 먼저 오도록 순위를 구하세요.
- 낮은 수량은 주문 수량이 낮은 순이 먼저 오도록 순위를 구하세요.

종류	주문수량	많은 수량	낮은 수량
김미나돈까스 주문서			
등심 돈까스	102	6	2
치즈 돈까스	140	1	7
고구마치즈 돈까스	122	3	5
생선까스	95	7	1
돌돌말이 가스	105	5	3
치킨치즈까스	132	2	6
안심 치즈까스	107	4	4

▲ 완성파일 : 돈까스주문서.xlsx

14 논리 함수 활용

논리함수를 이용하여 조건에 만족하면 참 값을, 만족하지 않으면 거짓 값을 표시합니다. 다양한 함수와 함께 사용되는 대표 함수입니다. 또한 조건에 만족하는 개수 또는 합을 구하는 함수도 활용됩니다.

>> 단순 IF 함수와 다중 IF 함수에 대해 알아봅니다.

>> 조건에 만족하는 개수를 구하는 함수에 대해 알아봅니다.

>> 조건에 만족하는 합을 구하는 함수에 대해 알아봅니다.

배울 내용 미리보기 ✚

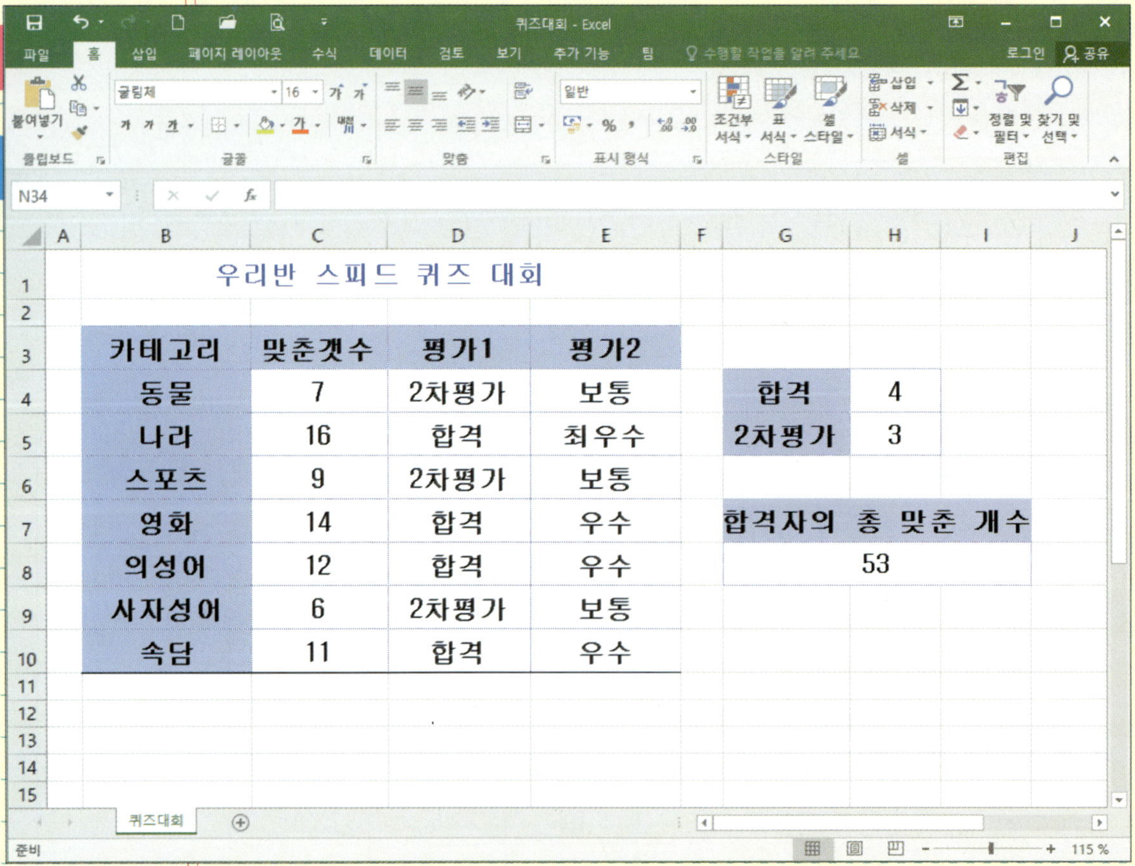

우리반 스피드 퀴즈 대회

카테고리	맞춘갯수	평가1	평가2			
동물	7	2차평가	보통		합격	4
나라	16	합격	최우수		2차평가	3
스포츠	9	2차평가	보통			
영화	14	합격	우수		합격자의 총 맞춘 개수	
의성어	12	합격	우수		53	
사자성어	6	2차평가	보통			
속담	11	합격	우수			

▲ 파일명 : 퀴즈대회.xlsx

1 다음 워크시트와 같이 작성하고 워크시트의 이름은 "퀴즈대회"로 입력합니다.

카테고리	맞춘갯수	평가1	평가2
동물	7		
나라	16		
스포츠	9		
영화	14		
의성어	12		
사자성어	6		
속담	11		

우리반 스피드 퀴즈 대회

합격
2차평가

합격자의 총 맞춘 개수

전체 글꼴은 '굴림체, 16pt'

시트: 퀴즈대회

2 '평가1'은 '맞춘 개수'가 '10개' 이상이면 '합격'이고 그 이하이면 '2차 평가'를 입력하려고 합니다. ❶ [D4] 셀을 클릭한 후 ❷ [수식] 탭의 [함수 라이브러리] 그룹에서 ❸ [논리]의 ❹ 'IF'를 선택합니다.

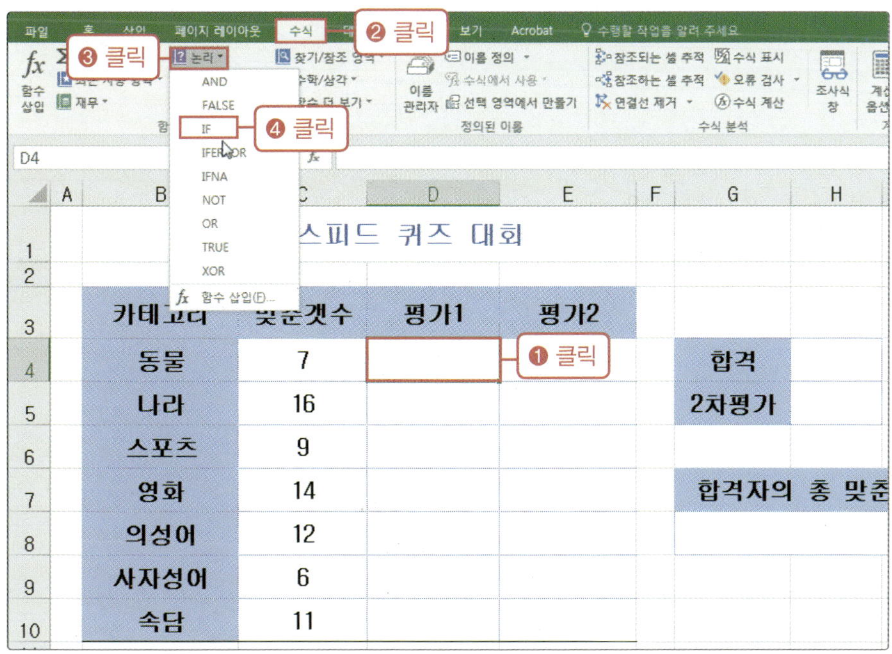

3 [IF 함수 인수] 대화상자가 열리면 ❶ 'Logical_test' 입력란을 클릭한 후 [C4] 셀을 클릭하고 "〉=10"을 입력합니다.

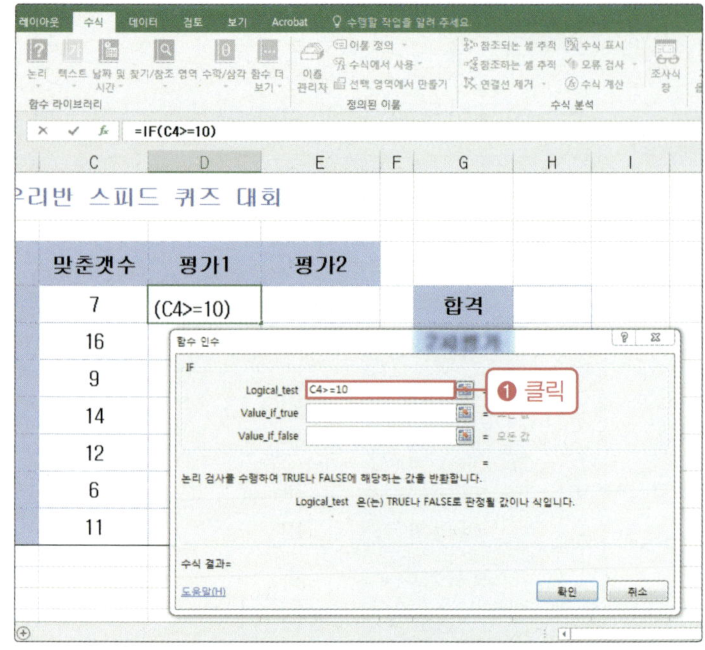

4 조건에 만족하는 값을 입력하기 위해 ❶ 'Value_if_true'의 입력란을 클릭한 후 **"합격"**을 입력합니다. 조건에 맞지 않는 값은 'Value_if_false'에 입력합니다. 입력란을 클릭한 후 **"2차평가"**를 입력하고 ❷ [**확인**]을 클릭합니다.

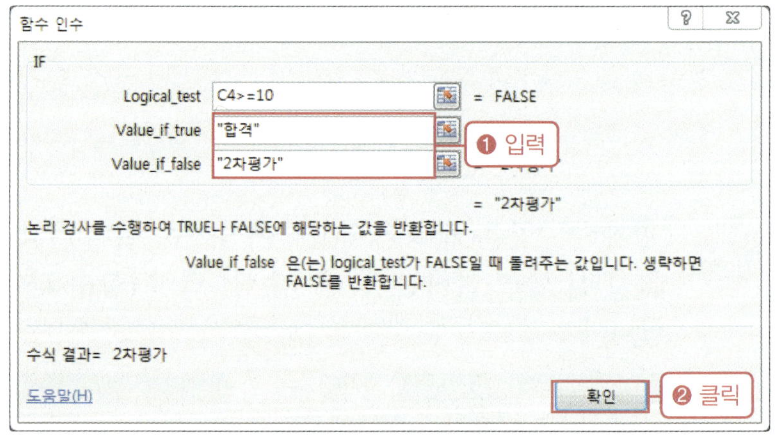

5 [D4] 셀의 자동 채우기 핸들을 더블클릭하여 수식을 복사하여 나머지 값을 계산합니다.

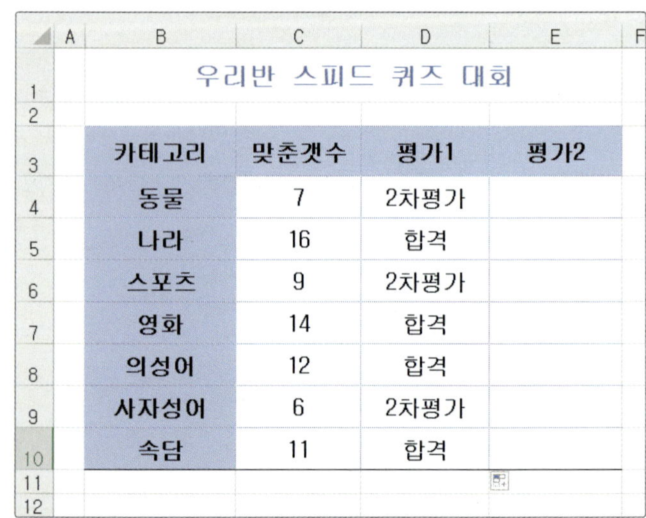

6 '평가 2'는 '맞춘 개수'가 '15'개 이상이면 '최우수', 10개 이상이면 '우수', 나머지는 '보통'을 입력 하려고 합니다. [E4] 셀을 클릭한 후 [수식] 탭의 [함수 라이브러리] 그룹에서 [논리]의 'IF'를 선택합니다. [IF 함수 인수] 대화상자가 열리면 ❶ 'Logical_test' 입력란을 클릭한 후 [C4] 셀 을 클릭하고 "〉=15"를 입력하고, ❷ 'Value_if_true'의 입력란을 클릭한 후 **최우수**를 입력합 니다.

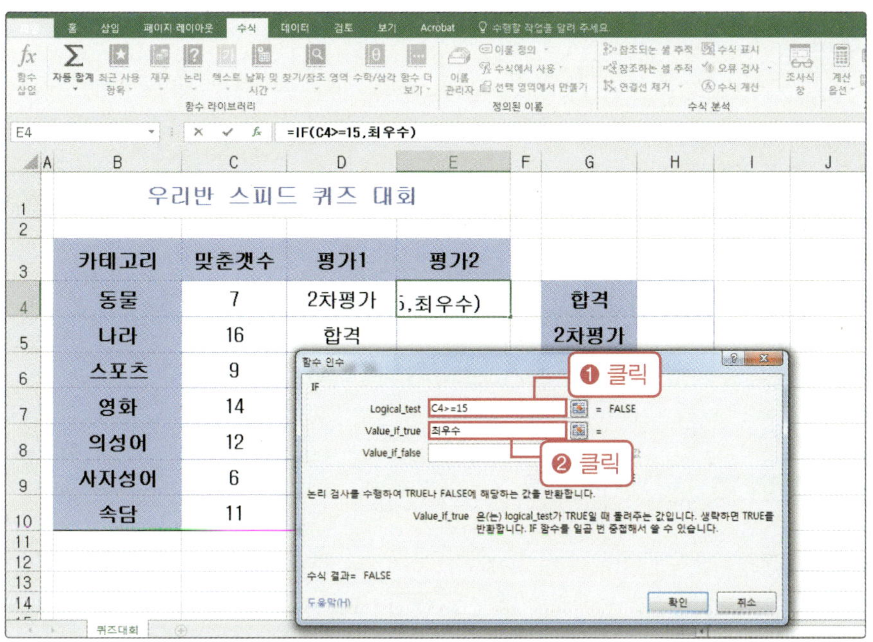

7 두 번째 조건에 만족하는 수식을 입력하기 위해 ❶ **'Value_if_false'의 입력란**을 클릭합니다. 함 수를 추가하기 위해 ❷ 함수 상자의 목록단추를 클릭하여 **'IF'** 함수를 선택합니다.

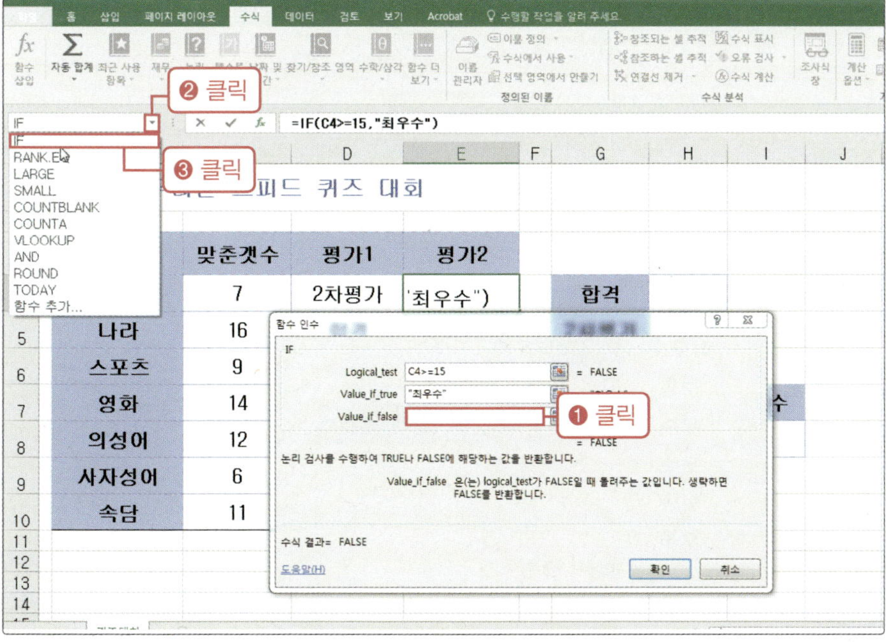

8 [IF 함수 인수] 대화상자가 열리면 두 번째 조건을 입력하기 위해 ❶ 'Logical_test' 입력란을 클릭한 후 [C4] 셀을 클릭하고 "〉=10"을 입력하고, ❷ 'Value_if_true'의 입력란을 클릭한 후 **"우수"**를 입력합니다. ❸ 'Value_if_false'의 입력란을 클릭한 후 **"보통"**을 입력하고 ❹ [확인]을 클릭합니다.

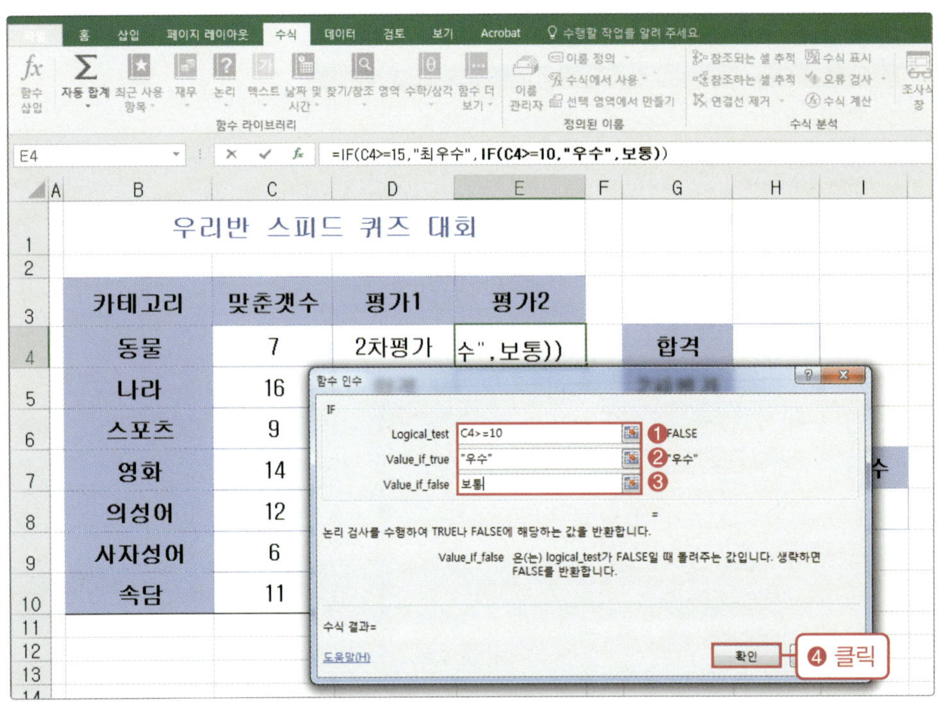

9 [E4] 셀의 자동 채우기 핸들을 더블클릭하여 값이 복사되면 서식도 같이 복사됩니다. ❶ **자동 채우기 옵션**을 클릭하여 ❷ **서식 없이 채우기**를 선택합니다.

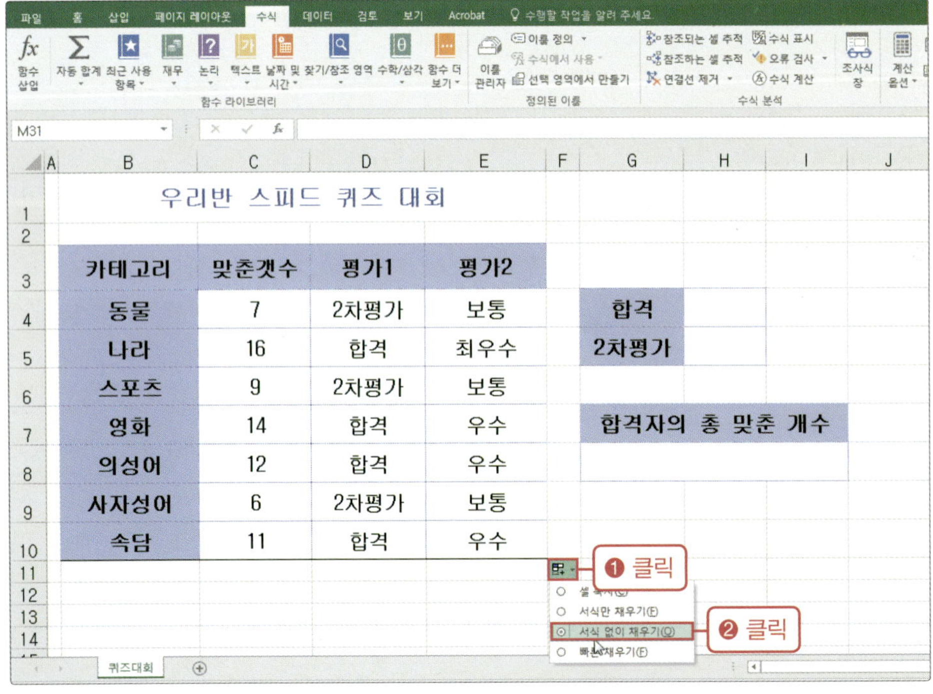

02 COUNTIF 함수

1 '평가1'에서 '합격'자는 몇 명인지 구하려고 합니다. ❶ [H4] 셀을 클릭한 후 ❷ [수식] 탭의 [함수 라이브러리] 그룹의 [함수 더 보기]에서 ❸ [통계]의 ❹ 'COUNTIF'를 선택합니다.

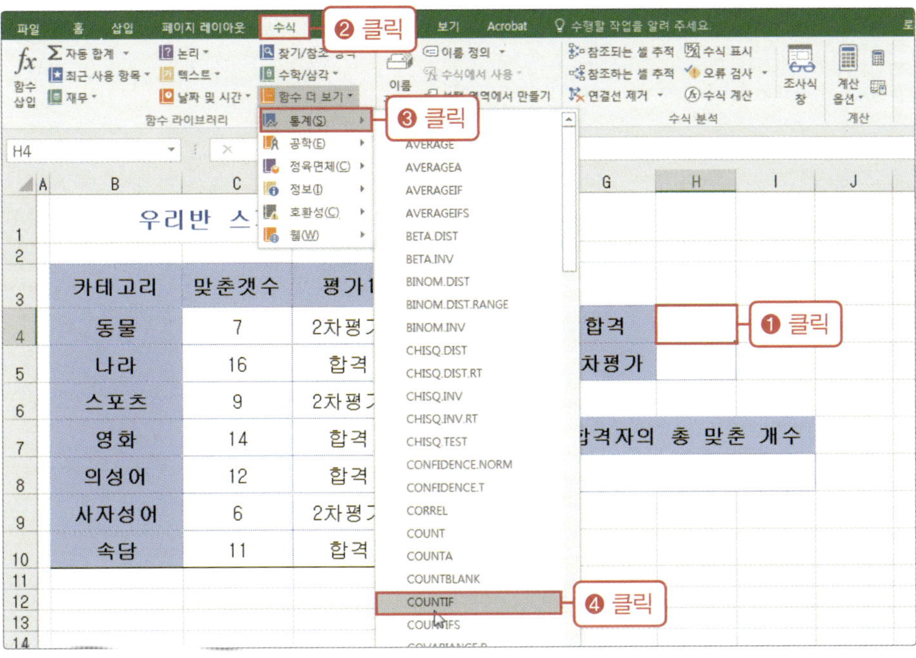

2 [COUNTIF 함수 인수] 대화상자가 열리면 ❶ 'Range' **입력란**을 클릭한 후 [D4:D10]을 **드래그**합니다. ❷ 'Criteria'의 **입력란**을 클릭한 후 **"합격"**을 입력하고 ❸ [**확인**]을 클릭합니다.

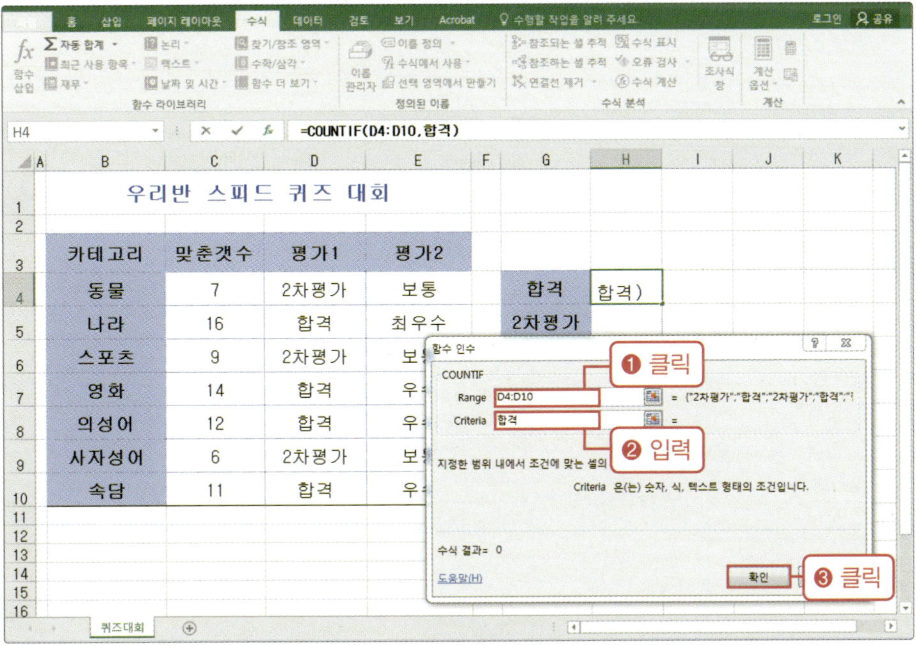

③ 다음은 '평가1'에서 '2차 평가'는 몇 명인지 구하려고 합니다. ❶ [H5] 셀을 클릭한 후 ❷ [수식] 탭의 [함수 라이브러리] 그룹의 [함수 더 보기]에서 ❸ [통계]의 ❹ 'COUNTIF'를 선택합니다.

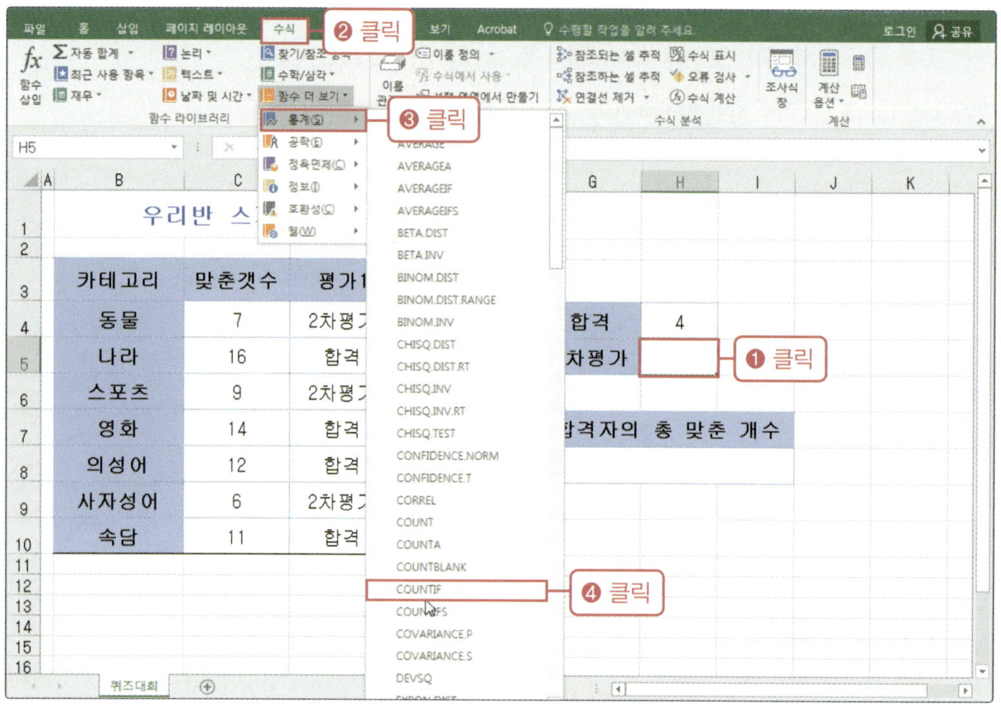

④ [COUNTIF 함수 인수] 대화상자가 열리면 ❶ 'Range' 입력란을 클릭한 후 [D4:D10]을 드래그 합니다. ❷ 'Criteria'의 입력란을 클릭한 후 "2차평가"를 입력하고 ❸ [확인]을 클릭합니다.

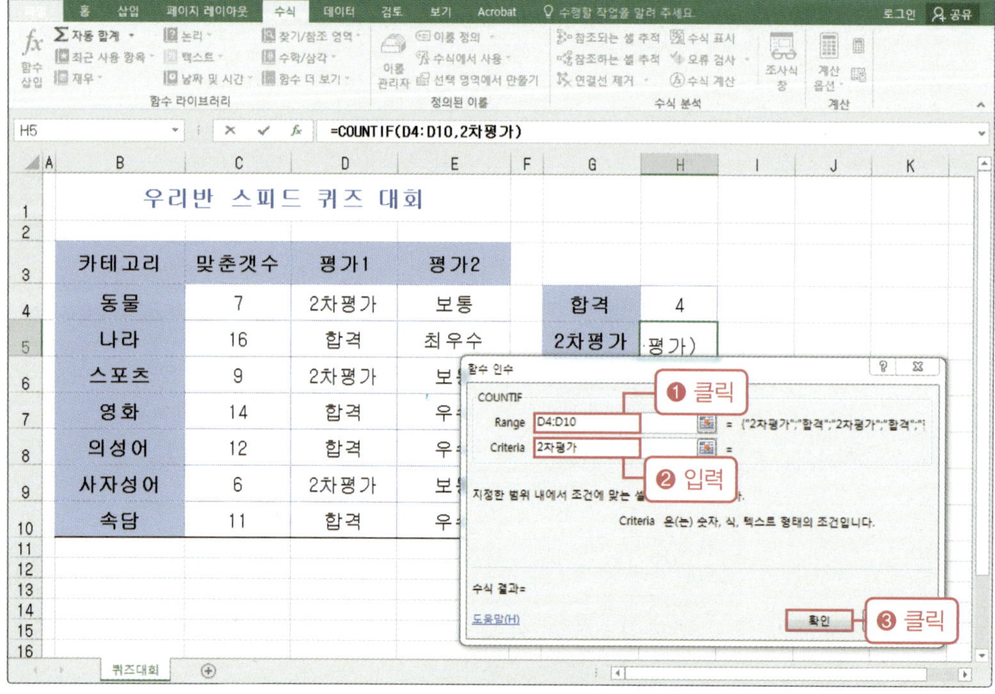

03 SUMIF 함수

1 다음은 '평가1'의 '합격'자들의 '맞춘 개수'의 합계를 구하려고 합니다. ❶ [H8] 셀을 클릭한 후 ❷ [수식] 탭의 [함수 라이브러리] 그룹에서 ❸ [수학/삼각]의 ❹ 'SUMIF'를 선택합니다.

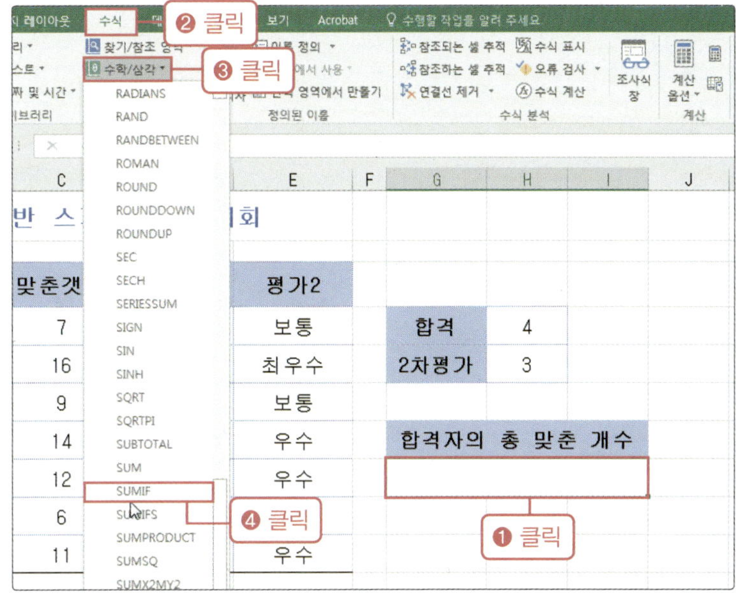

2 ❶ 'Range' **입력란**을 클릭한 후 'D4:D10'을 드래그합니다. ❷ 'Criteria'의 **입력란**을 클릭한 후 **"합격"**을 입력하고 ❸ 'Sum_range'의 입력란을 클릭한 후 [C4:C10]을 드래그한 후 ❹ [확인]을 클릭합니다.

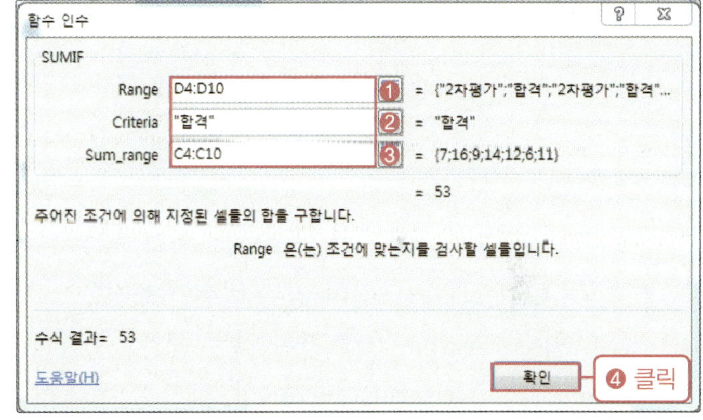

3 결과는 다음과 같습니다.

A	B	C	D	E	F	G	H	I	J
1	우리반 스피드 퀴즈 대회								
2									
3	카테고리	맞춘갯수	평가1	평가2					
4	동물	7	2차평가	보 통		합격	4		
5	나라	16	합격	최 우 수		2차평가	3		
6	스포츠	9	2차평가	보 통					
7	영화	14	합격	우 수		합격자의 총 맞춘 개수			
8	의성어	12	합격	우 수		53			
9	사자성어	6	2차평가	보 통					
10	속담	11	합격	우 수					
11									
12									

IF 함수

▶ 단순 IF

IF(조건, 참, 거짓)

예) IF(C4>=10, "합격", "2차평가") : '평가1'은 '맞춘 개수'가 '10개' 이상이면 '합격'이고 그 이하이면 '2차평가' 표시

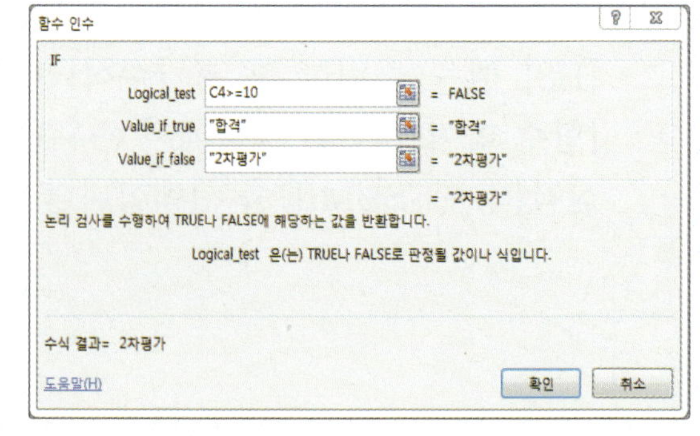

▶ 다중 IF

IF(조건, 참,IF(조건, 참, 거짓))

예) IF(C4>=15,"최우수",IF(C4>10,"우수","보통") : 'C4' 값이 '15' 이상이면 "최우수"이고, 'C4' 값이 '10' 이상이면 "우수", 나머지는 "보통"

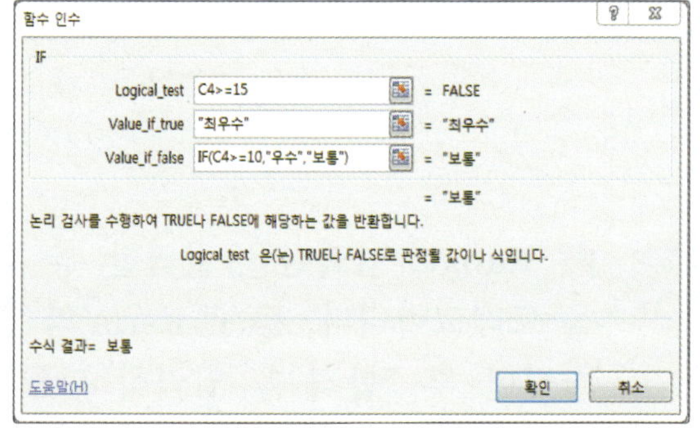

COUNTIF 함수

지정한 범위 내에서 조건에 만족하는 셀의 개수를 구합니다.
- 형식 : COUNTIF(조건이 있는 범위, "조건")
- 함수 인수 : 'Range' : 조건이 있는 범위
  'Criteria' : 숫자, 식, 텍스트 형태의 조건

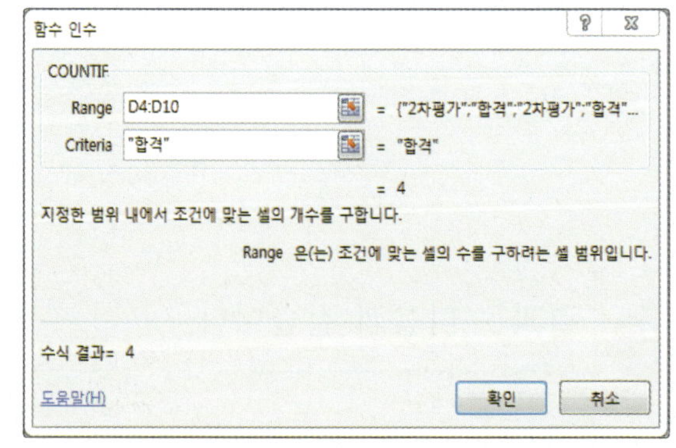

SUMIF 함수

조건에 만족하는 셀들의 합계를 구합니다.
- 형식 : SUMIF(조건이 있는 범위, "조건", 합을 구할 범위)
- 함수 인수 : 'Range' : 조건이 있는 범위
  'Criteria' : 숫자, 식, 텍스트 형태의 조건
  'Sum_range' : 합을 구할 범위

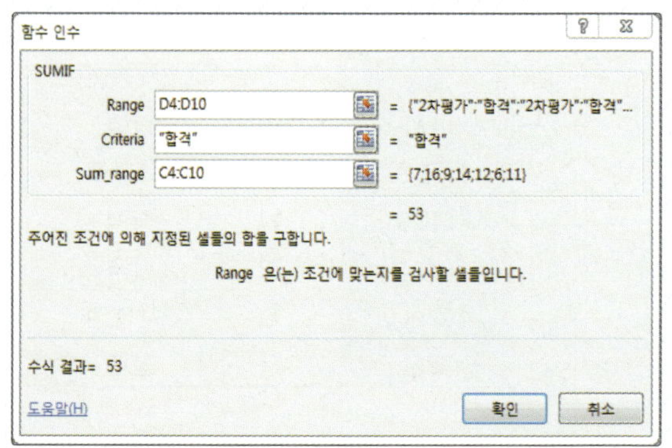

1 다음과 같이 조건대로 워크시트를 작성하세요.

[조건] • '결과'란은 '권수'가 '20'이상이면 '최우수 다독상', '15'권 이상이면 '우수 다독상', 나머지는 '참여상'으로 표시하시오

	A	B	C	D
1		글읽는소리 다독상 시상표		
2				
3		이름	권수	결과
4		김민아	15	
5		오상혁	20	
6		최문수	14	
7		민지영	11	
8		나민희	27	
9				

▲ 완성파일 : 다독상시상표.xlsx

2 다음과 같이 조건대로 워크시트를 작성하세요.

[조건] • '초등'란과 '중등'란에 각 각 몇 명인지 계산하세요.
　　　 • '중학생 중에 코딩경험이 있는 인원수?'를 계산하세요.

	A	B	C	D	E	F	G	H	I
1		코딩캠프 참석자 명단							
2									
3		이름	소속	학년	코딩경험		초등	중등	
4		이윤아	중	2	있다				
5		도시경	중	1	없다				
6		박문희	초	5	없다		코딩경험이 있는 인원수?		
7		윤아영	중	3	있다				
8		안진수	중	1	없다				
9		김민아	초	6	있다				
10		이수아	초	5	없다				
11									
12									

▲ 완성파일 : 코딩참석명단.xlsx

15 데이터 유효성 검사

엑셀에서 기본 데이터는 매우 중요합니다. 데이터의 입력 형식을 미리 설정하여 입력할 수 있도록 하여 데이터의 오류를 줄일 수 있습니다.

- ➤➤ 목록 유효성 검사에 대해 알아봅니다.
- ➤➤ 한/영 자동 입력 유효성 검사에 대해 알아봅니다.
- ➤➤ 숫자 유효성 검사에 대해 알아봅니다.

배울 내용 미리보기 ✚

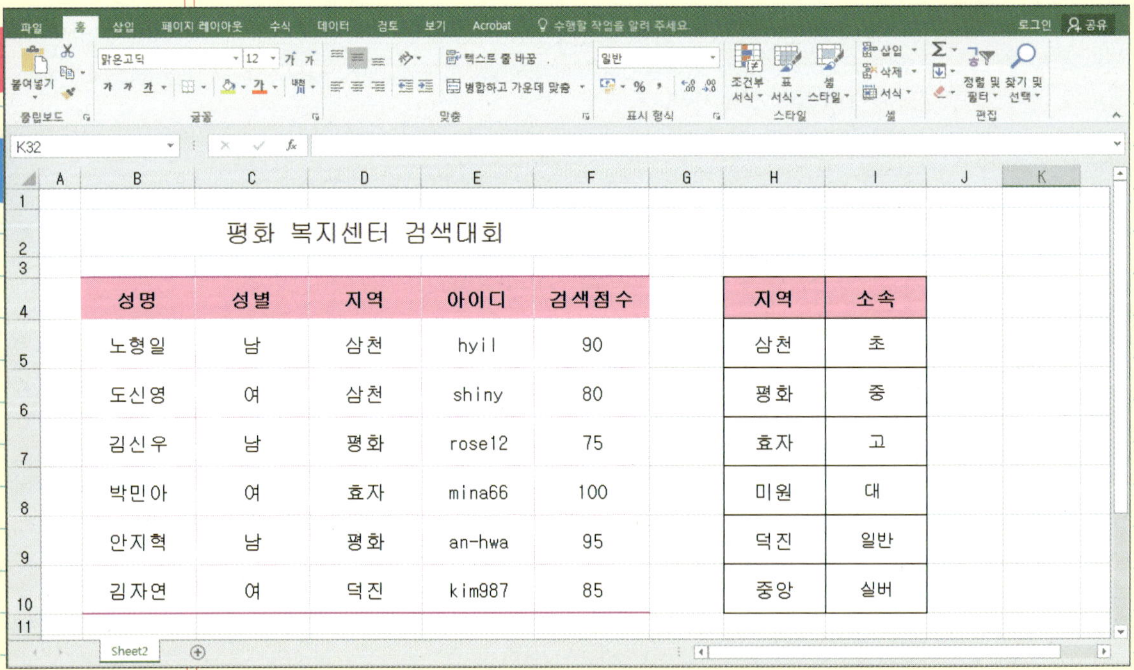

성명	성별	지역	아이디	검색점수		지역	소속
노형일	남	삼천	hyil	90		삼천	초
도신영	여	삼천	shiny	80		평화	중
김신우	남	평화	rose12	75		효자	고
박민아	여	효자	mina66	100		미원	대
안지혁	남	평화	an-hwa	95		덕진	일반
김자연	여	덕진	kim987	85		중앙	실버

평화 복지센터 검색대회

▲ 파일명 : 정보화검색대회.xlsx

01 목록 유효성 검사

1 다음 워크시트와 같이 작성하세요.

	성명	성별	지역	아이디	검색점수		지역	소속
			평화 복지센터 검색대회					
	노형일						삼천	초
	도신영						평화	중
	김신우						효자	고
	박민아						미원	대
	안지혁						덕진	일반
	김자연						중앙	실버

2 '성별(C5:C10)' 필드는 목록 단추를 이용하여 입력합니다. ❶ [C5:C10]까지 영역을 지정한 후 ❷ [데이터] 탭의 [데이터 도구] 그룹에서 ❸ [데이터 유효성 검사]를 클릭합니다.

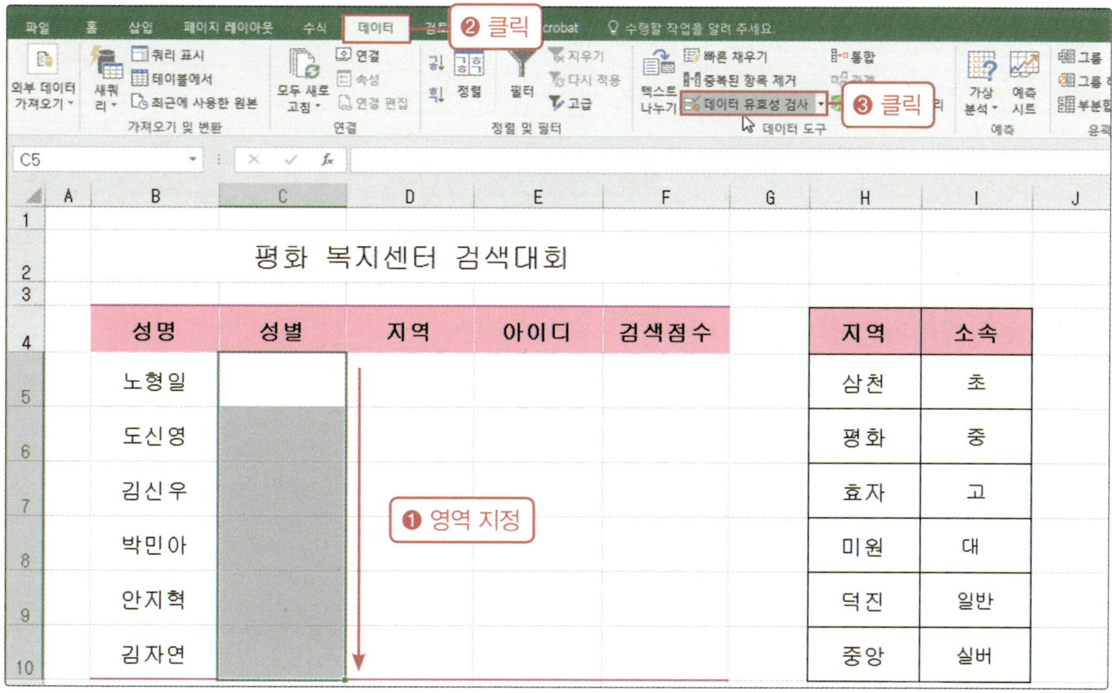

3 [데이터 유효성] 대화상자에서 ❶ [설정] 탭의 ❷ '제한 대상'은 '목록'을 선택하고 ❸ '원본' 입력란에 **"남, 여"**를 입력합니다. 입력하는 방법을 설명하기 위해 ❹ [설명 메시지] 탭의 ❺ '제목' 입력란에 **"입력방법"**을 입력하고 ❻ '설명 메시지'에는 **"목록단추를 클릭하여 선택하세요"**를 입력한 후 ❼ [확인]을 클릭합니다.

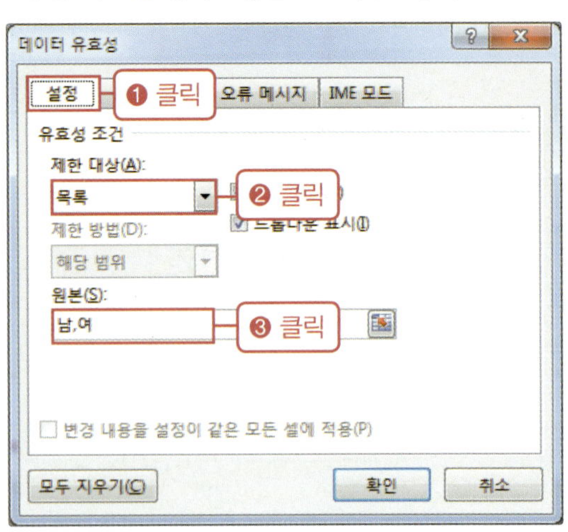
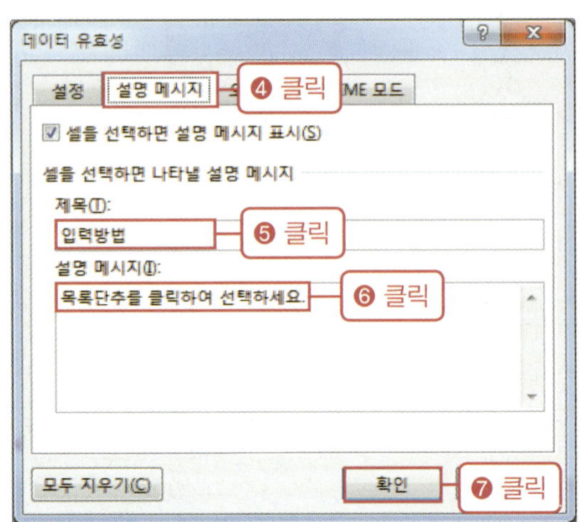

4 [C5] 셀을 클릭하면 설명 메시지가 표시되며 목록 단추를 클릭하여 목록에서 선택하여 입력할 수 있습니다.

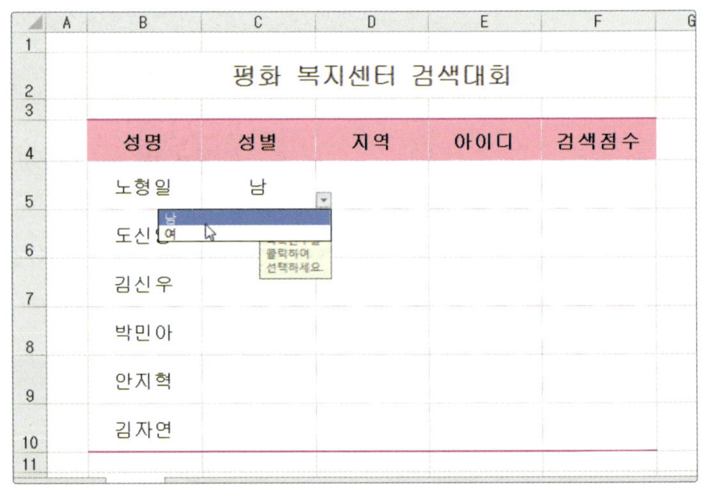

5 '지역(D5:D10)' 필드에는 이미 입력되어 있는 범위를 목록으로 입력합니다. ❶ [D5:D10] 셀까지 영역을 지정한 후 ❷ [데이터] 탭의 [데이터 도구] 그룹에서 ❸ '데이터 유효성 검사'를 클릭합니다.

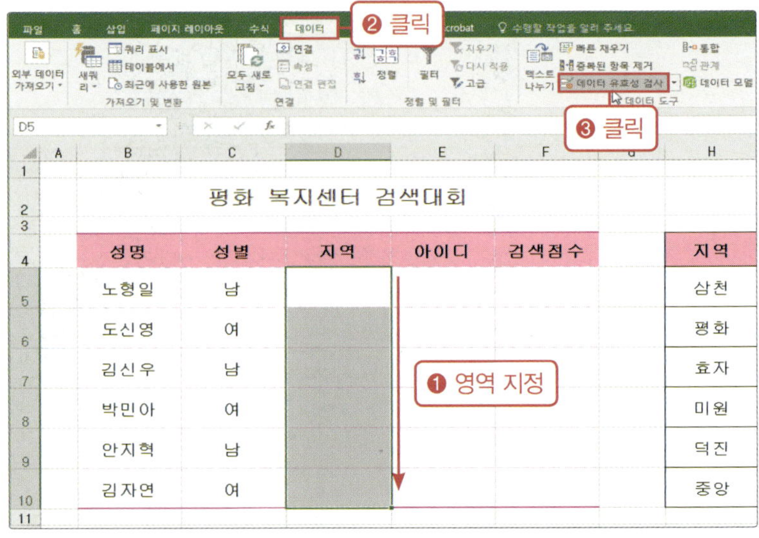

6 [데이터 유효성]대화상자가 열리면 ❶ **[설정] 탭**에서 ❷ '제한 대상'을 '**목록**'으로 선택하고 ❸ '**원본' 입력란**을 클릭한 후 ❹ **[H5:H10] 영역을 드래그**하여 입력한 후 ❺ **[확인]**을 클릭합니다.

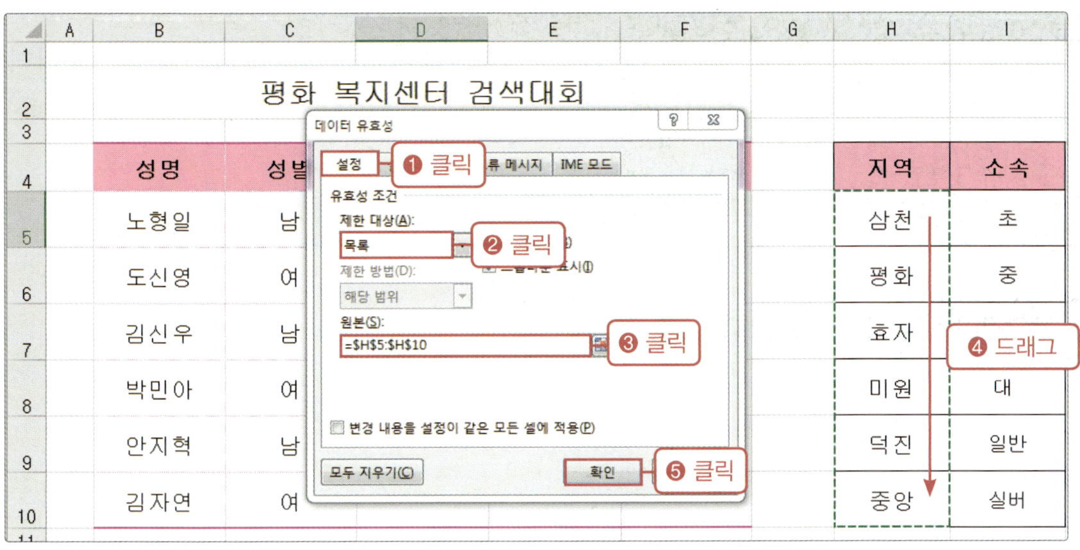

7 [D5] 셀을 클릭하여 목록 상자가 열리면 선택하여 입력합니다.

8 그림과 같이 입력하여 완성합니다.

02 한/영 자동입력 유효성 검사

1 아이디(E5:E10)' 필드는 한/영 키를 전환하지 않고 영문을 바로 입력할 수 있도록 하기 위해 ❶ **'아이디(E5:E10)' 영역을 지정**한 후 ❷ **[데이터] 탭**의 **[데이터 도구] 그룹**에서 ❸ **'데이터 유효성 검사'**를 클릭합니다. [데이터 유효성] 대화상자에서 ❹ **[IME 모드]**의 ❺ '모드'를 **'영문'**으로 선택한 후 ❻ **[확인]**을 클릭합니다.

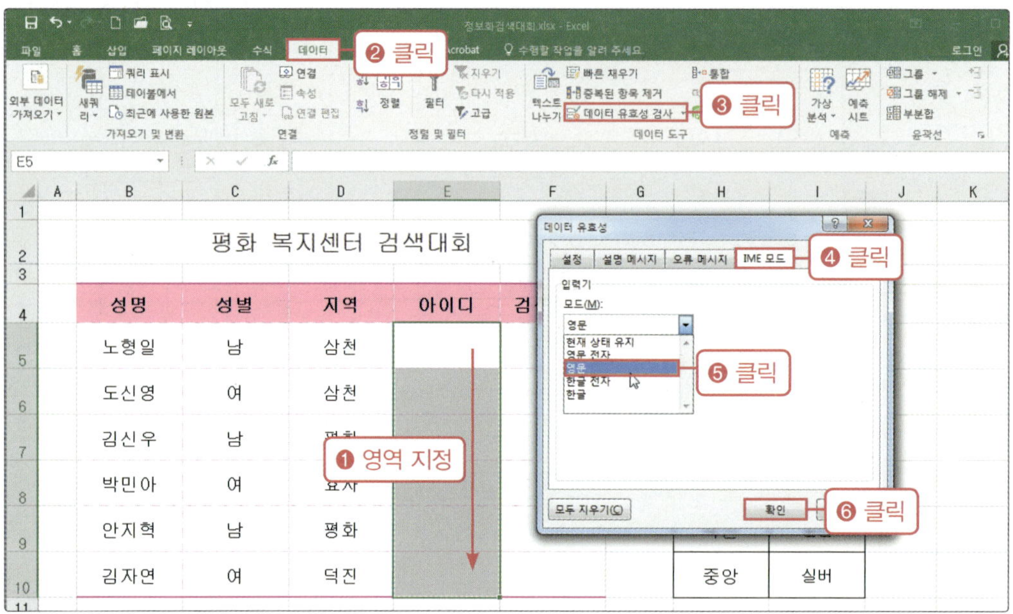

2 한영 을 전환하지 않은 상태에서 [E5] 셀을 클릭한 후 영문 아이디를 입력합니다.

평화 복지센터 검색대회

성명	성별	지역	아이디	검색점수
노형일	남	삼천	hyil	
도신영	여	삼천		
김신우	남	평화		
박민아	여	효자		

3 그림과 같이 입력하여 완성합니다.

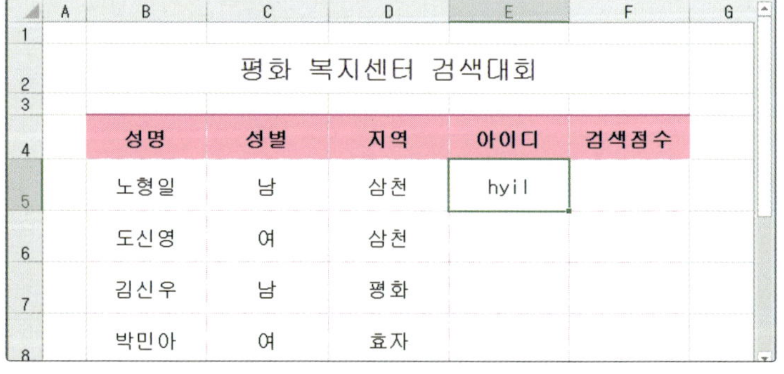

평화 복지센터 검색대회

성명	성별	지역	아이디	검색점수
노형일	남	삼천	hyil	
도신영	여	삼천	shiny	
김신우	남	평화	rose12	
박민아	여	효자	mina66	
안지혁	남	평화	an-hwa	
김자연	여	덕진	kim987	

숫자 유효성 검사

1 정수 값을 제한하여 입력할 수 있습니다. ❶ [검색점수(F5:F10)] 셀을 영역 지정한 후 ❷ [데이터] 탭의 [데이터 도구] 그룹에서 ❸ [데이터 유효성 검사]를 클릭합니다.

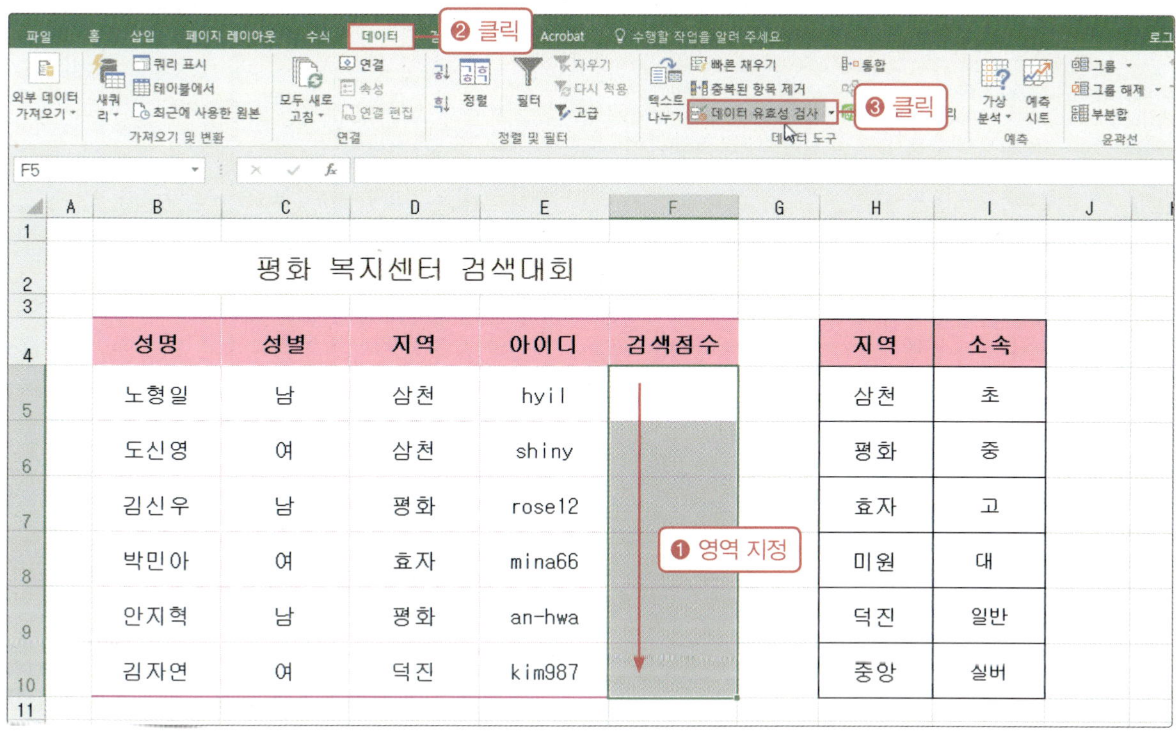

2 [데이터 유효성] 대화상자가 열리면 [설정] 탭과 [오류 메시지] 탭을 클릭하여 다음과 같이 입력한 후 [확인]을 클릭합니다.

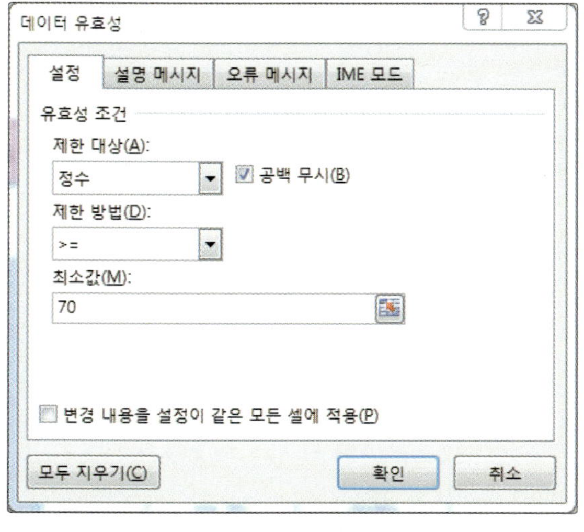

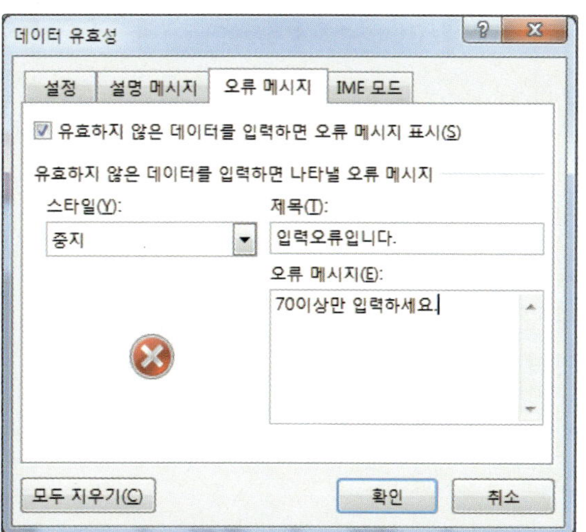

3 '70'이하 값을 입력하면 '70이하'는 오류메시지가 표시됩니다. [다시 시도]를 누른 후 70이상 값을 입력합니다.

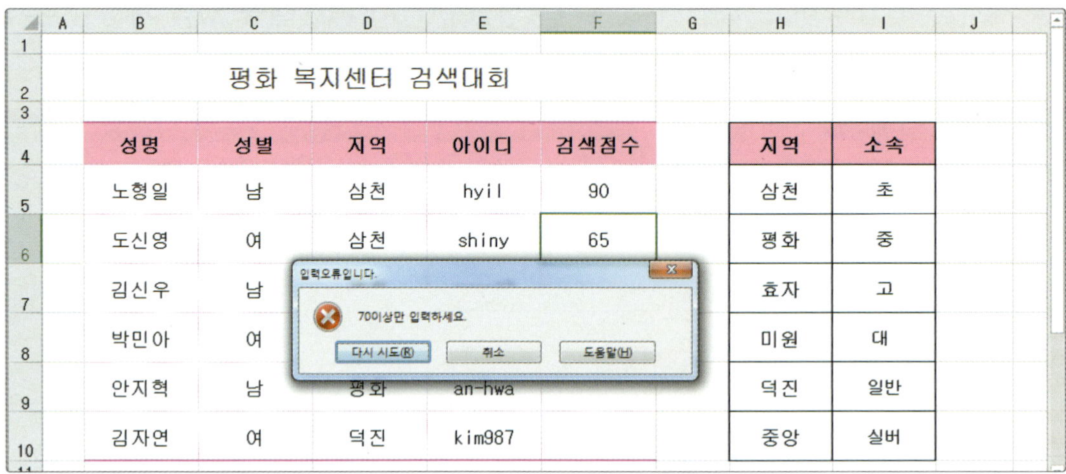

4 나머지 값도 입력하여 완성합니다.

참고하세요

유효성 검사 지우기

- 유효성 검사를 삭제하려면 유효성 검사가 적용된 셀 영역을 지정한 후 [데이터]-[데이터 도구]-[데이터 유효성 검사]-[모두 지우기]를 클릭합니다.
- 유효성 검사 영역을 찾을 때에는 [홈]-[편집]-[찾기 및 선택]-[데이터 유효성 검사]를 클릭합니다. 유효성 검사가 설정된 영역이 표시됩니다.

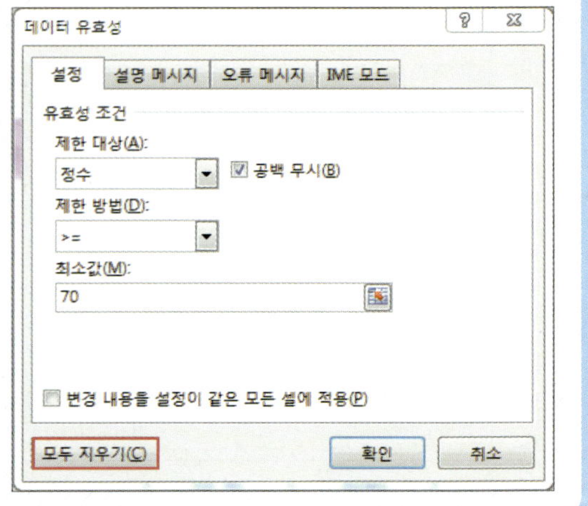

"혼자 풀어 보세요"

1 다음과 같이 조건대로 워크시트를 작성해 보세요.

[조건] • '강의실'은 '목록' 데이터 유효성 검사로 설정하세요.
　　　 • '수업시간'은 '2~5' 사이 값만 입력되도록 설정하세요.

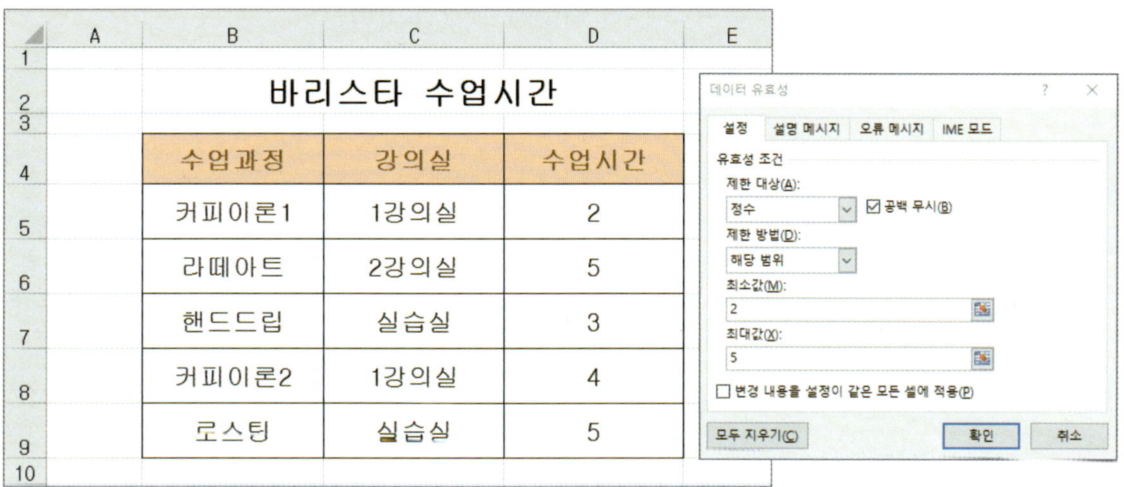

▲ 완성파일 : 바리스타수입시간.xlsx

2 다음과 같이 조건대로 워크시트를 작성해 보세요.

[조건] • '여행지'는 '목록' 데이터 유효성 검사로 설정하세요.
　　　 • '날짜'는 '2018-4-1~2018-5-31' 사이 값만 입력되도록 설정하세요.
　　　 • 날짜를 잘못 입력하는 경우 '4월 1일에서 5월 31일 사이만 입력하세요.'라는 오류 메시지를 설정하세요.

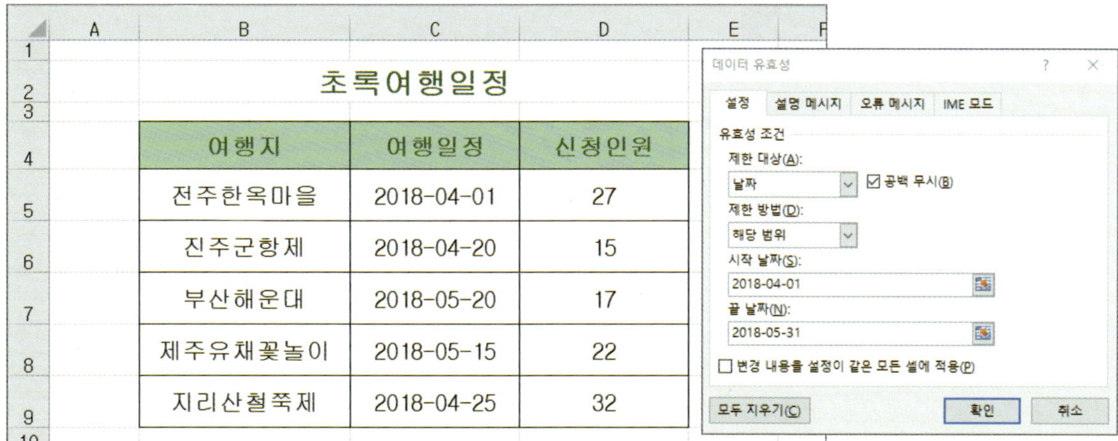

▲ 완성파일 : 여행일정.xlsx

16 그래픽으로 꾸미는 문서

워크시트에는 그림, 도형, 워드아트 등을 개체(Object)를 활용하여 문서를 꾸밀 수 있습니다. 개체를 삽입하여 직관적인 엑셀 문서를 쉽게 이해할 수 있습니다.

- 워드 아트 삽입에 대해 알아봅니다.
- 그림 삽입과 온라인 그림 삽입에 대해 알아봅니다.

배울 내용 미리보기

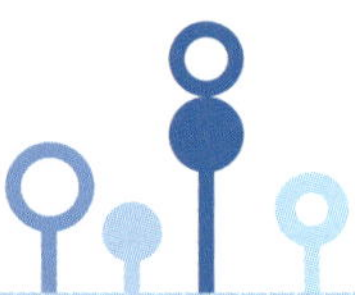

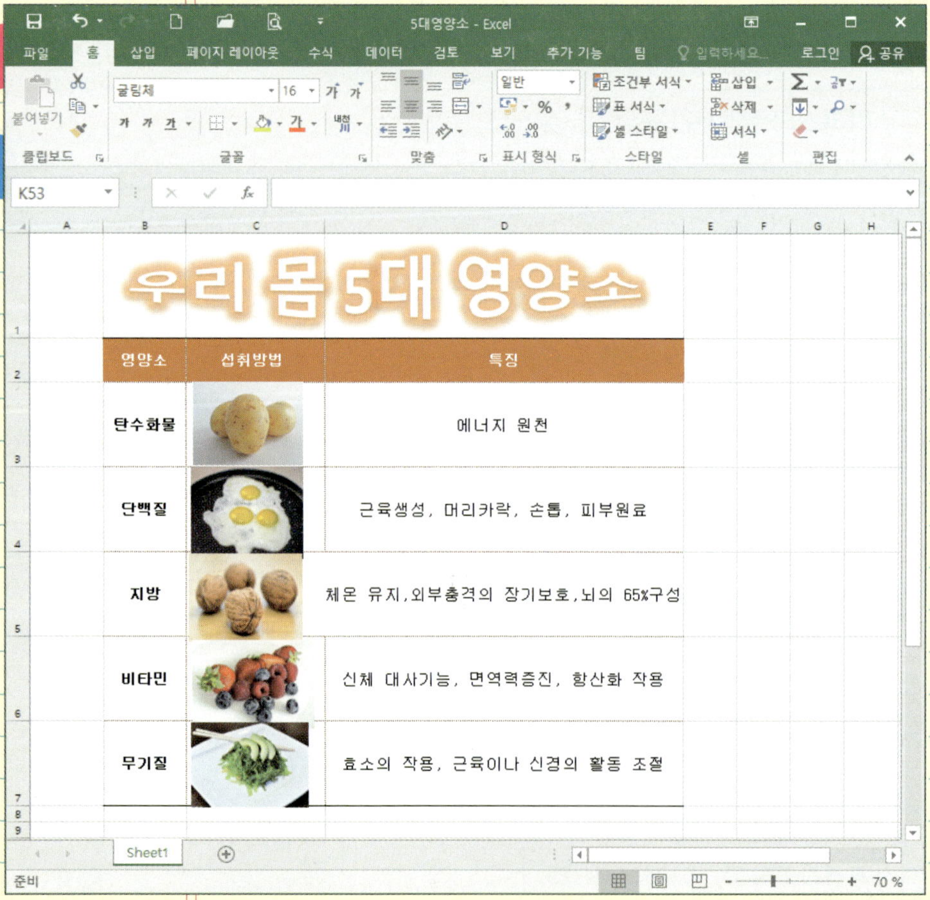

5대영양소 - Excel
우리 몸 5대 영양소
영양소
섭취방법
특징
탄수화물
에너지 원천
단백질
근육생성, 머리카락, 손톱, 피부원료
지방
체온 유지, 외부충격의 장기보호, 뇌의 65%구성
비타민
신체 대사기능, 면역력증진, 항산화 작용
무기질
효소의 작용, 근육이나 신경의 활동 조절
Sheet1

▲ 파일명 : 5대영양소.xlsx

1 다음 워크시트와 같이 작성하고 ❶ **[삽입] 탭**의 **[텍스트] 그룹**에서 ❷ 'WordArt'를 클릭한 후 ❸ '채우기-흰색, 윤곽선-강조1, 그림자'를 선택합니다.

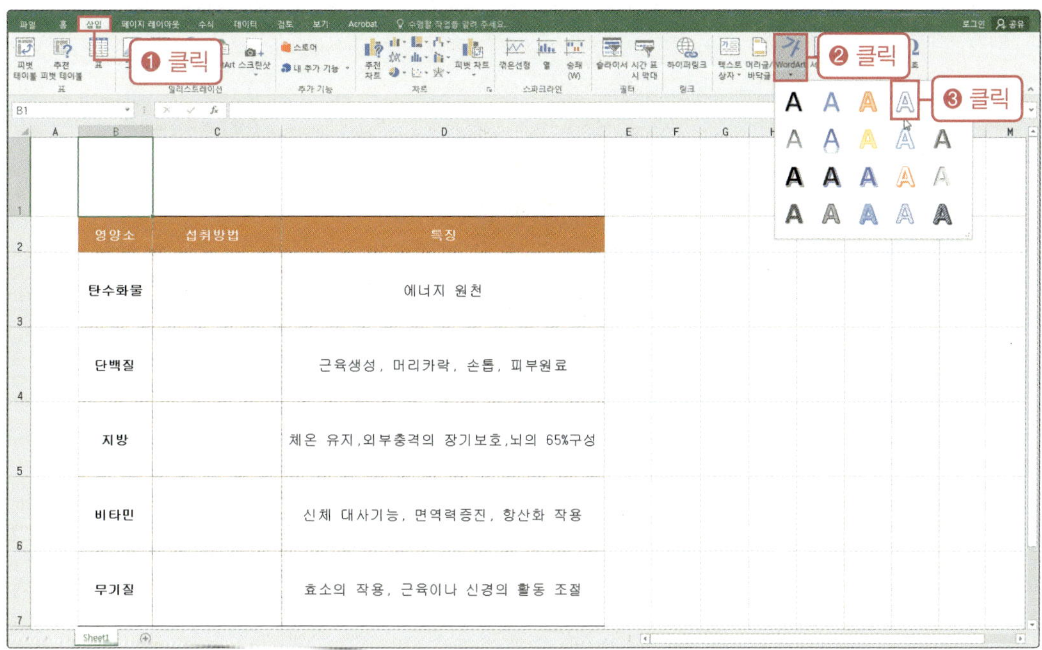

2 '필요한 내용을 적으십시오.'라는 텍스트 입력장이 표시되면 "우리 몸 5내 영양소"를 입력합니다.

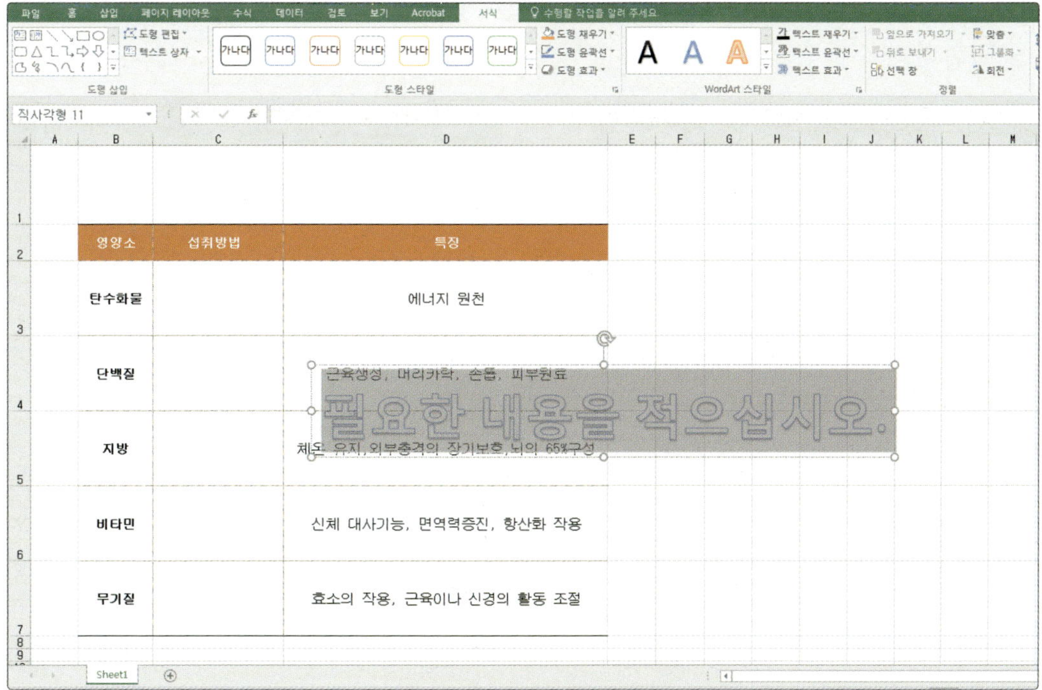

3 입력된 ❶ 'WordArt'를 선택합니다. ❷ [그리기 도구]–[서식] 탭의 [WordArt 스타일] 그룹에서 ❸ '텍스트 윤곽선'의 ❹ '윤곽선 없음'을 클릭합니다.

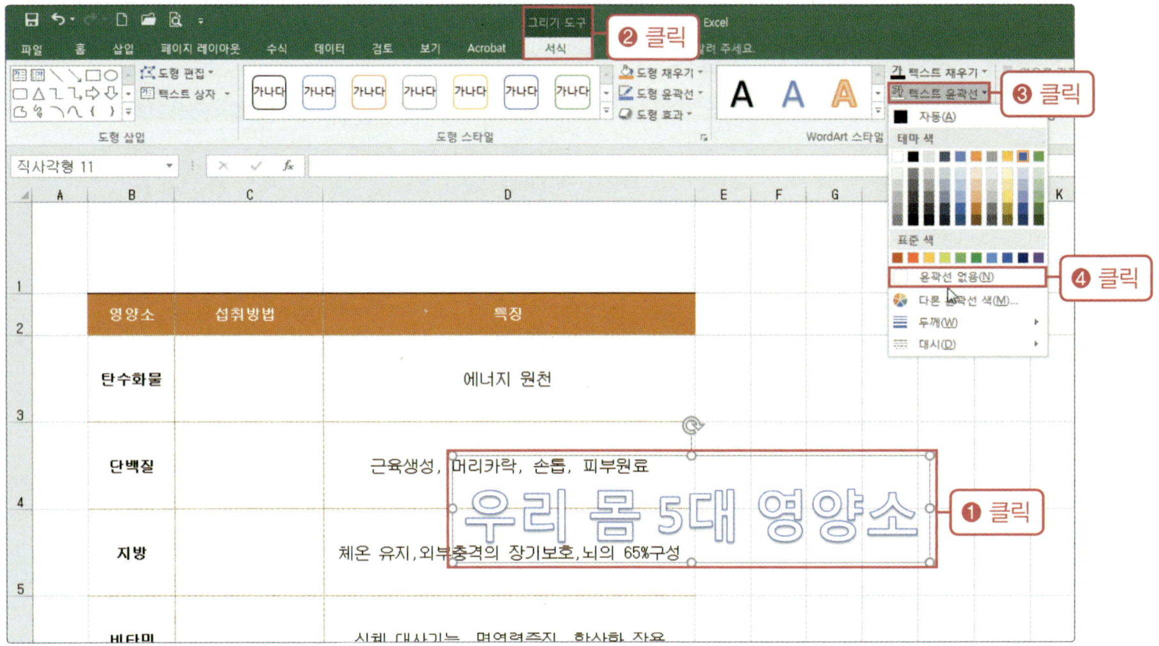

4 'WordArt'의 효과를 주기 위해 ❶ 'WordArt'를 선택한 후 ❷ [그리기 도구]–[서식] 탭의 [WordArt 스타일] 그룹에서 ❸ '텍스트 효과'의 ❹ '네온'을 선택한 후 ❺ '주황, 18 pt 네온, 강조색 2'를 클릭합니다.

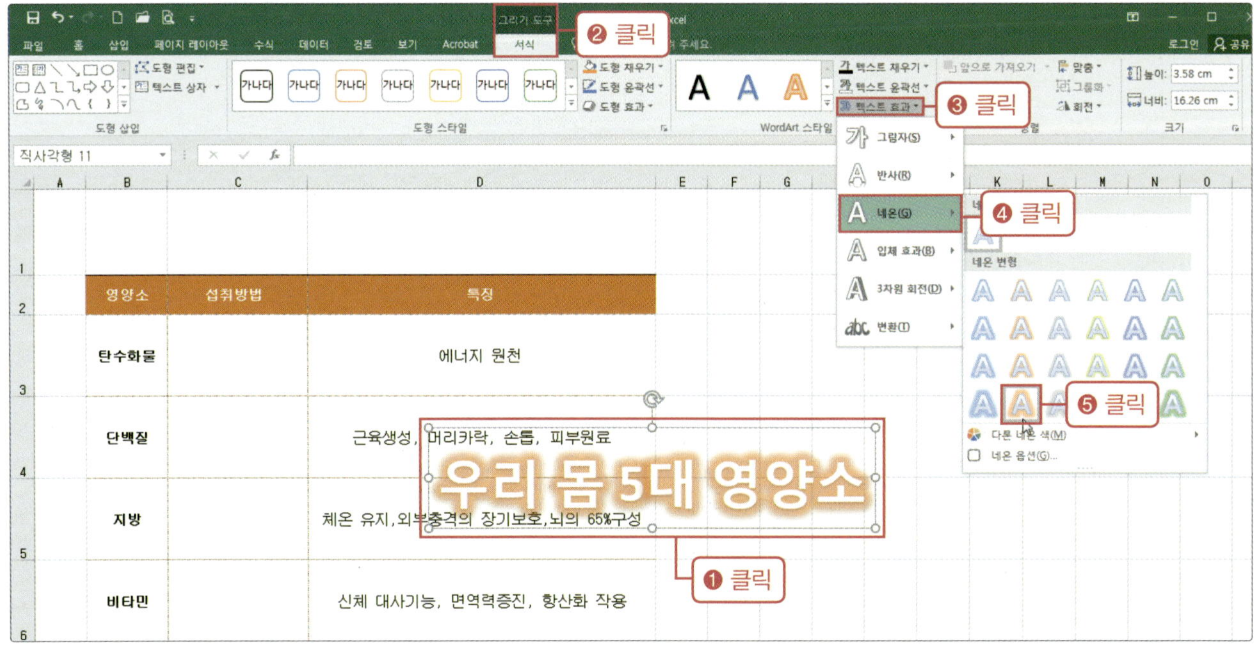

5 'WordArt'의 모양 변환을 위해 ❶ 'WordArt'를 선택한 후 ❷ [그리기 도구]–[서식] 탭의
[WordArt 스타일] 그룹에서 ❸ '텍스트 효과'의 ❹ '변환'을 클릭한 후 ❺ '중지'를 선택합니다.

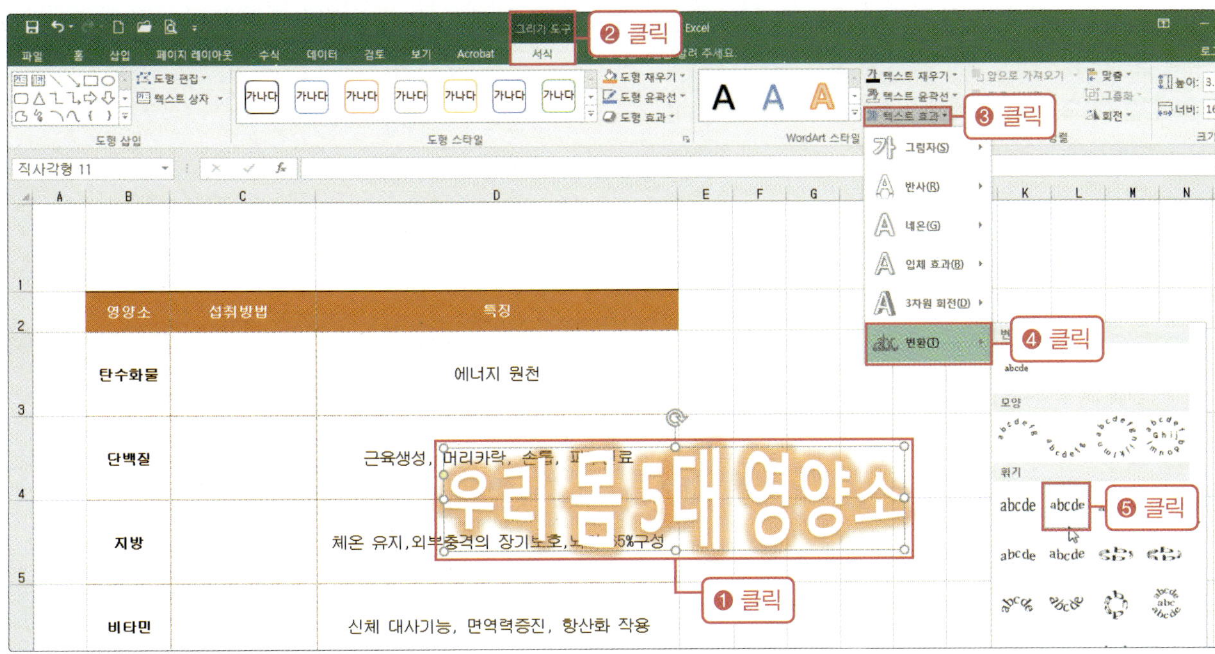

6 'WordArt'를 선택한 후 드래그하여 상단으로 이동한 후 '흰색' 조절점으로 크기 조절과 '노란'
조절점으로 모양을 변형시킬 수 있습니다.

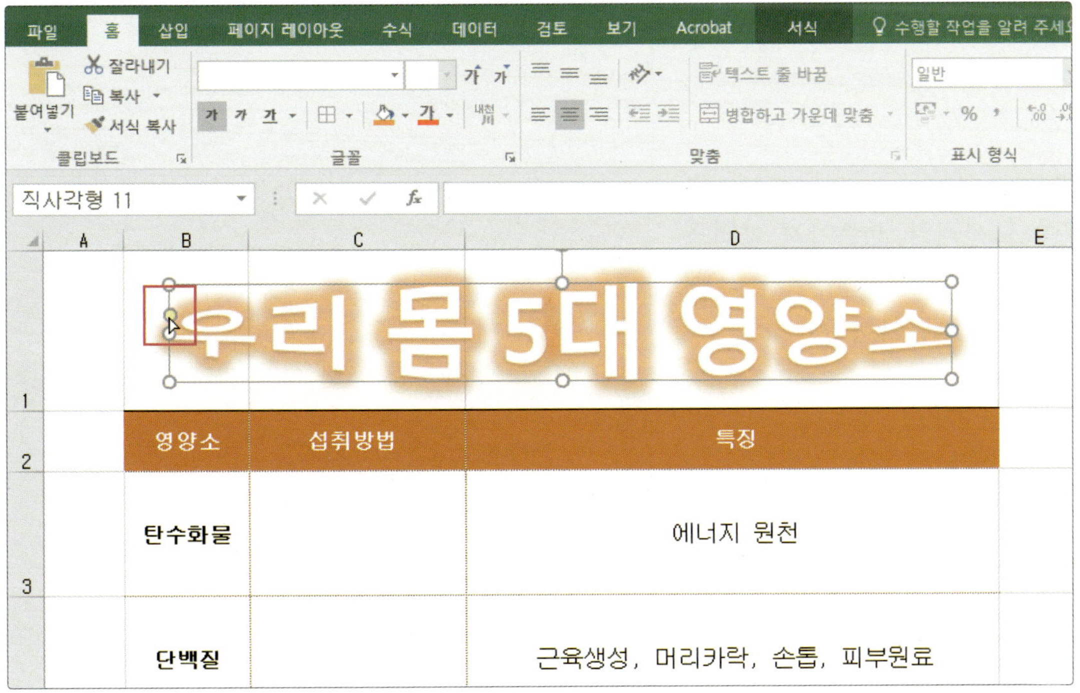

1 그림을 삽입하기 위해 ❶ [C3] 셀에 클릭한 후 ❷ [삽입] 탭의 [일러스트레이션] 그룹에서 ❸ '그림'을 클릭합니다.

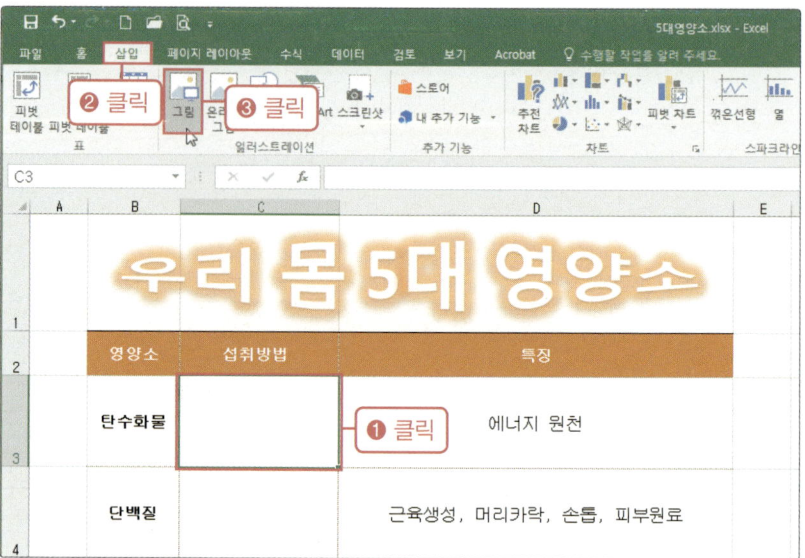

2 [그림 삽입] 대화상자가 나타나면 ❶ **관련 그림을 선택**한 후 ❷ [삽입]을 클릭합니다.

참고하세요

무료 이미지 사이트 'pixabay.com'에서 다운로드 받을 수 있습니다.

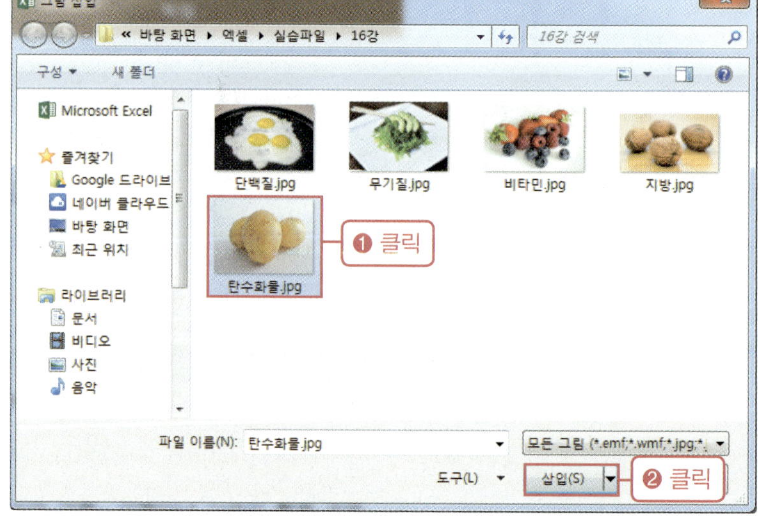

3 셀의 왼쪽 모서리가 맞추어져 삽입됩니다. 오른쪽 하단의 조절점을 드래그하여 크기를 조절합니다.

 **4** 나머지 그림도 삽입하여 워크시트를 완성합니다.

참고하세요 

온라인 그림 삽입하기

인터넷에 연결되어 있다면 엑셀에서 바로 온라인의
그림을 삽입할 수 있습니다. [삽입] 탭의 [일러스트레
이션] 그룹의 [온라인 그림]을 클릭합니다.

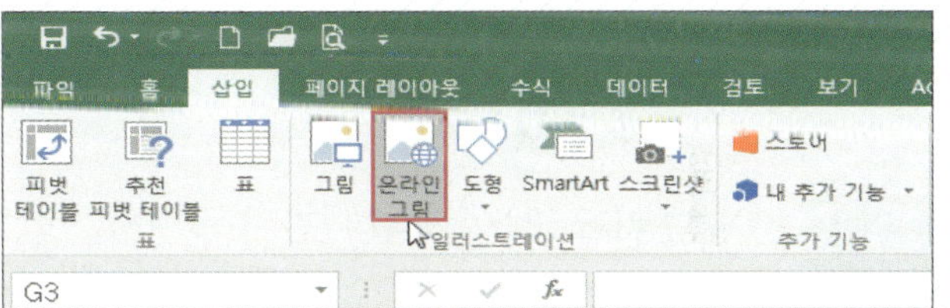

[그림 삽입] 대화상자의 검색란에 '검색어 : 과일'을 입력한 후 **Enter** 를 누릅니다. 그림을 선택한 후 [삽입]
을 클릭합니다.

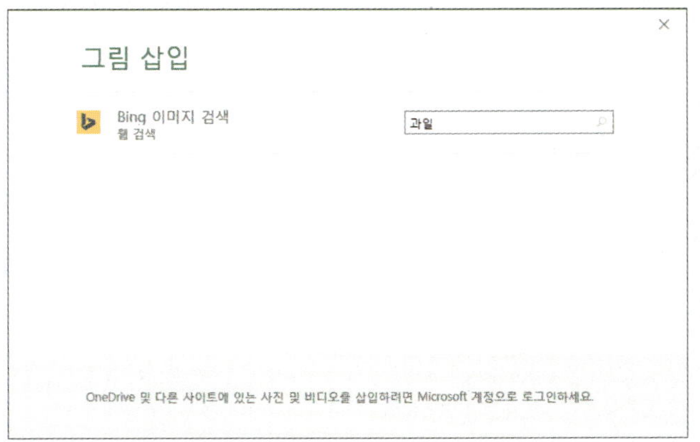

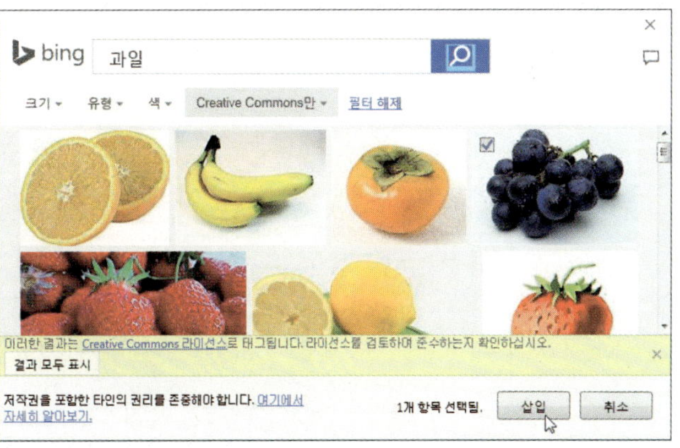

"혼자 풀어 보세요"

1 'WordArt'를 삽입하고, 조건에 맞게 설정하세요.

[조건] • 무늬 채우기 – 파랑, 강조 1, 50%, 진한 그림자 – 강조 1
· 텍스트 효과 – 변환 : '위쪽 원호'

2 그림을 삽입하고, 조건에 맞게 설정하세요.

[조건] • 그림스타일 설정 – 단순형 프레임 흰색, 반사형 모서리가 둥근 직사각형

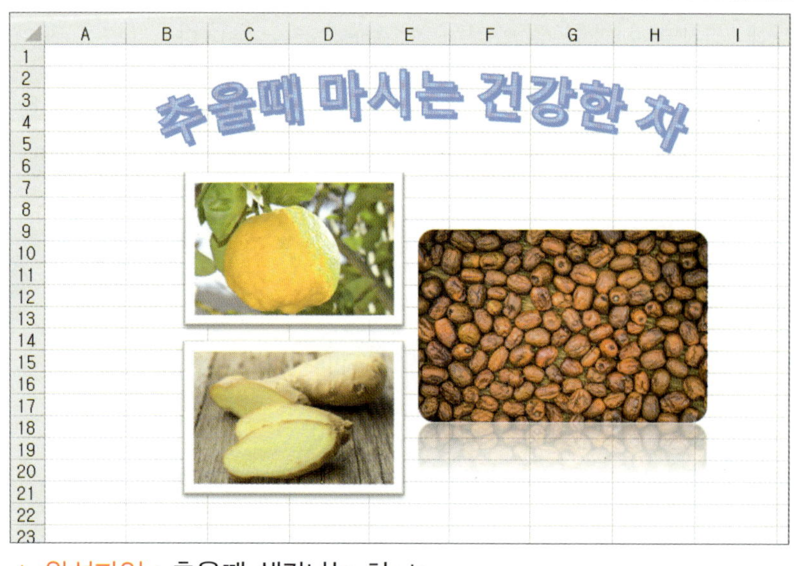

Hint
· '그림'을 선택한 후 [그림 도구]–[서식] 탭의 [그림 스타일] 그룹

▲ 완성파일 : 추울때 생각나는 차.xlsx

3 'WordArt'를 삽입하고, 조건에 맞게 설정하세요.

[조건] • 무늬 채우기 – 회색–50%, 강조 3, 좁은 가로선, 안쪽 그림자
      • 텍스트 효과 – 변환 : '아래쪽 수축'

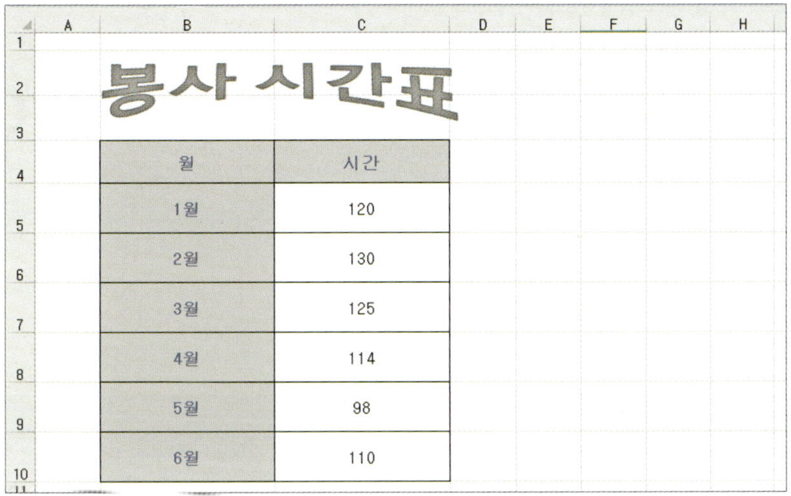

4 온라인 그림을 삽입하고, 조건에 맞게 설정하세요.

[조건] • 그림 검색어 – '봉사'(임의로 삽입하세요)
      • 그림 스타일 설정 – '부드러운 가장자리 직사각형'

▲ 완성파일 : 봉사시간표.xlsx

17 데이터 정렬하기

워크시트의 데이터를 특정한 조건을 기준으로 재배열할 수 있습니다. 오름차순 정렬, 내림차순 정렬, 사용자 정의 정렬, 색과 글꼴, 셀 색 등 다양한 정렬방법으로 데이터를 분석할 수 있습니다.

- 오름차순 / 내림차순 정렬에 대해 알아봅니다.
- 사용자 정의 정렬에 대해 알아봅니다.

배울 내용 미리보기

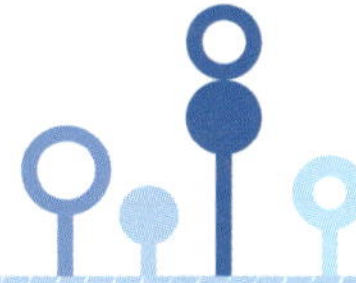

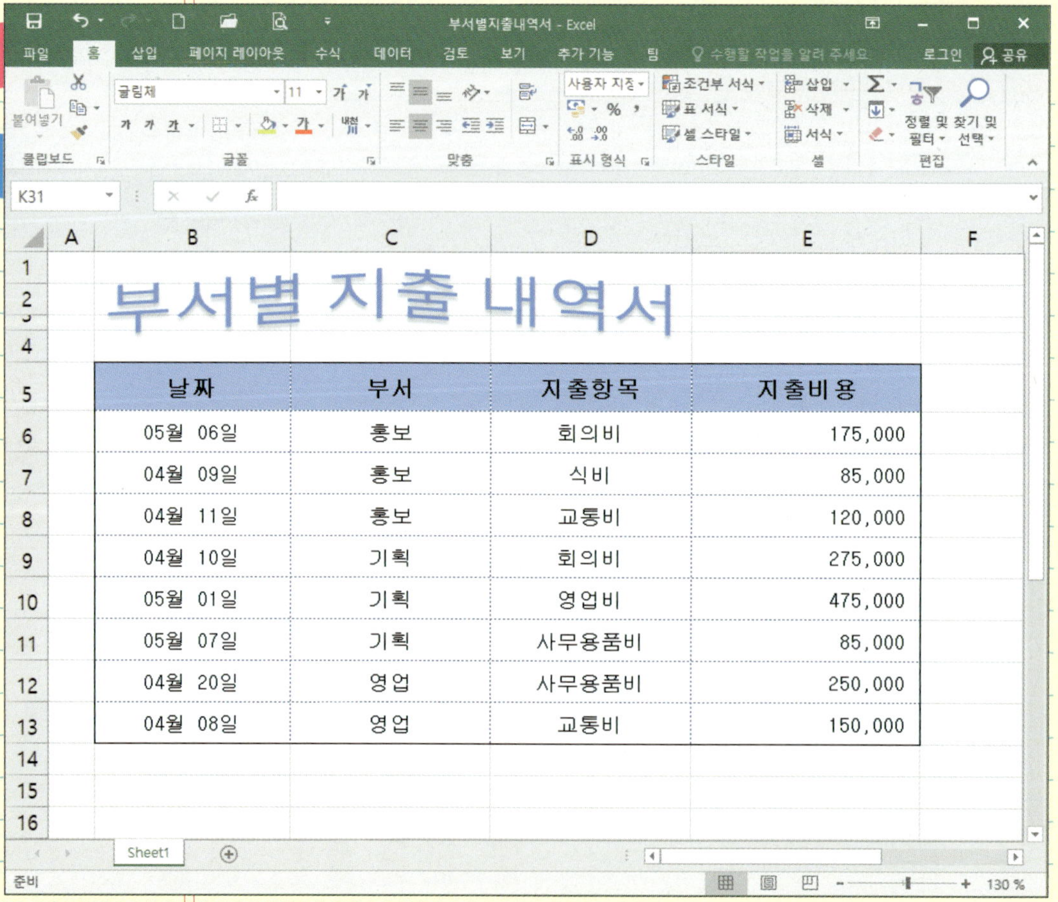

날짜	부서	지출항목	지출비용
05월 06일	홍보	회의비	175,000
04월 09일	홍보	식비	85,000
04월 11일	홍보	교통비	120,000
04월 10일	기획	회의비	275,000
05월 01일	기획	영업비	475,000
05월 07일	기획	사무용품비	85,000
04월 20일	영업	사무용품비	250,000
04월 08일	영업	교통비	150,000

▲ 파일명 : 부서별지출내역서.xlsx

01 오름차순 / 내림차순 정렬

1 다음 워크시트와 같이 작성하세요.

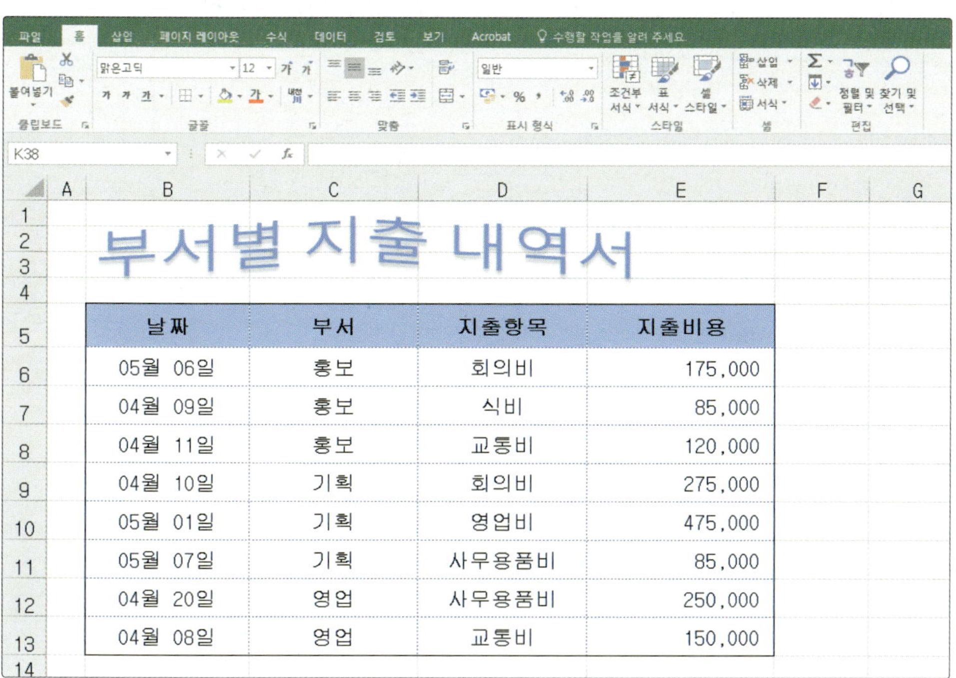

2 [부서(C6:C13)]를 가나다순으로 정렬하기 위해 ❶ **[부서(C5)] 셀**을 클릭한 후 ❷ **[데이터] 탭**의 **[정렬 및 필터] 그룹**에서 ❸ **'텍스트 오름차순 정렬'** 단추를 클릭합니다.

3 [지출비용(E5:E13)]을 비용이 많은 순으로 정렬하기 위해 ❶ [지출비용(E5)] 셀을 클릭한 후 ❷ [데이터] 탭의 [정렬 및 필터] 그룹에서 ❸ '텍스트 내림차순 정렬' 단추를 클릭합니다.

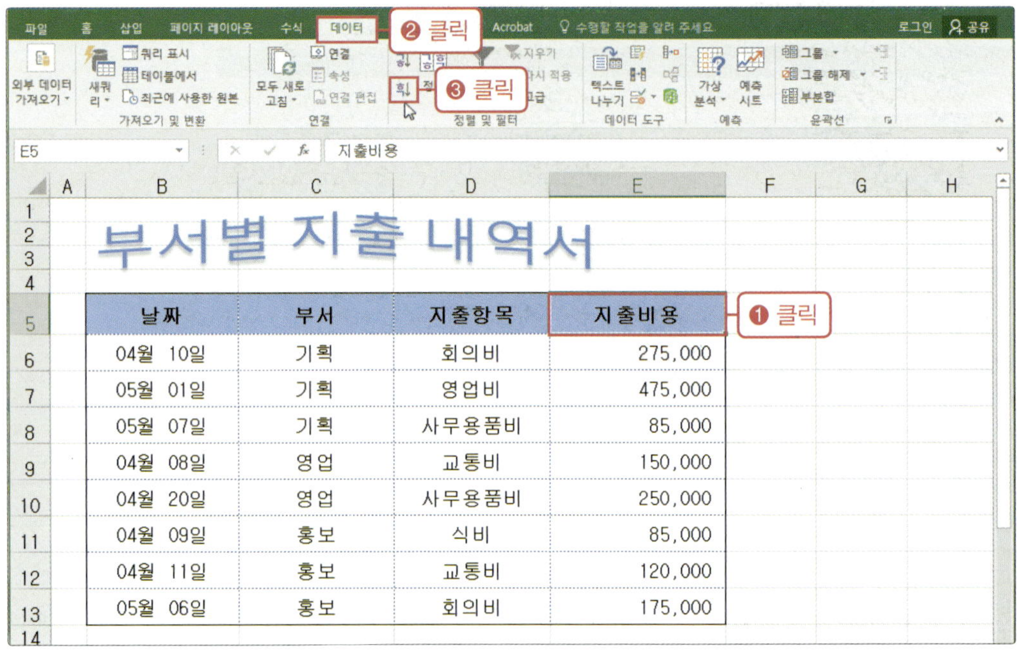

4 '지출비용'이 많은 순으로 정렬이 되었습니다. 이번에는 '부서'별로 '지출비용'이 높은 순으로 정렬을 하기 위해 ❶ **임의의 셀**을 클릭한 후 ❷ [데이터] 탭의 [정렬 및 필터] 그룹에서 ❸ '정렬'을 클릭합니다.

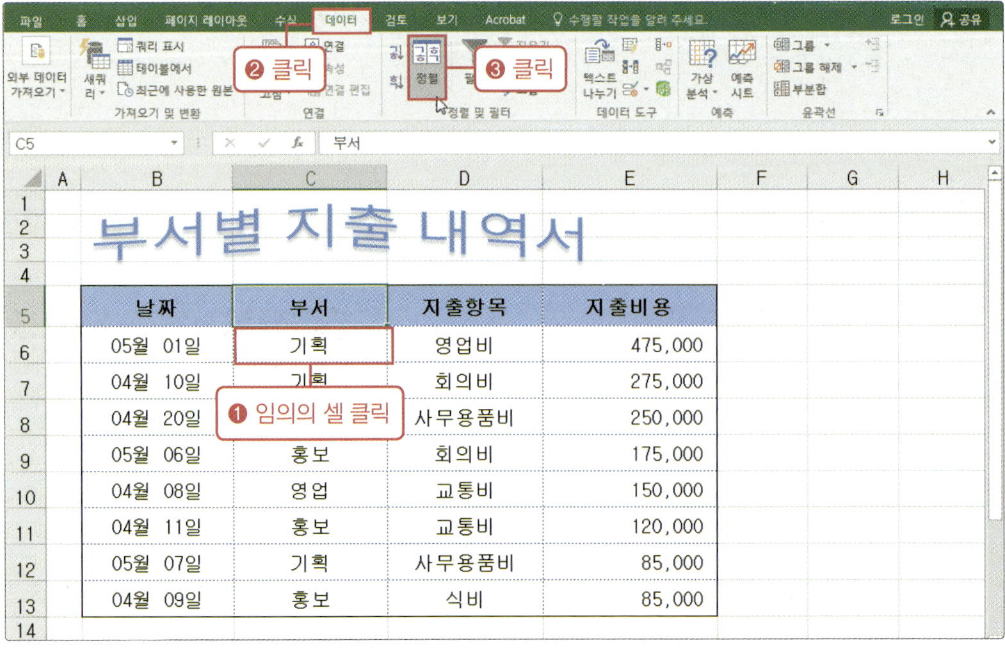

첫 번째 '정렬 기준'은 ❶ '**부서**'를 선택하고, '정렬'은 ❷ '**오름차순**'을 선택합니다.

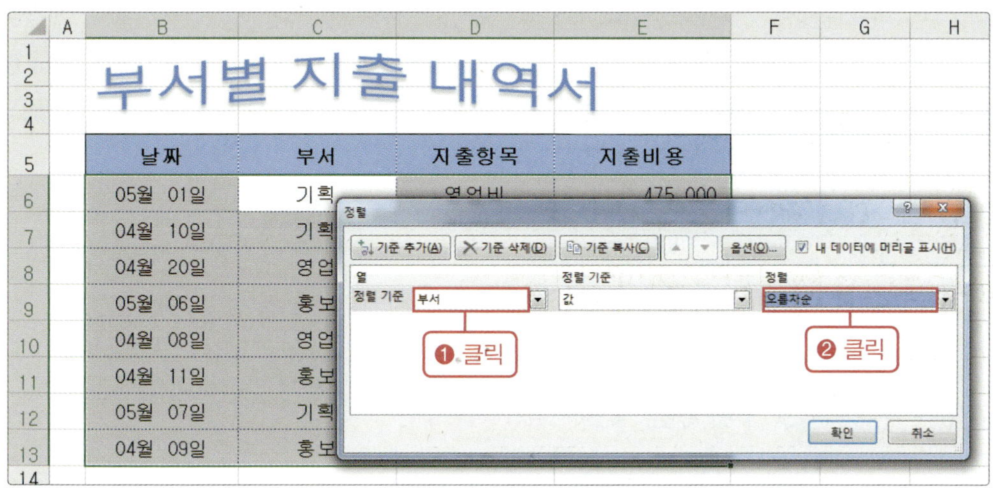

두 번째 정렬기준을 추가하기 위해 ❶ '**기준 추가**' 단추를 클릭하여 정렬 조건을 추가한 후 ❷ '**다음 기준 : 지출항목**'으로 선택하고 ❸ '**정렬 : 내림차순**'을 선택한 후 ❹ [**확인**]을 클릭합니다.

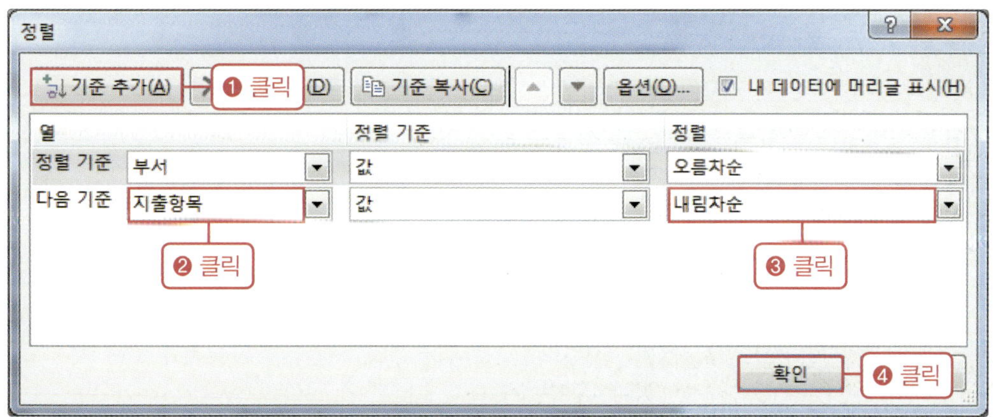

두 조건에 따라 부서별로 오름차순된 후 지출비용이 내림차순 정렬되었습니다.

날짜	부서	지출항목	지출비용
04월 10일	기획	회의비	275,000
05월 01일	기획	영업비	475,000
05월 07일	기획	사무용품비	85,000
04월 20일	영업	사무용품비	250,000
04월 08일	영업	교통비	150,000
05월 06일	홍보	회의비	175,000
04월 09일	홍보	식비	85,000
04월 11일	홍보	교통비	120,000

1 사용자가 원하는 순서대로 정렬을 할 수 있습니다. ❶ 데이터가 있는 **임의의 셀**을 클릭한 후 ❷ **[데이터] 탭**의 **[정렬 및 필터] 그룹**에서 ❸ **'정렬'**을 클릭합니다. [정렬] 대화상자가 열리면 ❹ **두 번째 기준**을 선택한 후 ❺ **'기준 삭제'**를 클릭합니다.

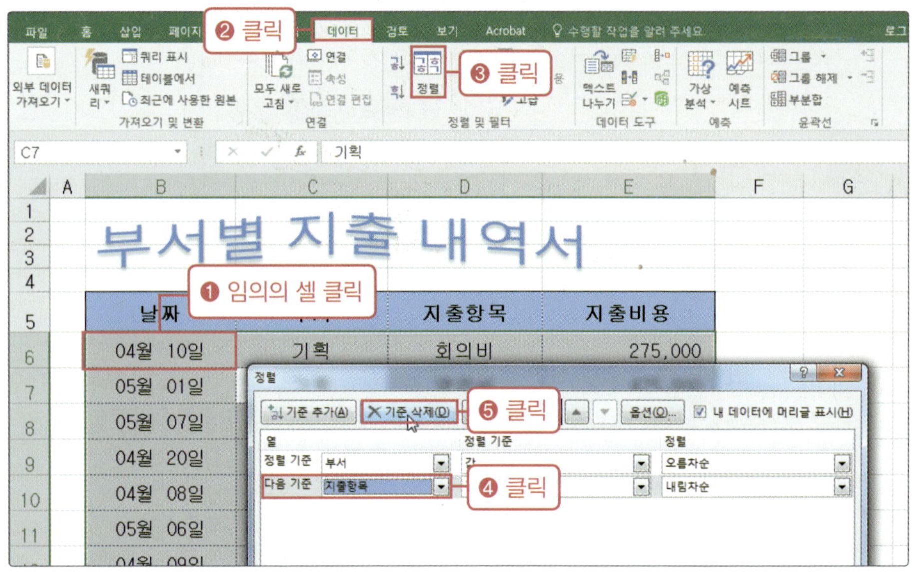

2 첫 번째 기준인 '부서'를 그대로 둔 채 정렬 기준을 **'사용자 지정 목록'**으로 선택합니다.

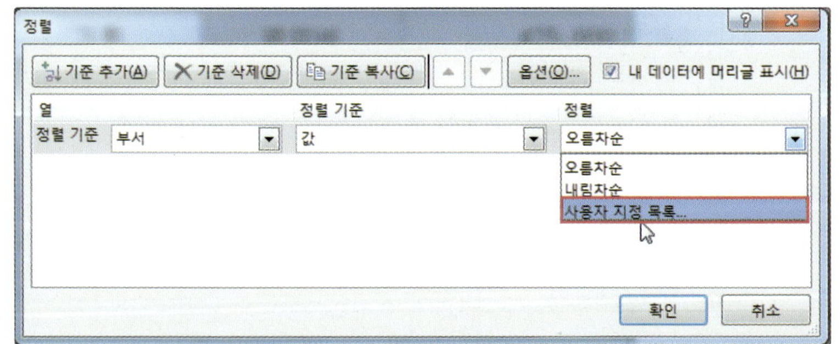

3 [사용자 지정 목록] 대화상자에서 ❶ '목록 항목'에 **"홍보, 기획, 영업"** 순으로 입력합니다. ❷ **[추가]**를 누른 후 ❸ **[확인]**을 클릭합니다.

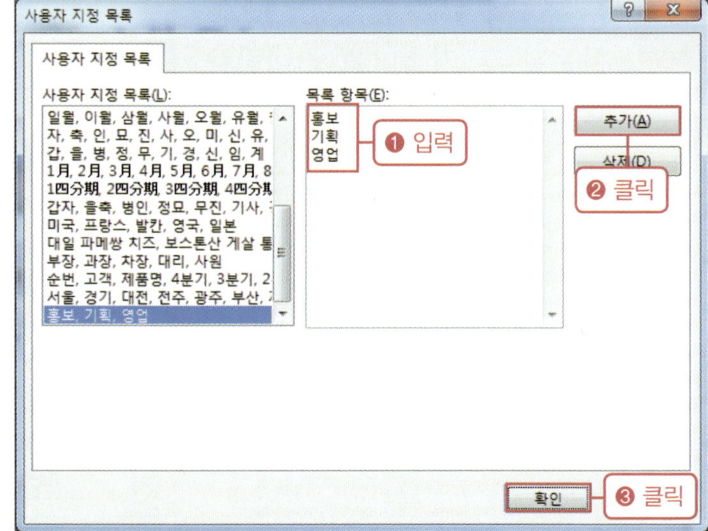

4 다시 [정렬] 대화상자로 돌아오면 ❶ **[확인]**을 클릭하여 대화상자를 닫습니다.

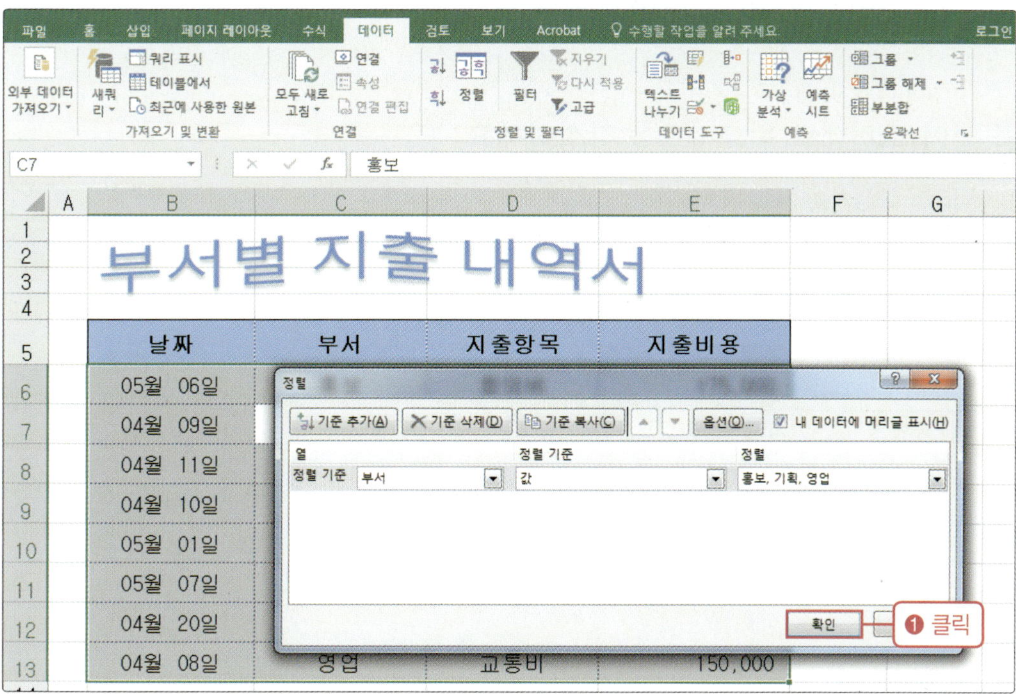

5 사용자 정의 목록에 추가한 순서대로 정렬이 완료되었습니다.

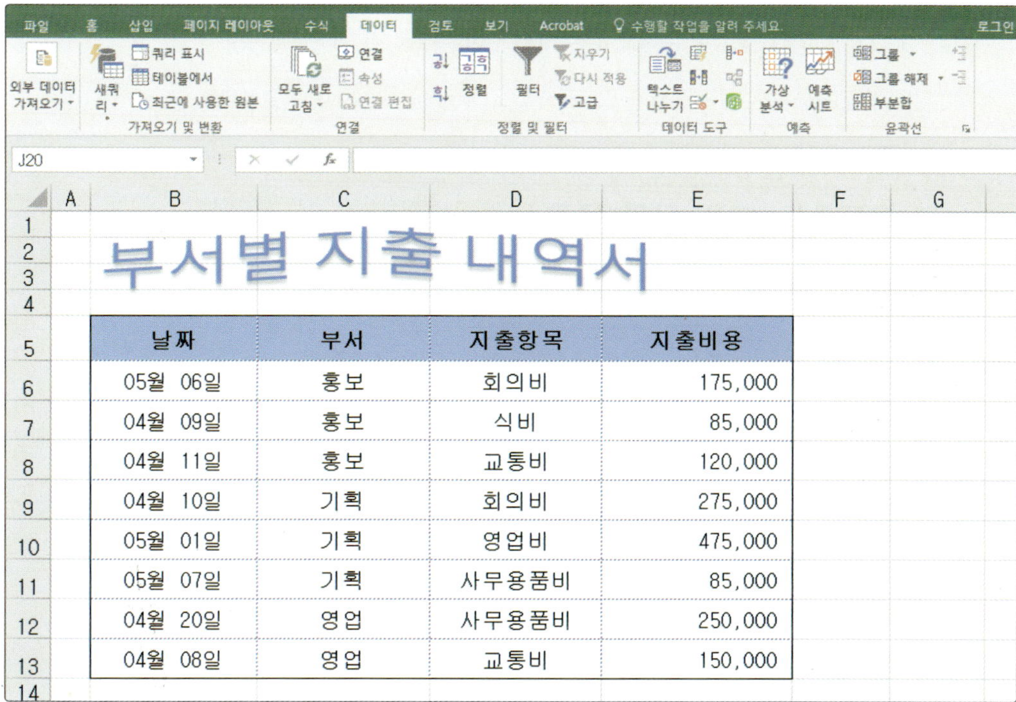

"혼자 풀어 보세요"

1 다음과 같이 조건대로 워크시트를 작성하세요.

[조건] • '목록'을 '오름차순' 정렬하세요.
 • '수량'을 '내림차순' 정렬하세요.

	A	B	C	D	E	F
1		아두이노 부품 구입 목록				
2						
3		목록	구입담당자	수량		
4		브레드보드	박민수	32		
5		광센서	홍수진	17		
6		초음파센서	조정민	31		
7		인체감지 센서	박민수	35		
8		온도센서	홍수진	38		
9		조이스틱 모듈	박민수	54		
10		모터드라이버	홍수진	25		
11		우노R3보드	조정민	14		
12						

2 1번 문제에 이어 다음과 같이 조건대로 워크시트를 작성하세요.

[조건] • '구입담당자'를 '오름차순' 정렬한 후 '구입담당자'별로 '수량'을 '내림차순' 정렬하세요.

	A	B	C	D	E
1		아두이노 부품 구입 목록			
2					
3		목록	구입담당자	수량	
4		조이스틱 모듈	박민수	54	
5		인체감지 센서	박민수	35	
6		브레드보드	박민수	32	
7		초음파센서	조정민	31	
8		우노R3보드	조정민	14	
9		온도센서	홍수진	38	
10		모터드라이버	홍수진	25	
11		광센서	홍수진	17	
12					

▲ 완성파일 : 부품구입목록.xlsx

3 다음과 같이 조건대로 워크시트를 작성하세요.

[조건] • '지역별' 필드를 글자색(초록, 파랑, 빨강) 순으로 정렬하세요.

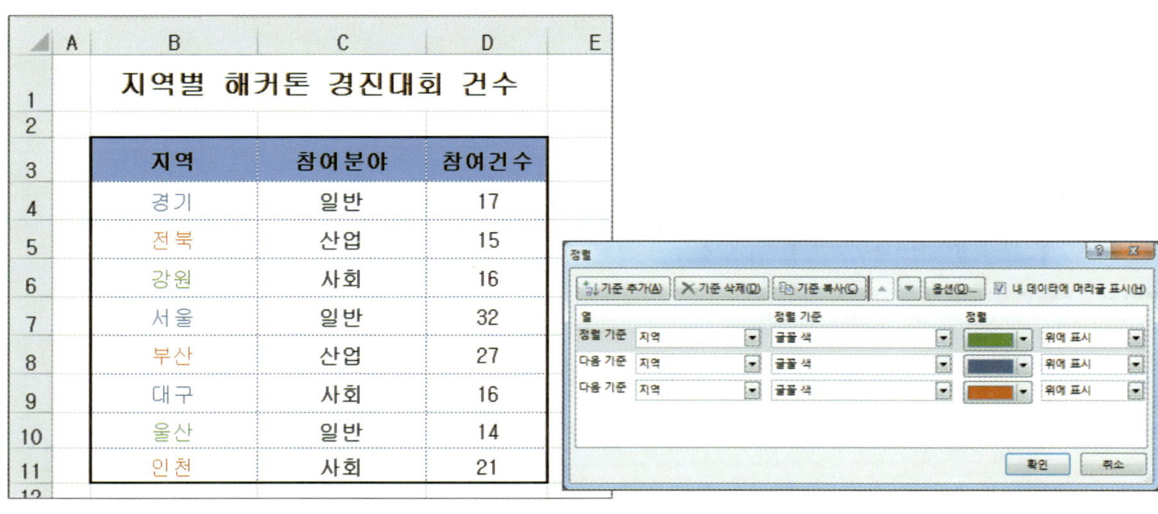

4 3번 문제에 이어 다음과 같이 조건대로 워크시트를 작성하세요.

[조건] • '참여분야' 필드를 사용자 정의 정렬(산업, 일반, 사회) 순으로 정렬하세요.

지역	참여분야	참여건수
전북	산업	15
부산	산업	27
울산	일반	14
경기	일반	17
서울	일반	32
강원	사회	16
대구	사회	16
인천	사회	21

▲ 완성파일 : 해커톤 경진대회 건수.xlsx

18 부분합으로 그룹계산하기

그룹별 항목으로 합계, 평균, 최댓값, 최솟값, 개수 등의 계산식을 넣어 데이터 수식 분석을 할 수 있습니다. 또한 데이터 윤곽 기호를 이용해 그룹별 요약 보고서를 만들 수 있습니다.

➡➡ 부분합 구하는 방법을 알아봅니다.

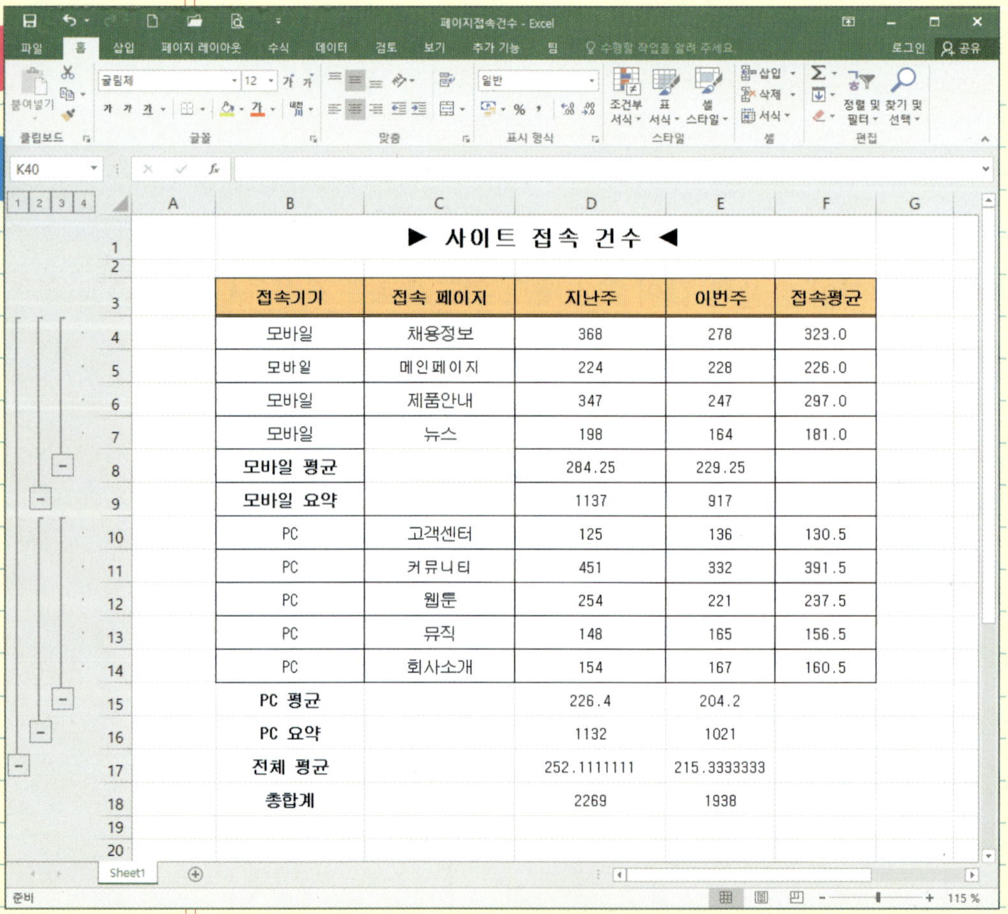

▶ 사이트 접속 건수 ◀

접속기기	접속 페이지	지난주	이번주	접속평균
모바일	채용정보	368	278	323.0
모바일	메인페이지	224	228	226.0
모바일	제품안내	347	247	297.0
모바일	뉴스	198	164	181.0
모바일 평균		284.25	229.25	
모바일 요약		1137	917	
PC	고객센터	125	136	130.5
PC	커뮤니티	451	332	391.5
PC	웹툰	254	221	237.5
PC	뮤직	148	165	156.5
PC	회사소개	154	167	160.5
PC 평균		226.4	204.2	
PC 요약		1132	1021	
전체 평균		252.1111111	215.3333333	
총합계		2269	1938	

▲ 파일명 : 페이지접속건수.xlsx

01 부분합 구하기

1 다음 워크시트와 같이 작성하세요.

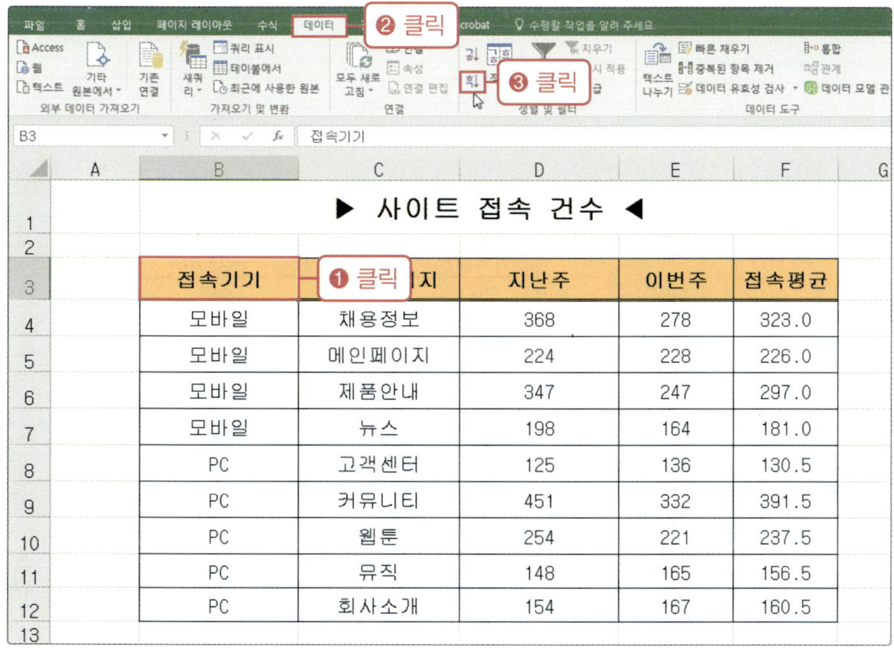

제목 글꼴과 내용 글꼴은 굴림체, AVERAGE 함수를 이용하여 평균값을 구하고, 소수점 자리를 한 자리로 조절하세요.

2 부분합은 그룹별로 계산을 하는 것이므로 반드시 정렬을 먼저 해서 그룹별로 묶어야 합니다. '접속기기'별로 '모바일-PC'순으로 계산을 하기 위해 ❶ **[접속기기(B3)] 셀**을 클릭한 후 ❷ **[데이터] 탭**의 **[정렬 및 필터] 그룹**에서 ❸ **'텍스트 내림차순 정렬'**을 클릭합니다.

3 ❶ 데이터가 있는 **임의의 셀**을 클릭한 후 ❷ **[데이터] 탭**의 **[윤곽선] 그룹**에서 ❸ '**부분합**'을 클릭합니다.

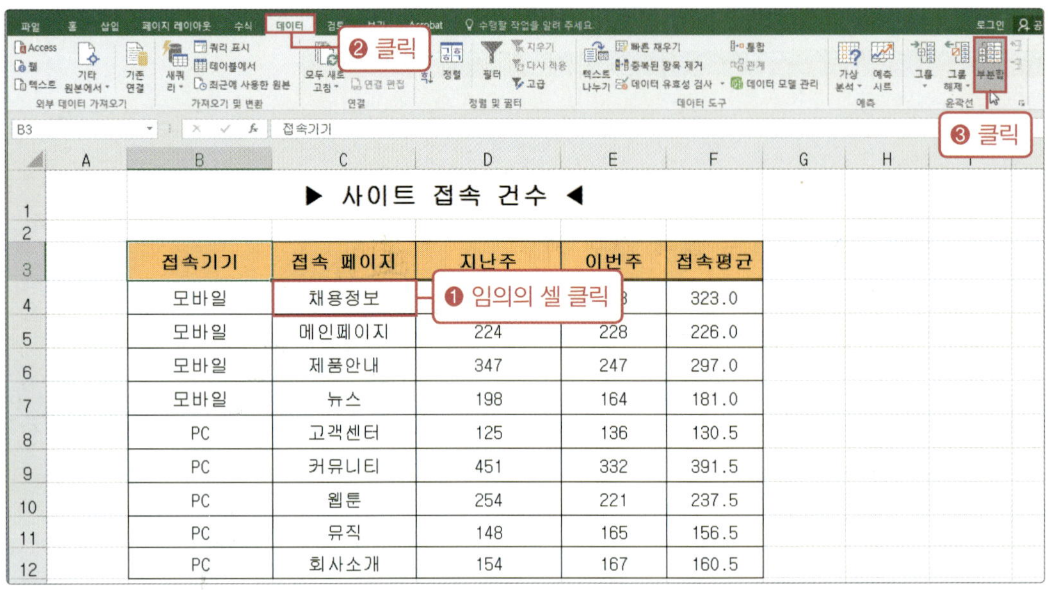

4 [부분합] 대화상자에서 ❶ '그룹화할 항목'은 **접속기기**를 선택하고, '사용할 함수'는 **합계**, '부부합 계산 항목'은 **지난주**와 **이번주**에 체크한 후 ❷ **[확인]**을 클릭합니다.

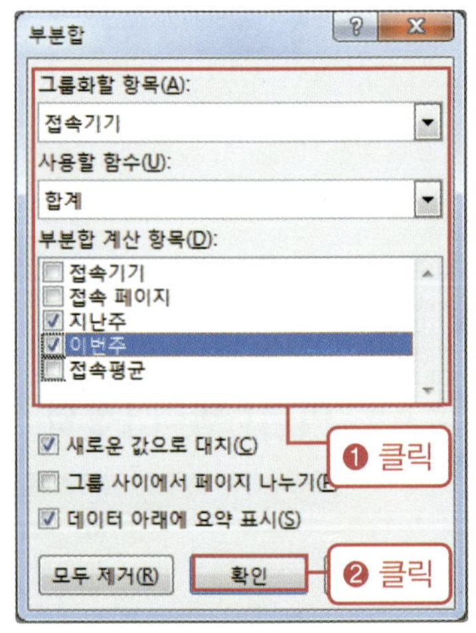

5 '접속기기' 별로 부분합이 완성되었습니다.

	접속기기	접속 페이지	지난주	이번주	접속평균
			▶ 사이트 접속 건수 ◀		
3	접속기기	접속 페이지	지난주	이번주	접속평균
4	모바일	채용정보	368	278	323.0
5	모바일	메인페이지	224	228	226.0
6	모바일	제품안내	347	247	297.0
7	모바일	뉴스	198	164	181.0
8	모바일 요약		1137	917	
9	PC	고객센터	125	136	130.5
10	PC	커뮤니티	451	332	391.5
11	PC	웹툰	254	221	237.5
12	PC	뮤직	148	165	156.5
13	PC	회사소개	154	167	160.5
14	PC 요약		1132	1021	
15	총합계		2269	1938	

6 부분합에서 추가로 평균을 구하기 위해 데이터가 있는 ❶ **임의의 셀**을 클릭한 후 ❷ **[데이터] 탭**의 **[윤곽선] 그룹**에서 ❸ **'부분합'**을 클릭합니다. [부분합] 대화상자에서 ❹ '사용할 함수'는 **'평균'**을 선택합니다. '합계'와 '평균'이 함께 표시되게 하려면 ❺ '새로운 값으로 대치'의 체크를 해제한 후 ❻ **[확인]**을 클릭합니다.

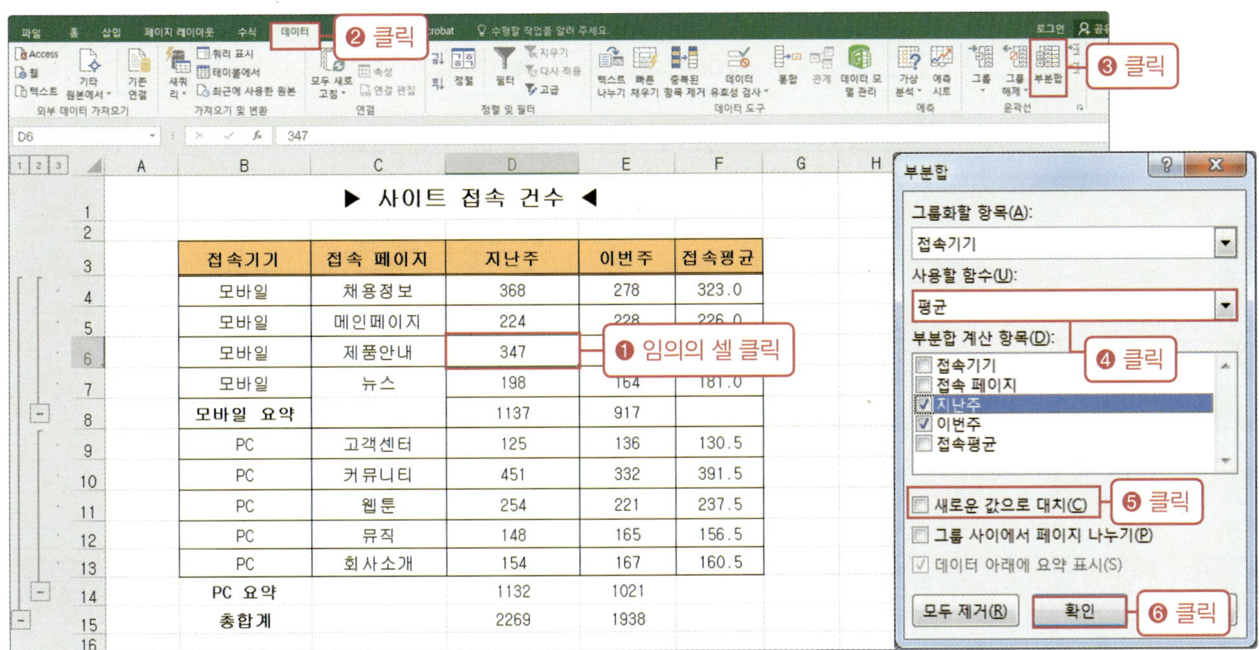

7 합계와 평균의 부분합이 완성되었습니다.

	접속기기	접속 페이지	지난주	이번주	접속평균
1		▶ 사이트 접속 건수 ◀			
2					
3	접속기기	접속 페이지	지난주	이번주	접속평균
4	모바일	채용정보	368	278	323.0
5	모바일	메인페이지	224	228	226.0
6	모바일	제품안내	347	247	297.0
7	모바일	뉴스	198	164	181.0
8	모바일 평균		284.25	229.25	
9	모바일 요약		1137	917	
10	PC	고객센터	125	136	130.5
11	PC	커뮤니티	451	332	391.5
12	PC	웹툰	254	221	237.5
13	PC	뮤직	148	165	156.5
14	PC	회사소개	154	167	160.5
15	PC 평균		226.4	204.2	
16	PC 요약		1132	1021	
17	전체 평균		252.1111111	215.333333	
18	총합계		2269	1938	

8 왼쪽 상단의 윤곽기호를 이용하여 값을 표시하거나 감출 수 있습니다.

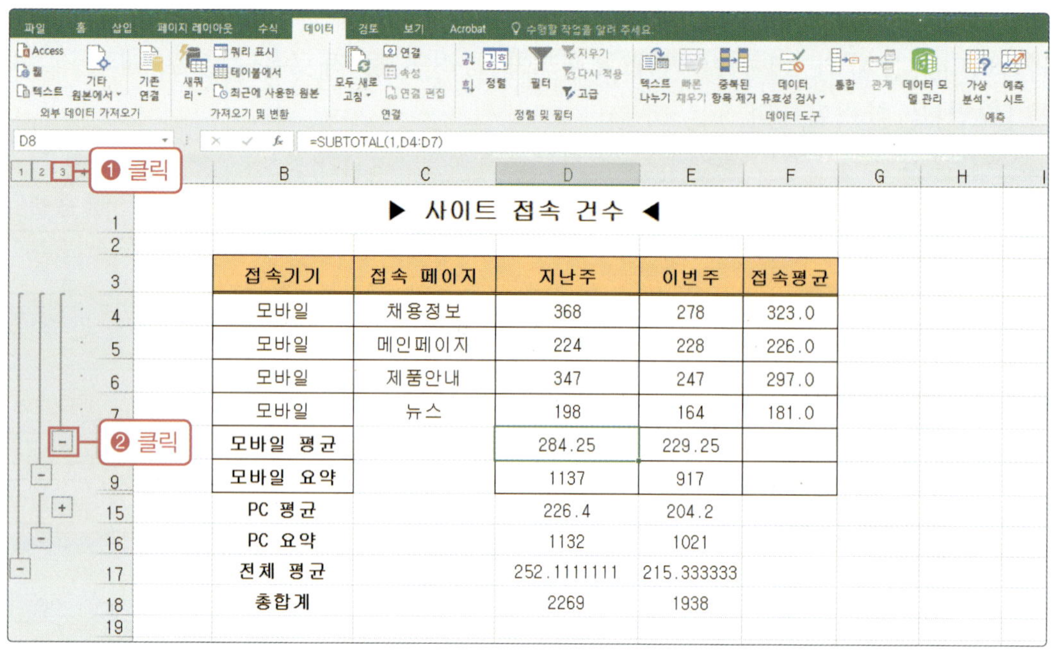

9 부분합을 제거하려면 [데이터] 탭의 [윤곽선] 그룹의 '부분합'을 클릭합니다. 부분합 대화상자에서 '모두 제거'를 클릭합니다.

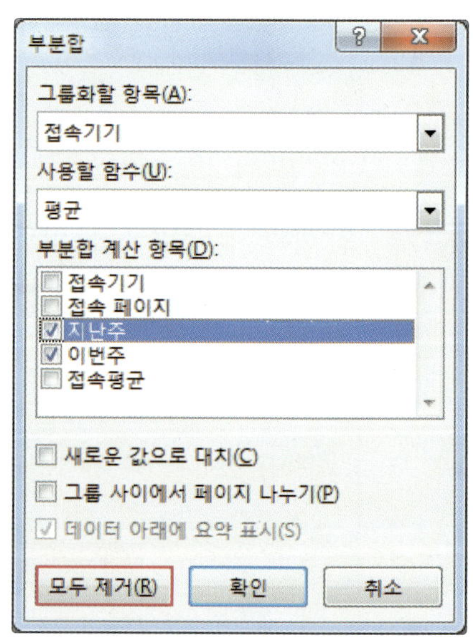

참고하세요

부분합 윤곽만 지우려면 [데이터] 탭의 [윤곽선] 그룹의 '그룹 해제'에서 '윤곽 지우기'를 클릭합니다.

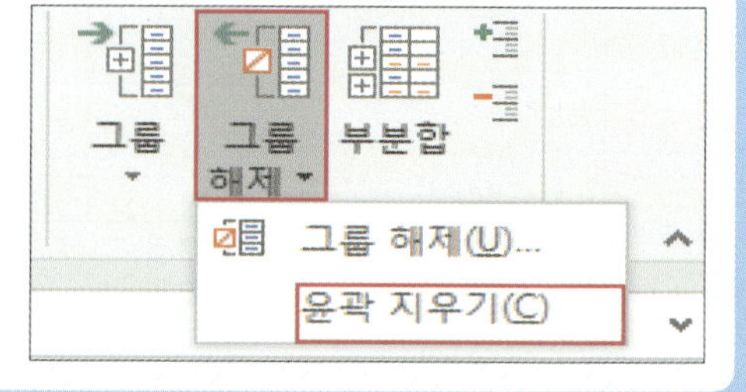

"혼자 풀어 보세요"

1 다음과 같이 워크시트를 작성하세요.

IT 특강 신청내역

신청기관	강좌명	수강인원	교육희망일
달님아동센터	LED는 내친구	22	05-15
소나무아동센터	가상현실	19	05-09
평화아동센터	증강과 홀로그램	23	07-08
일우아동센터	가상현실	15	05-10
동화아동센터	가상현실	25	06-01
백합아동센터	LED는 내친구	15	06-07
신나라아동센터	증강과 홀로그램	32	05-07
햇님아동센터	LED는 내친구	20	06-12

2 1번 문제에 이어 다음과 같이 조건대로 워크시트를 작성하세요.

IT 특강 신청내역

신청기관	강좌명	수강인원	교육희망일
달님아동센터	LED는 내친구	22	05-15
백합아동센터	LED는 내친구	15	06-07
햇님아동센터	LED는 내친구	20	06-12
	LED는 내친구 평균	19	
	LED는 내친구 최대값	22	
소나무아동센터	가상현실	19	05-09
일우아동센터	가상현실	15	05-10
동화아동센터	가상현실	25	06-01
	가상현실 평균	19.66666667	
	가상현실 최대값	25	
평화아동센터	증강과 홀로그램	23	07-08
신나라아동센터	증강과 홀로그램	32	05-07
	증강과 홀로그램 평균	27.5	
	증강과 홀로그램 최대값	32	
	전체 평균	21.375	
	전체 최대값	32	

[조건]

- '강좌명'을 '오름차순' 정렬하세요.
- '강좌명'별로 '수강인원'의 '최대값'과 '평균'을 구하세요.

▲ 완성파일 : IT 특강 신청내역.xlsx

19 자동 필터와 표 삽입

자동 필터는 워크시트에서 특정한 조건에 만족하는 데이터를 추출하여 데이터를 관리하고 분석할 수 있으며, 표 삽입 기능을 활용하여 필터 기능과 요약 기능으로 실시간 데이터를 분석할 수 있습니다.

- 문자 자동 필터링에 대해 알아봅니다.
- 숫자 자동 필터링에 대해 알아봅니다.

배울 내용 미리보기

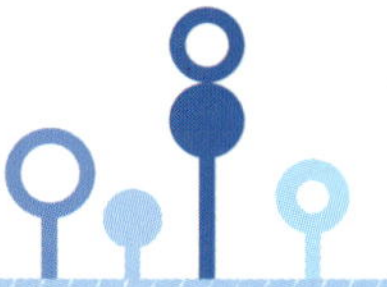

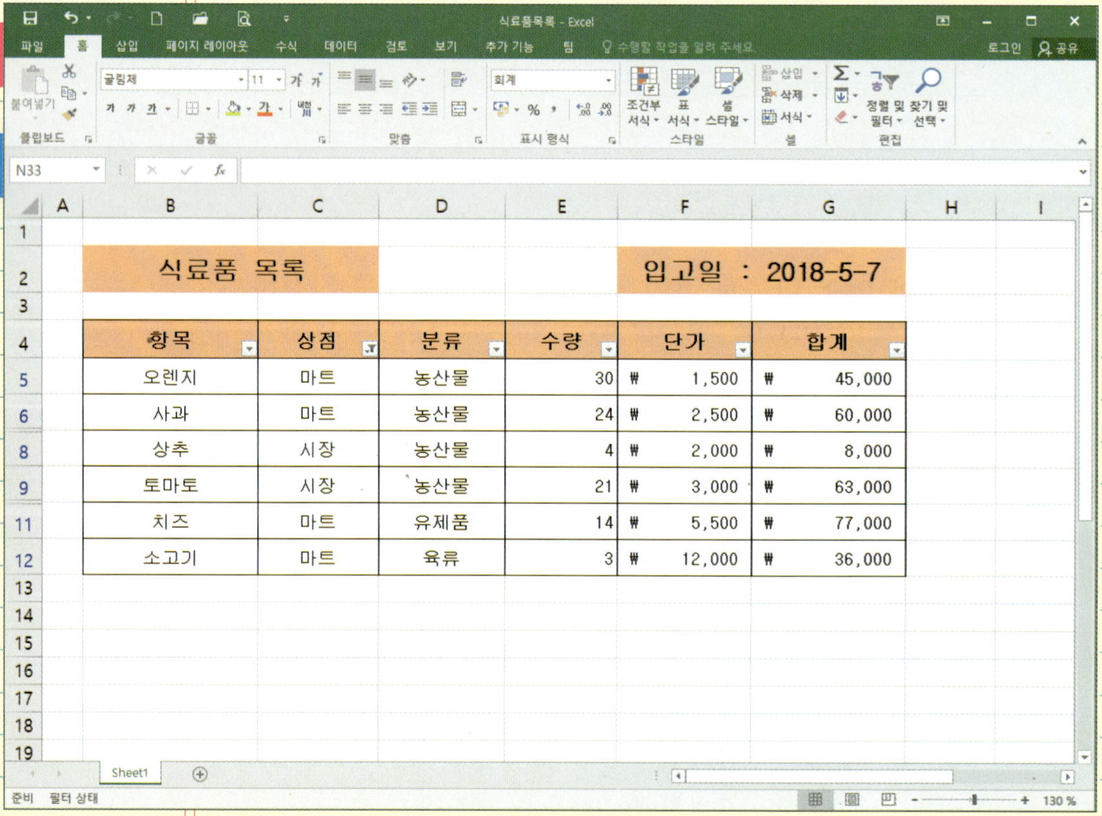

식료품목록 - Excel
식료품 목록
입고일 : 2018-5-7
항목 | 상점 | 분류 | 수량 | 단가 | 합계
오렌지 | 마트 | 농산물 | 30 | ₩ 1,500 | ₩ 45,000
사과 | 마트 | 농산물 | 24 | ₩ 2,500 | ₩ 60,000
상추 | 시장 | 농산물 | 4 | ₩ 2,000 | ₩ 8,000
토마토 | 시장 | 농산물 | 21 | ₩ 3,000 | ₩ 63,000
치즈 | 마트 | 유제품 | 14 | ₩ 5,500 | ₩ 77,000
소고기 | 마트 | 육류 | 3 | ₩ 12,000 | ₩ 36,000
Sheet1
준비 필터 상태

▲ 파일명 : 식료품목록.xlsx

01 문자 자동 필터링하기

1 다음 워크시트와 같이 작성하세요.

2 '상점' 별로 원하는 자료를 필터링하기 위해 ❶ **임의의 필드**를 클릭한 후 ❷ **[데이터] 탭**의 **[정렬 및 필터] 그룹**에서 ❸ **'필터'**를 클릭합니다.

❸ '상점' 필드에서 '마트'와 '시장' 데이터만 추출하기 위해 '상점' 필드의 ❶ **필터 목록 단추**를 클릭한 후 ❷ **'가정배달'** 항목의 체크를 해제하고 ❸ **[확인]**을 클릭합니다.

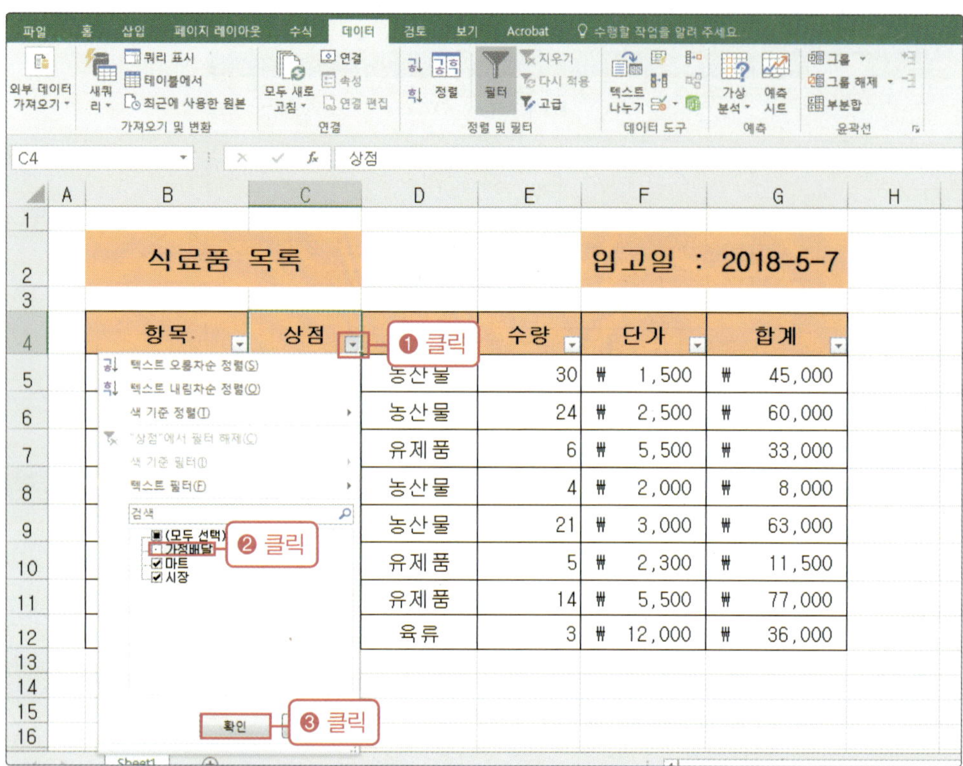

❹ '마트'와 '시장' 데이터만 추출되었으며, 왼쪽 하단에는 '8개 중 6개의 레코드가 있습니다.'라는 메시지가 표시됩니다.

항목	상점	분류	수량	단가	합계
오렌지	마트	농산물	30	₩ 1,500	₩ 45,000
사과	마트	농산물	24	₩ 2,500	₩ 60,000
상추	시장	농산물	4	₩ 2,000	₩ 8,000
토마토	시장	농산물	21	₩ 3,000	₩ 63,000
치즈	마트	유제품	14	₩ 5,500	₩ 77,000
소고기	마트	육류	3	₩ 12,000	₩ 36,000

02 숫자 필터링

1 숫자를 필터링할 수 있습니다. ❶ '수량' 필드의 **자동 필터 목록 단추**를 클릭한 후 ❷ **'숫자 필터'** 에서 ❸ **'크거나 같음'**을 선택합니다.

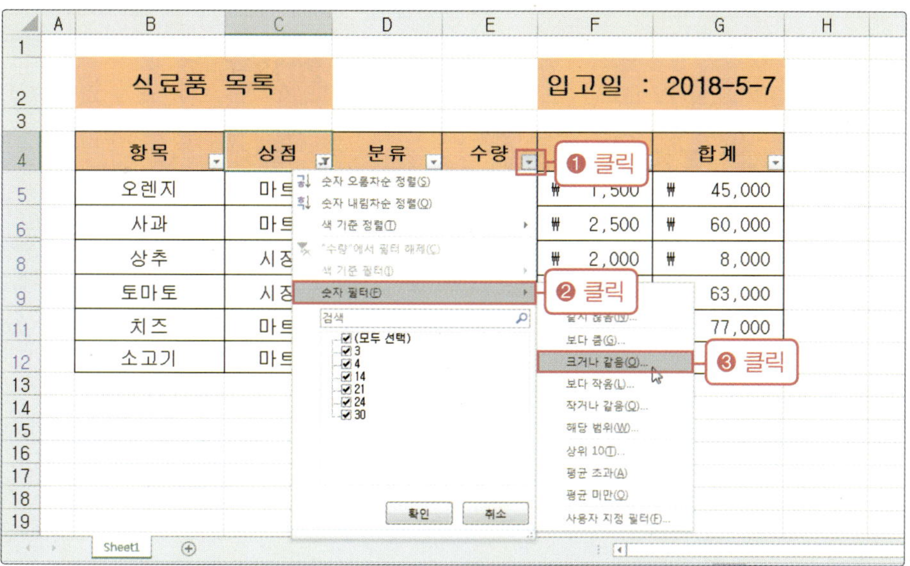

2 [사용자 지정 자동 필터] 대화상자에 서 '수량' 입력란에 ❶ "20"을 입력한 후 ❷ [확인]을 클릭합니다.

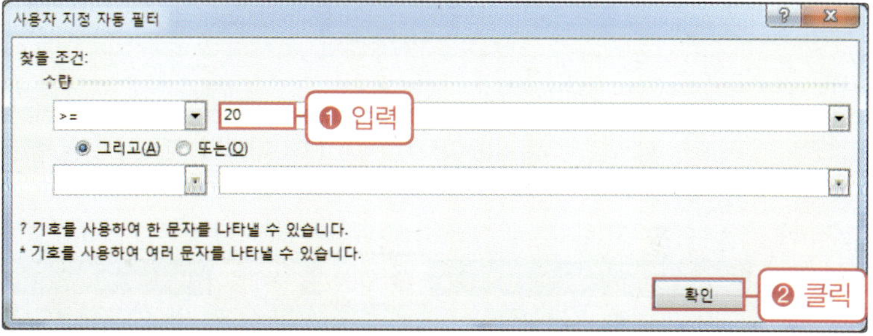

3 '마트'와 '시장'에서 '수량'이 '20'인 데이터가 추출되었습니다.

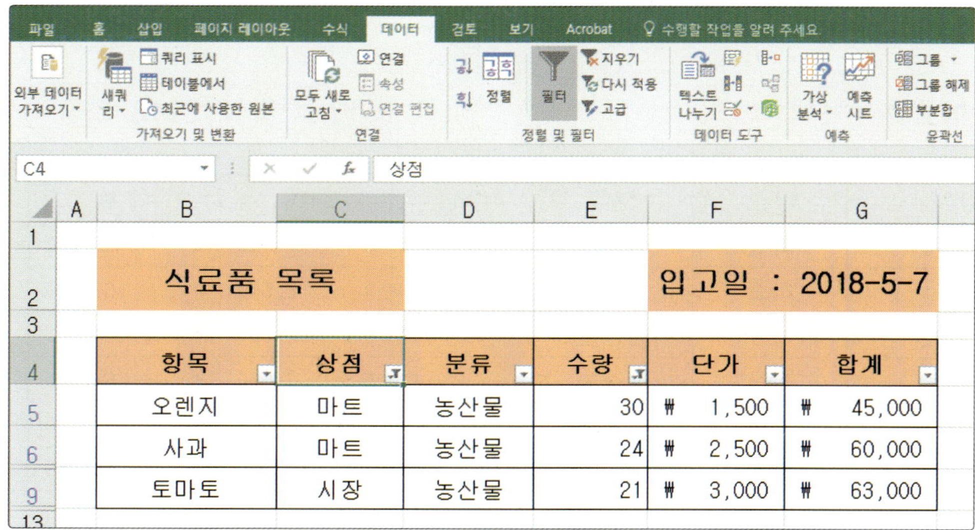

④ 원하는 필드의 필터만 해제할 수 있습니다. 필터링된 필드에는 깔때기 모양으로 표시됩니다. '수량' 필드를 해제하기 위해 ❶ '수량'의 **자동 필터 목록 단추**를 클릭합니다. ❷ **'"수량"에서 필터 해제'**를 클릭합니다.

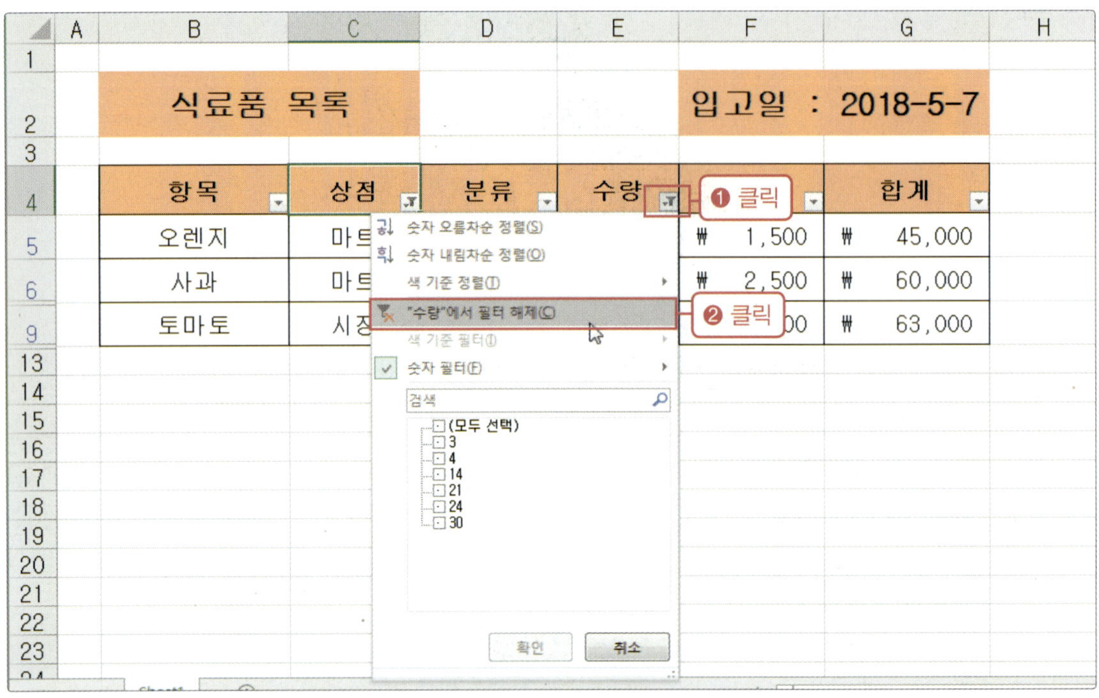

⑤ 필터 전체를 해제하려면 ❶ [데이터] 탭의 [정렬 및 필터] 그룹에서 ❷ '필터'를 클릭하여 해제합니다.

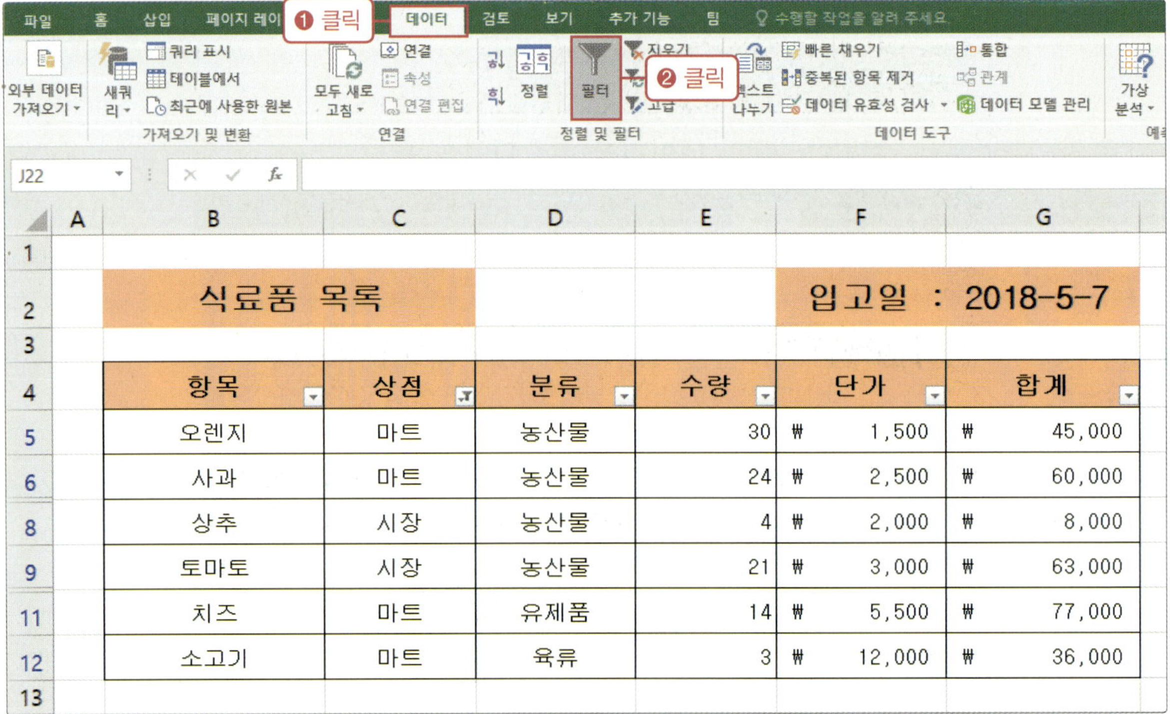

1 다음과 같이 조건대로 워크시트를 작성하세요.

자유학기제 신청 목록

과목	분야	모집인원	신청인원	교육시간 (주당)
코딩스쿨	과학	40	55	4
드럼교실	예술	25	20	2
앱인벤터	과학	30	25	4
창의미술	예술	30	32	2
종이접기	예술	20	15	2
과학교실	과학	25	23	4
중국어	어학	40	41	2
드로잉	예술	30	24	2

결과

2

자유학기제 신청 목록

과목	분야	모집인원	신청인원	교육시간 (주당)
드럼교실	예술	25	20	2
종이접기	예술	20	15	2
드로잉	예술	30	24	2

▲ 완성파일 : 자유학기제 신청목록.xlsx

20 피벗테이블로 데이터 분석하기

피벗테이블은 대량의 데이터를 요약하고 분석하는 기능입니다. 데이터의 행과 열을 기준으로 값을 요약하고, 필터링으로 데이터를 관리할 수 있습니다. 사용자가 원하는 대로 표를 만들 수 있어 대화형 테이블이라고도 합니다.

➡➡ 피벗테이블을 삽입하는 방법을 알아봅니다.

텃밭작물출하량.xlsx - Excel

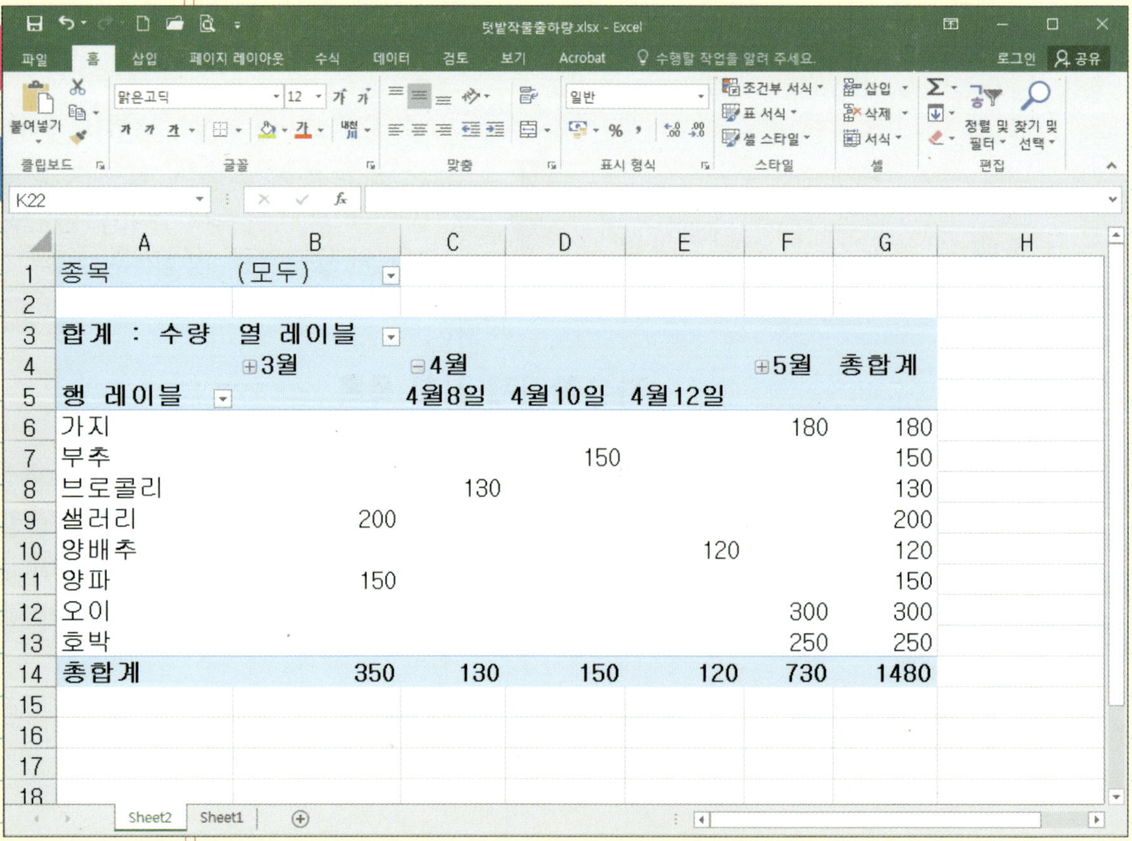

종목	(모두)					
합계 : 수량	열 레이블					
	⊞3월	⊟4월			⊞5월	총합계
행 레이블		4월8일	4월10일	4월12일		
가지					180	180
부추			150			150
브로콜리		130				130
샐러리	200					200
양배추				120		120
양파	150					150
오이					300	300
호박					250	250
총합계	350	130	150	120	730	1480

▲ 파일명 : 텃밭작물출하량.xlsx

01 피벗테이블 삽입하기

1 다음 워크시트와 같이 작성하세요.

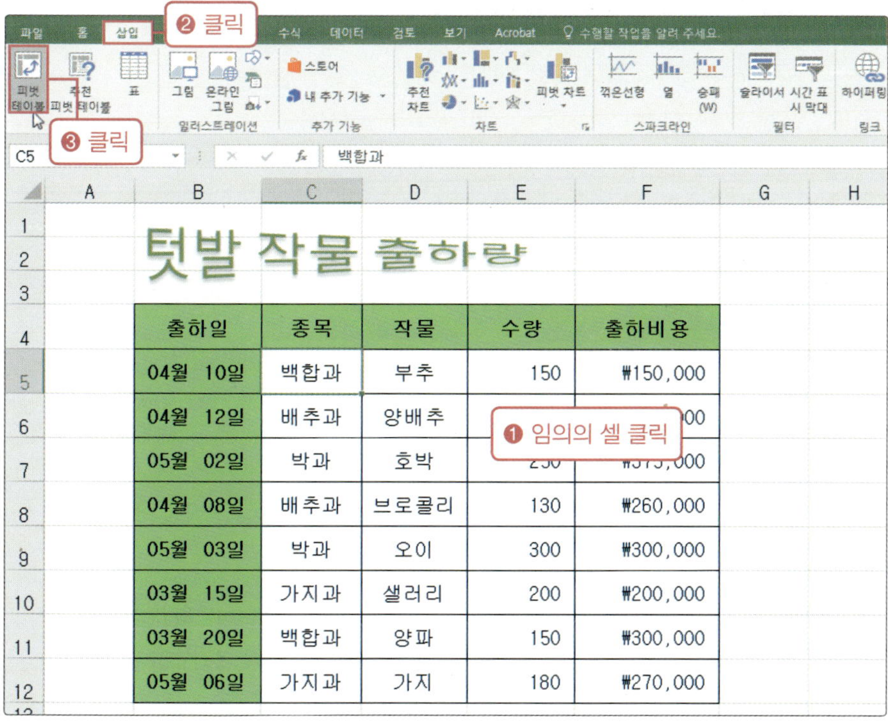

2 ❶ 표 안에 임의의 셀을 클릭한 후 ❷ [삽입]탭의 [표] 그룹에서 ❸ '피벗테이블'을 클릭합니다.

③ [피벗 테이블 만들기] 대화상자의 '표/범위' 데이터의 범위가 맞는지 확인하고 ❶ **[확인]**을 클릭합니다.

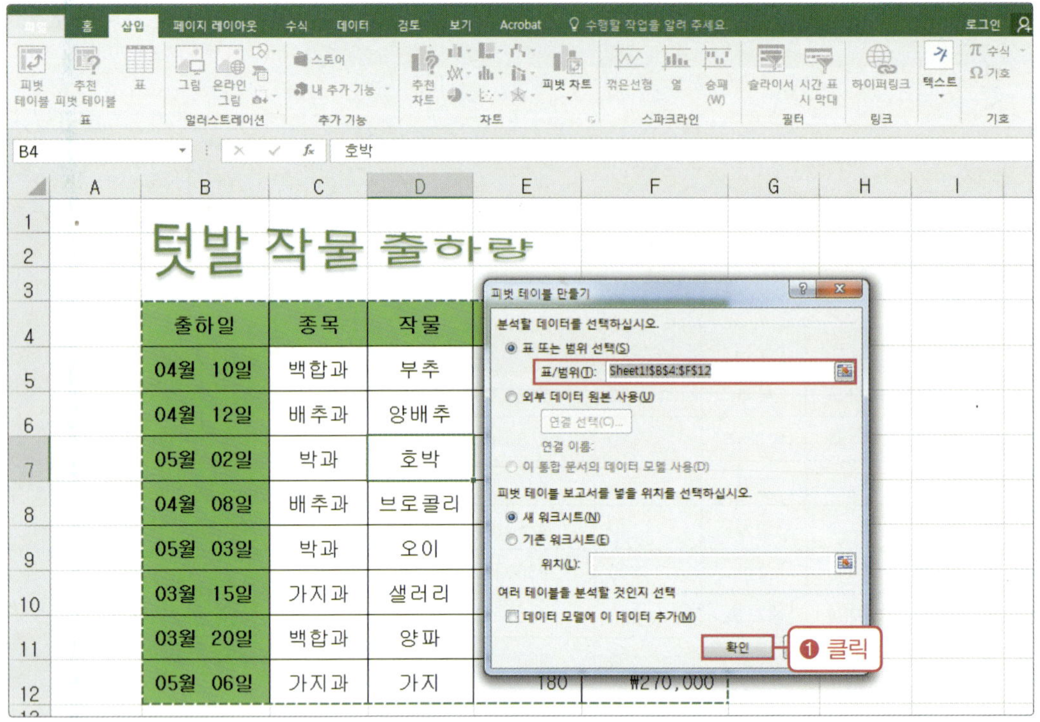

④ 새 워크시트에 피벗테이블이 생성되며 오른쪽에 '피벗 테이블 필드' 창이 표시됩니다.

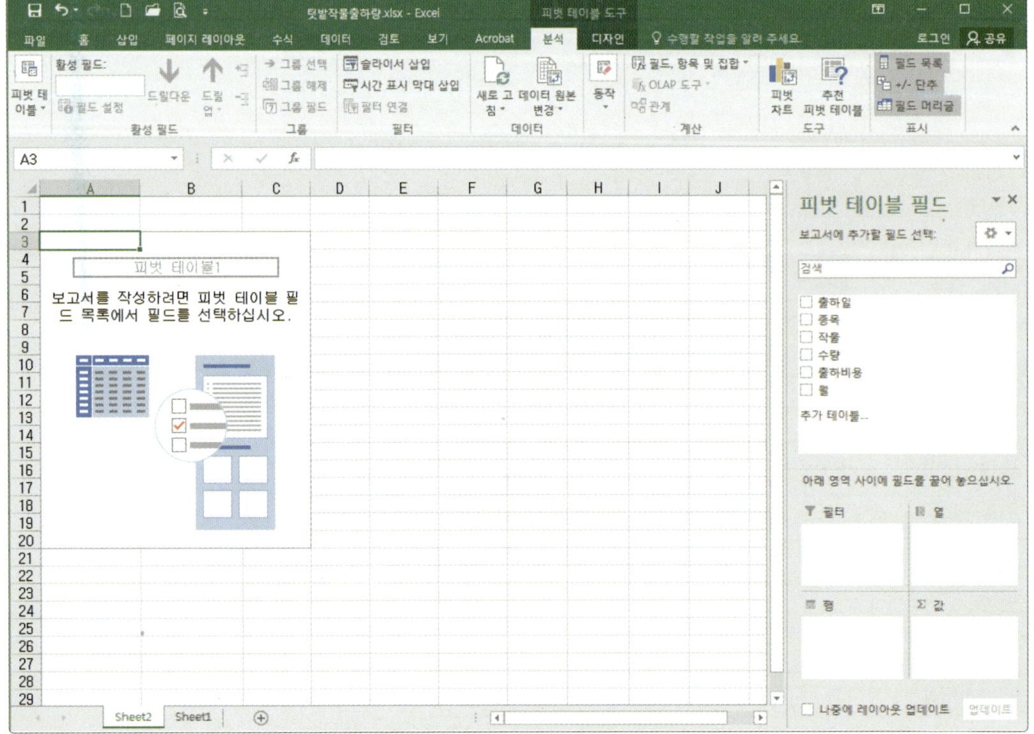

5 피벗테이블에 데이터를 요약하기 위해 '피벗 테이블 필드' 목록에서 '종목'은 '필터'로 이동합니다. '출하일'은 '열', '작물'은 '행', '수량'은 '값' 영역으로 드래그하여 배치합니다.

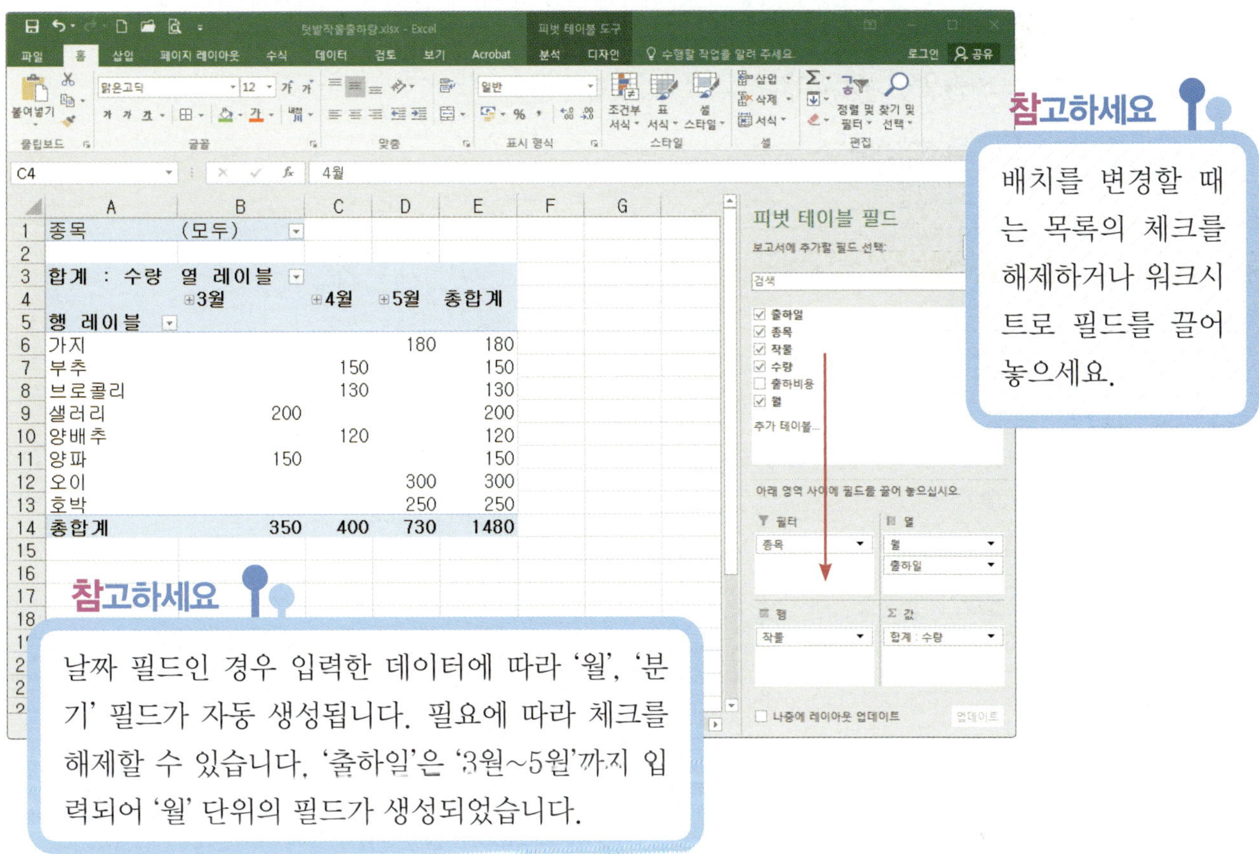

6 '종목'에서 '가지과'를 제외한 품목만 필터링하기 위해 ❶ **'종목' 필드** 목록 단추를 클릭한 후 ❷ **'여러 항목 선택'**을 체크합니다. ❸ **'가지과'**의 체크를 해제한 후 ❹ **[확인]**을 클릭합니다.

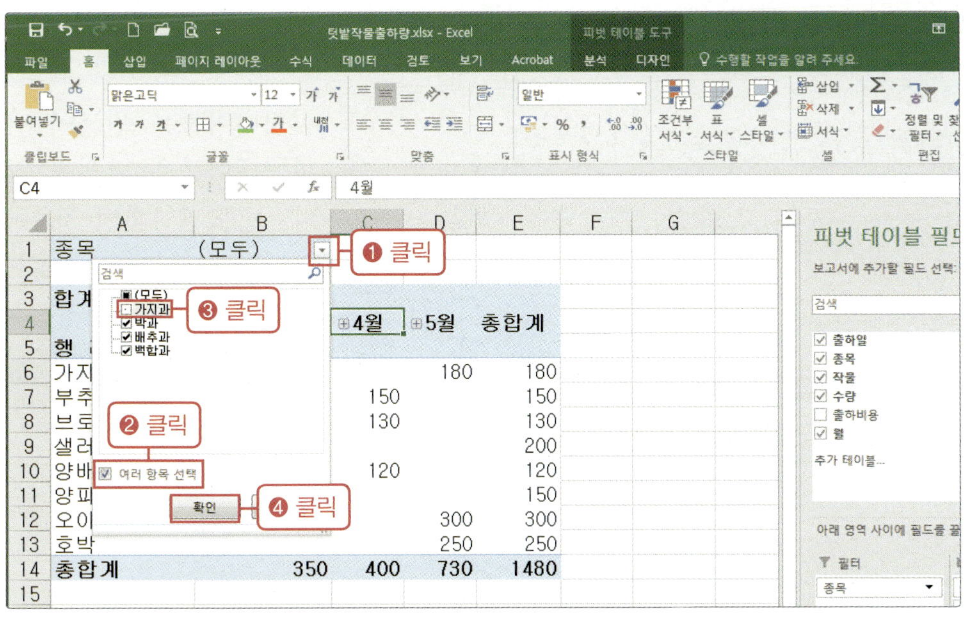

7 '4월' 필드의 목록 단추의 '+' 표시를 눌러 '4월' 날짜를 확장합니다.

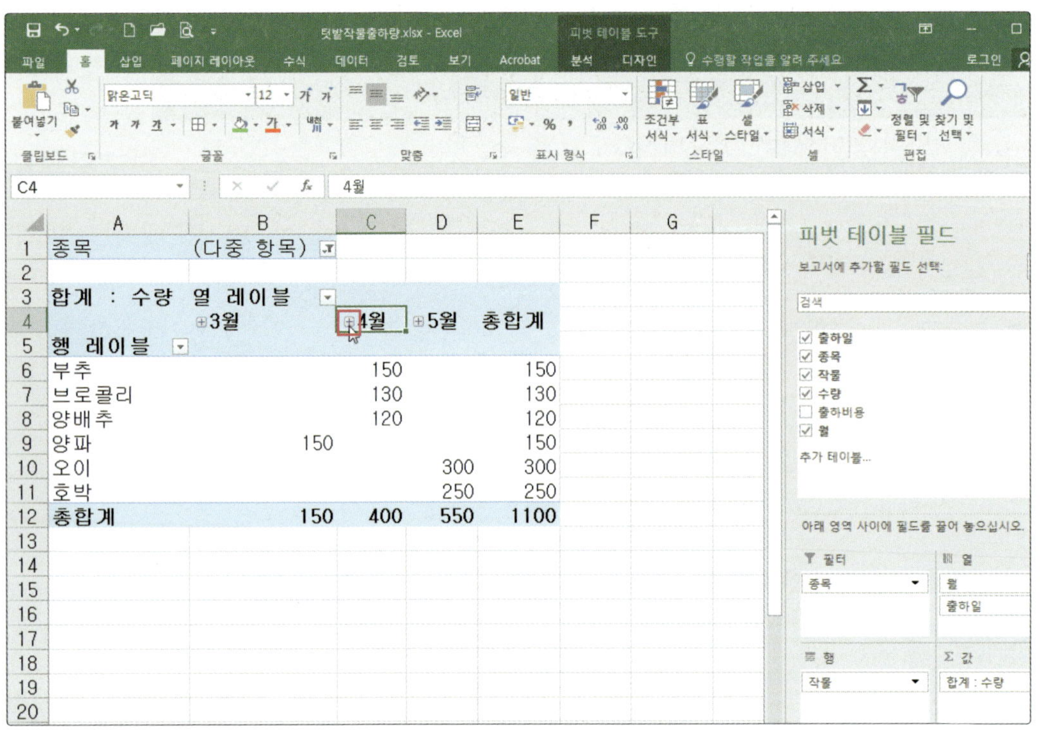

8 '4월' 날짜 목록이 확장되며 '−'를 누르면 다시 목록이 축소됩니다.

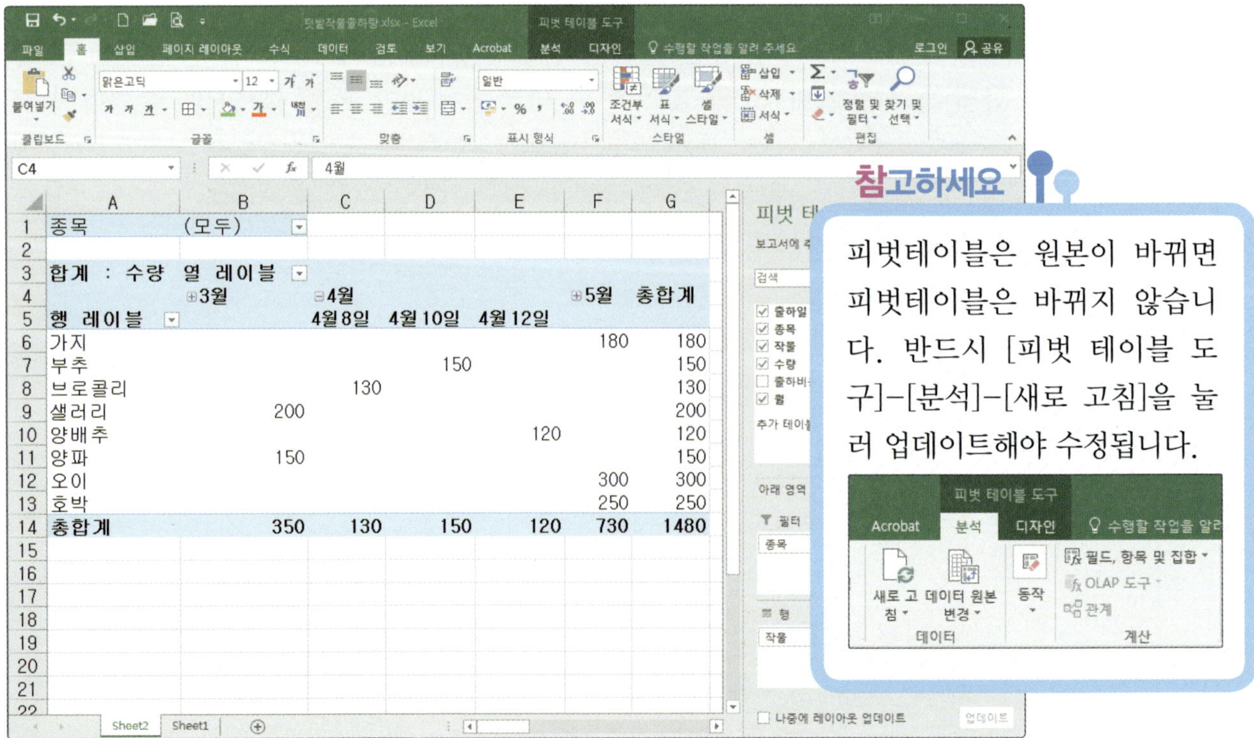

"혼자 풀어 보세요"

1 다음과 같이 워크시트를 작성하세요.

	A	B	C	D	E
1					
2		스마트 디바이스 출하량 현황			
3					
4		벤더	국적	출하량	점유율(%)
5		종성	한국	1170	31
6		워밍	중국	560	14
7		토틀	한국	240	6
8		어스	일본	540	7
9		폴더	미국	165	11
10		레지나	일본	1174	23
11		피터플	미국	3250	4
12					

2 1번 문제에 이어 다음과 같이 조건대로 워크시트를 작성하세요.

[조건] • 다음과 같이 피벗테이블을 만드세요.
 • 피벗테이블 워크시트를 맨 뒤로 이동한 후 '피벗'으로 이름을 변경하세요.

	A	B	C	D
1	벤더	(모두)		
2				
3	행 레이블	합계 : 출하량	합계 : 점유율(%)	
4	미국	3415	15	
5	일본	1714	30	
6	중국	560	14	
7	한국	1410	37	
8	총합계	7099	96	
9				
10				
11				

▲ 완성파일 : 스마트디바이스 출하량.xlsx

21 조건부서식과 스파크 라인

데이터의 셀 그래픽으로 만들 수 있는 조건부 서식은 특정 셀 또는 행 값에 글꼴, 셀 색, 채우기, 아이콘 등으로 표시하고, 스파크 라인은 셀에 데이터의 추세나 흐름 등을 표시하여 가독성을 높여줍니다.

➤➤ 조건부 서식에 대해 알아봅니다.

➤➤ 스파크 라인에 대해 알아봅니다.

배울 내용 미리보기

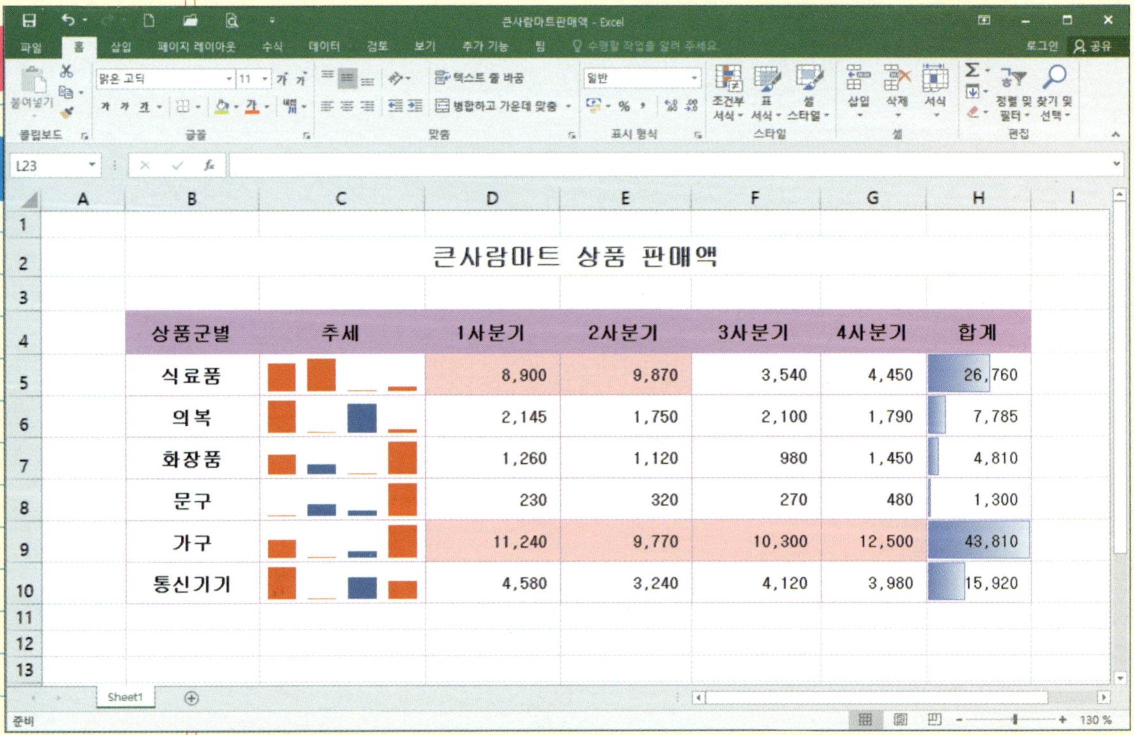

큰사람마트 상품 판매액

상품군별	추세	1사분기	2사분기	3사분기	4사분기	합계
식료품		8,900	9,870	3,540	4,450	26,760
의복		2,145	1,750	2,100	1,790	7,785
화장품		1,260	1,120	980	1,450	4,810
문구		230	320	270	480	1,300
가구		11,240	9,770	10,300	12,500	43,810
통신기기		4,580	3,240	4,120	3,980	15,920

▲ 파일명 : 큰사람마트판매액.xlsx

01 조건부 서식 설정하기

1 다음 워크시트와 같이 작성하세요.

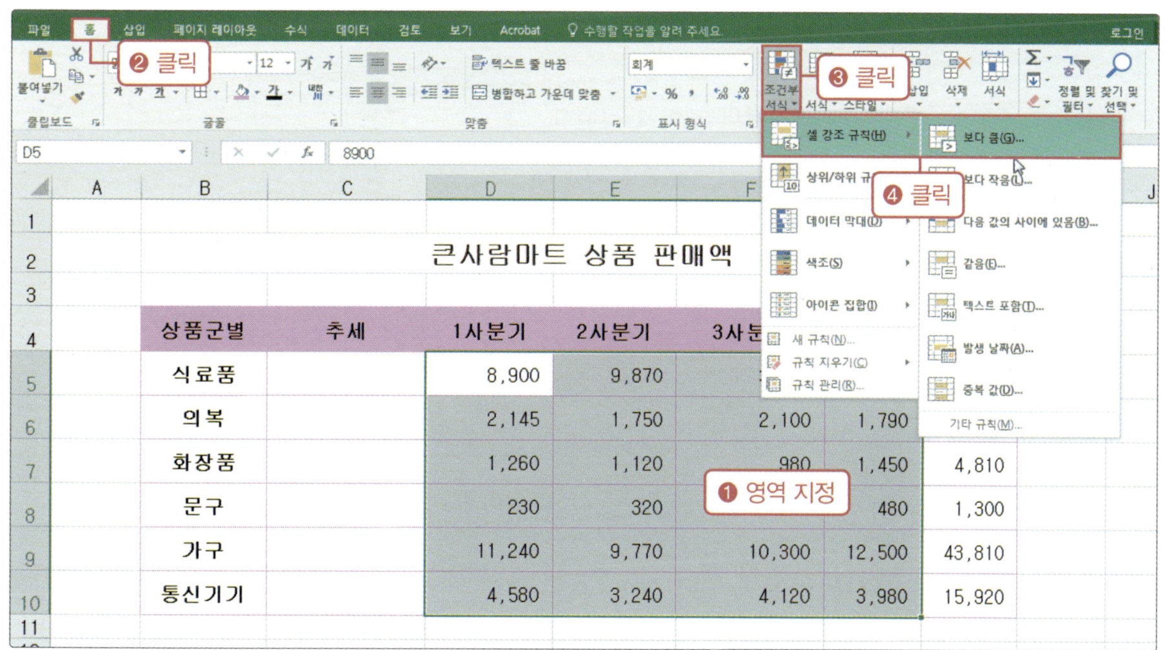

2 [1사분기~4사분기(D5:G10)] 영역에 '6000 이상'의 값에 '연한 빨강 채우기'를 하려고 합니다. ❶ [D5:G10] 셀까지 영역을 지정한 후 ❷ [홈] 탭의 [스타일] 그룹에서 ❸ '조건부 서식'의 ❹ '셀 강조 규칙-'보다 큼'을 선택합니다.

3 [보다 큼] 대화상자에서 ❶ '다음 값보다 큰 셀의 서식 지정' 입력란에 "6000"을 입력한 후 ❷ **'적용할 서식'**의 목록 단추를 눌러 ❸ **'연한 빨강 채우기'**를 선택합니다. [확인]을 클릭하면 조건이 맞는 셀 값은 셀 채우기가 적용됩니다.

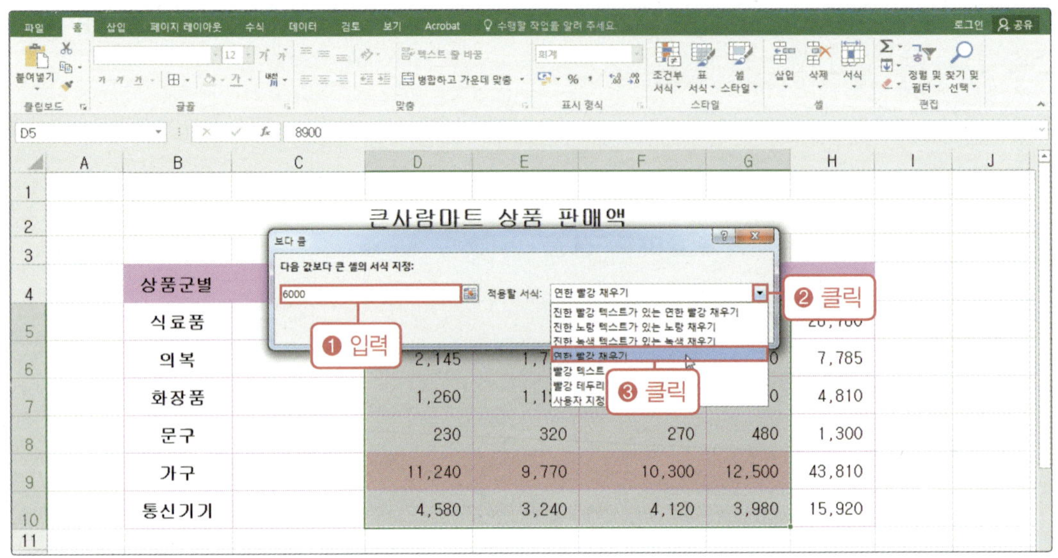

2 조건이 맞는 셀에 셀 채우기가 적용됩니다. 이번에는 '합계' 필드에 데이터 그래프를 설정하기 위해 ❶ **[합계(G5:G10)]** 셀까지 영역을 지정한 후 ❷ **[홈] 탭**의 **[스타일] 그룹**에서 ❸ **[조건부 서식]**의 ❹ **'데이터 막대'**에서 ❺ **'파랑 데이터 막대'**를 선택합니다. [합계(G5:G10)]에 데이터 막대가 적용됩니다.

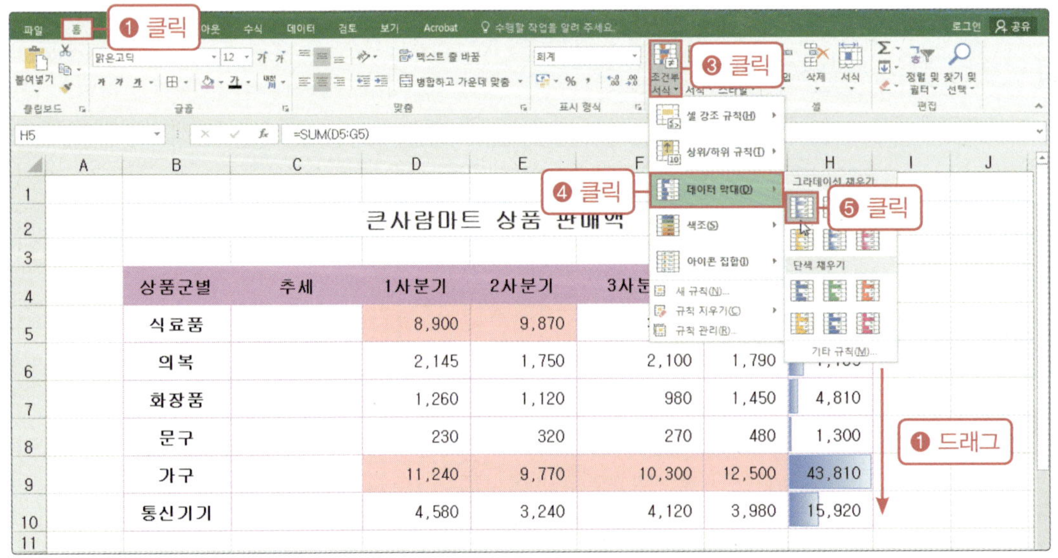

참고하세요

조건부 서식을 지우려면 조건부 서식이 적용된 영역을 지정한 후 [홈]-[스타일]-[조건부 서식]-[규칙 지우기]-[선택된 셀의 규칙 지우기] 또는 [시트 전체에서 규칙 지우기]를 합니다.

1 셀 그래프를 그리기 위해 ❶ [추세(C5:C10)] 셀까지 영역을 지정한 후 ❷ [삽입] 탭의 [스파크라인] 그룹에서 ❸ '꺾은선형'을 클릭합니다.

참고하세요

- 선 : 시간 흐름에 따른 추이, 꺾은선 그래프
- 열 : 크기 데이터 비교한 막대그래프
- 승패 : 값이 양수이면 '승', 음수이면 '패'의 막대그래프

2 [스파크라인 만들기] 대화 상자가 열리면 ❶ '데이터 범위'의 입력란을 클릭한 후 ❷ [D5:G10] 영역을 드래그하여 지정합니다. ❸ [확인]을 클릭합니다.

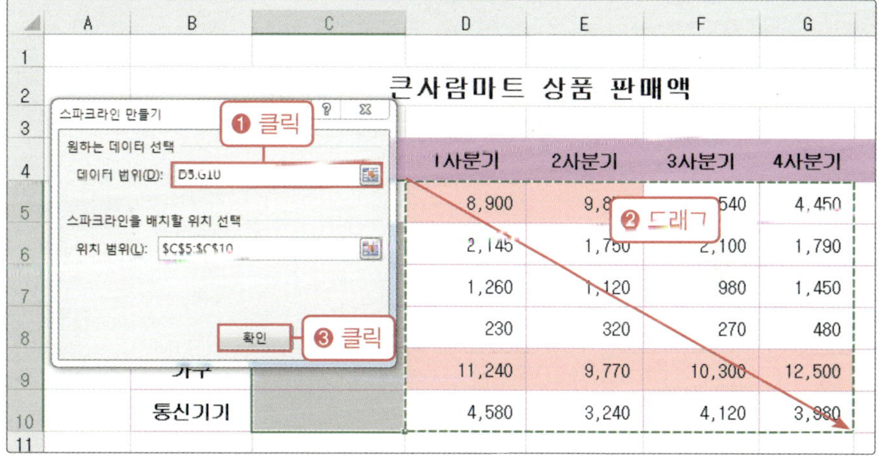

3 [추세(C5:C10)] 셀에 그래프가 생성됩니다.

참고하세요

데이터를 수정하면 '조건부 서식'과 '스파크 라인'의 그래프도 변경됩니다.

상품군별	추세	1사분기	2사분기	3사분기	4사분기
식료품		8,900	9,870	3,540	4,450
의복		2,145	1,750	2,100	1,790
화장품		1,260	1,120	980	1,450
문구		230	320	270	480
가구		11,240	9,770	10,300	12,500
통신기기		4,580	3,240	4,120	3,980

큰사람마트 상품 판매액

④ 스파크 라인에 표식을 설정하기 위해 ❶ [추세(C5:C10)] 셀까지 영역을 지정한 후 오른쪽 상단의 ❷ [스파크 라인 도구]–[디자인] 탭에서 [표시] 그룹의 ❸ '높은 점, 첫 점, 낮은 점, 마지막 점'을 클릭합니다. 스파크 라인에 표식이 생성됩니다.

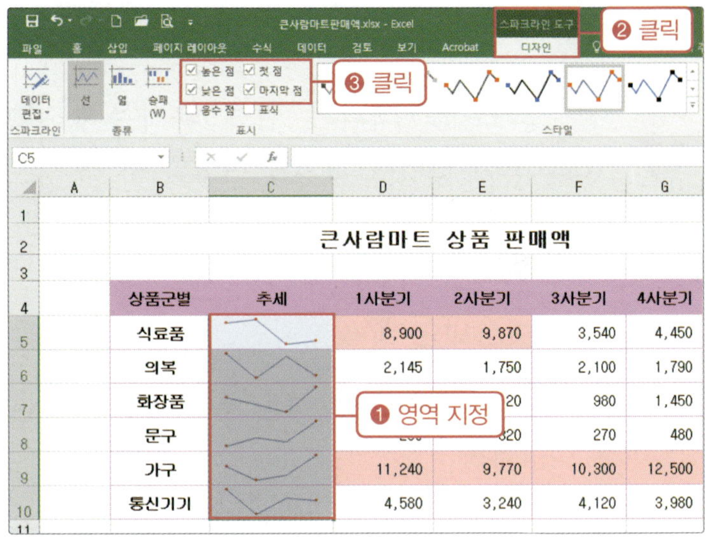

⑤ 스파크 라인의 종류를 변경할 수 있습니다. ❶ [추세(C5:C10)] 셀까지 영역을 지정한 후 오른쪽 상단의 ❷ [스파크 라인 도구]–[디자인] 탭의 [종류] 그룹에서 ❸ '열'을 클릭합니다. 스파크 라인이 변경됩니다.

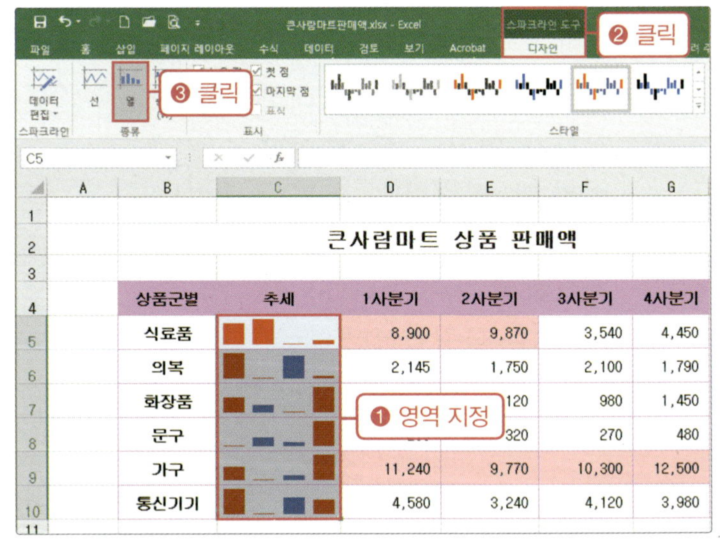

⑥ 스파크 라인을 지우려면 ❶ [스파크라인 도구]–[디자인] 탭의 [그룹] 그룹에서 ❷ '지우기'를 클릭합니다. 스파크 라인이 삭제됩니다.

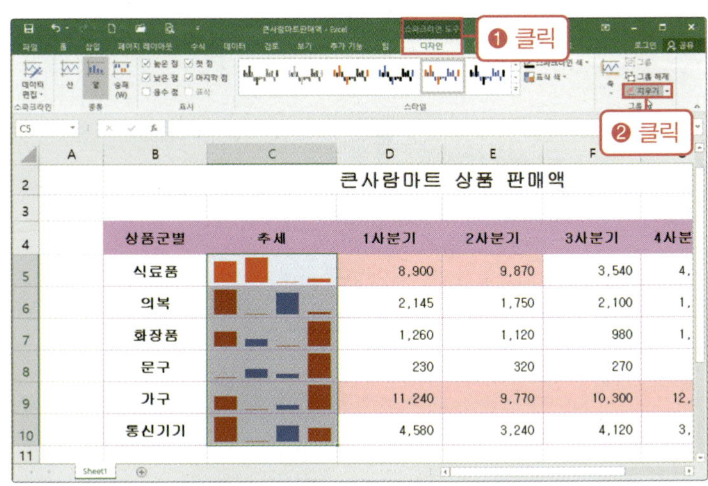

"혼자 풀어 보세요"

1 다음과 같이 조건대로 워크시트를 작성하세요.

[조건] • '12월' 필드에 조건부 서식 '4방향 화살표(컬러)'를 적용하세요.
  • '6월' 필드에 조건부 서식 '상위/하위 규칙'의 '평균 초과'값에 '빨강 텍스트'를 적용하세요.

| 구분 | 2017년 동향 | | | | | 그래프 |
	3월	6월	9월	12월		
소프트웨어	323	228	316	⬀	411	
IT서비스	154	236	214	⬇	210	
게임	321	358	248	⬇	206	
가상현실	412	339	374	⬆	426	
클라우드	465	421	433	⬆	498	

2 1번 문제에 이어 다음과 같이 조건대로 워크시트를 작성하세요.

[조건] • '그래프' 필드에 '3월~12월'의 스파크 라인 '꺾은선형'을 적용하세요.
  • '높은 점'과 '낮은 점'의 표시를 적용하세요.

| 구분 | 2017년 동향 | | | | | 그래프 |
	3월	6월	9월	12월		
소프트웨어	323	228	316	⬀	411	
IT서비스	154	236	214	⬇	210	
게임	321	358	248	⬇	206	
가상현실	412	339	374	⬆	426	
클라우드	465	421	433	⬆	498	

▲ 완성파일 : 월별생산동향.xlsx

22 차트 삽입하기

수치 데이터는 차트로 시각화하여 가독성을 높이고 분석을 효율적으로 할 수 있습니다.

➵ 차트 삽입에 대해 알아봅니다.

➵ 차트 편집기능에 대해 알아봅니다.

➵ 차트 변경에 대해 알아봅니다.

배울 내용 미리보기 ✚

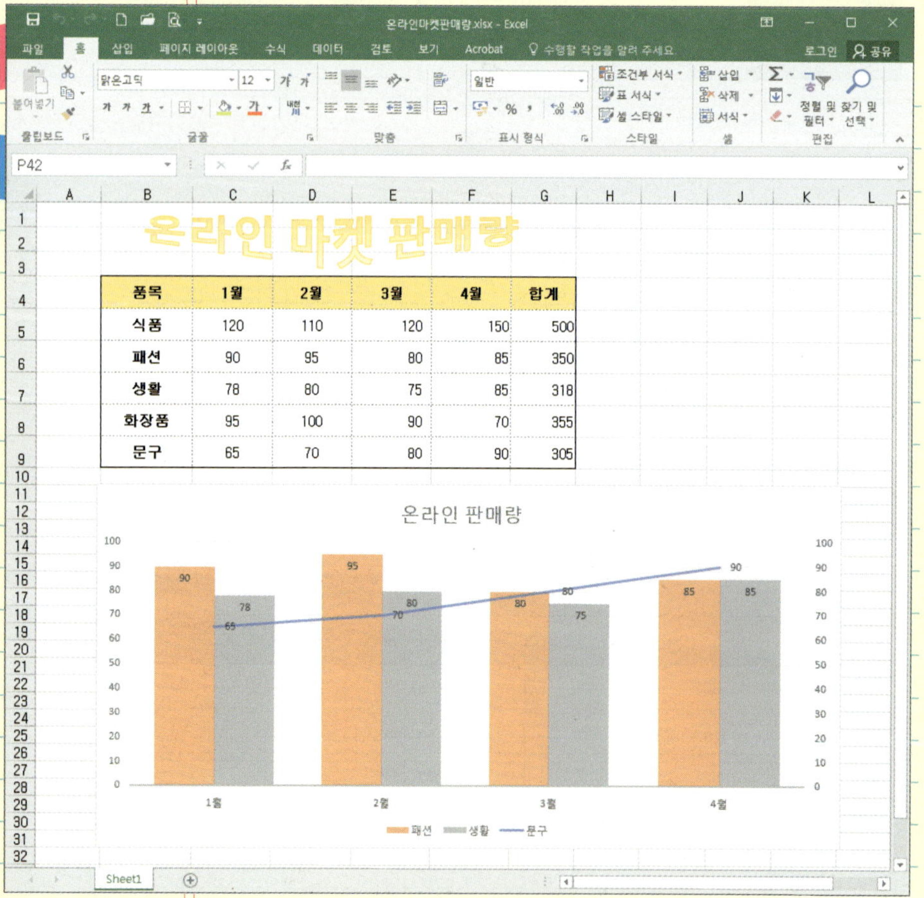

▲ 파일명 : 온라인마켓판매량.xlsx

01 묶은 세로 막대 차트 삽입하기

1 다음 워크시트와 같이 작성하세요.

품목	1월	2월	3월	4월	합계
식품	120	110	120	150	500
패션	90	95	80	85	350
생활	78	80	75	85	318
화장품	95	100	90	70	355
문구	65	70	80	90	305

SUM 함수를 이용하여 합계를 구하세요.

2 ❶ [B4:F9] 셀까지 영역을 지정한 후 ❷ [삽입] 탭의 [차트] 그룹에서 ❸ [세로 또는 가로 막대형 차트 삽입]을 클릭한 후 ❹ [2차원 세로 막대형]의 '**묶은 세로 막대형**'을 클릭합니다. 차트가 생성됩니다.

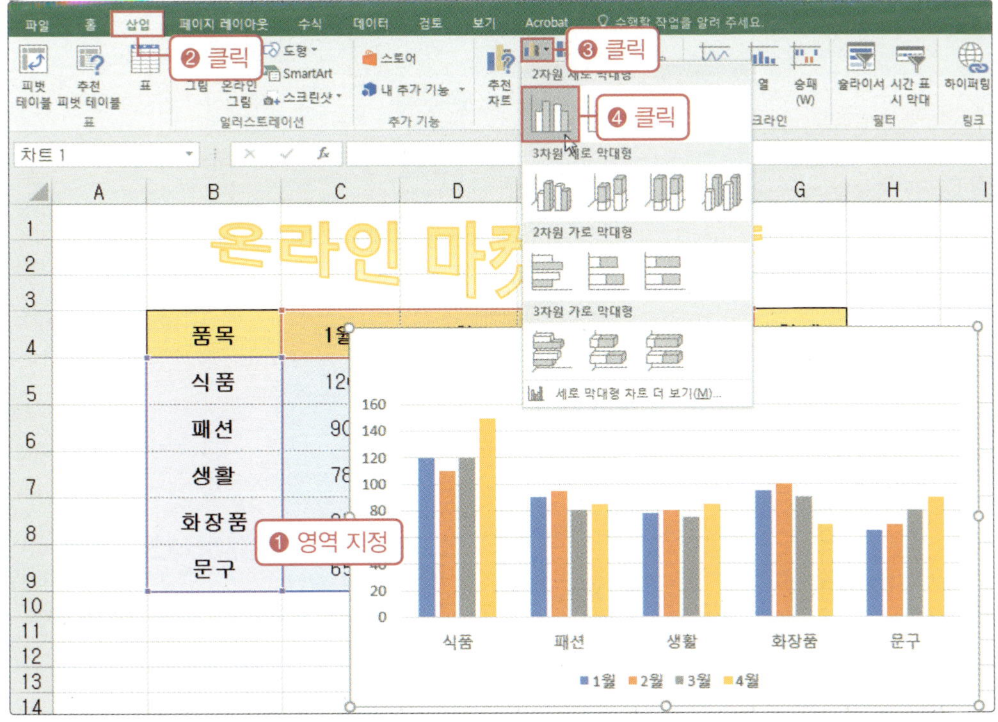

3 ❶ **차트를 선택**한 후 ❷ [**차트 도구**]-[**디자인**] 탭의 [**차트 레이아웃**] 그룹에서 ❸ [**빠른 레이아 웃**]의 ❹ '**레이아웃3**'을 클릭합니다. 빠른 레이아웃을 이용하면 쉽게 차트를 만들 수 있습니다.

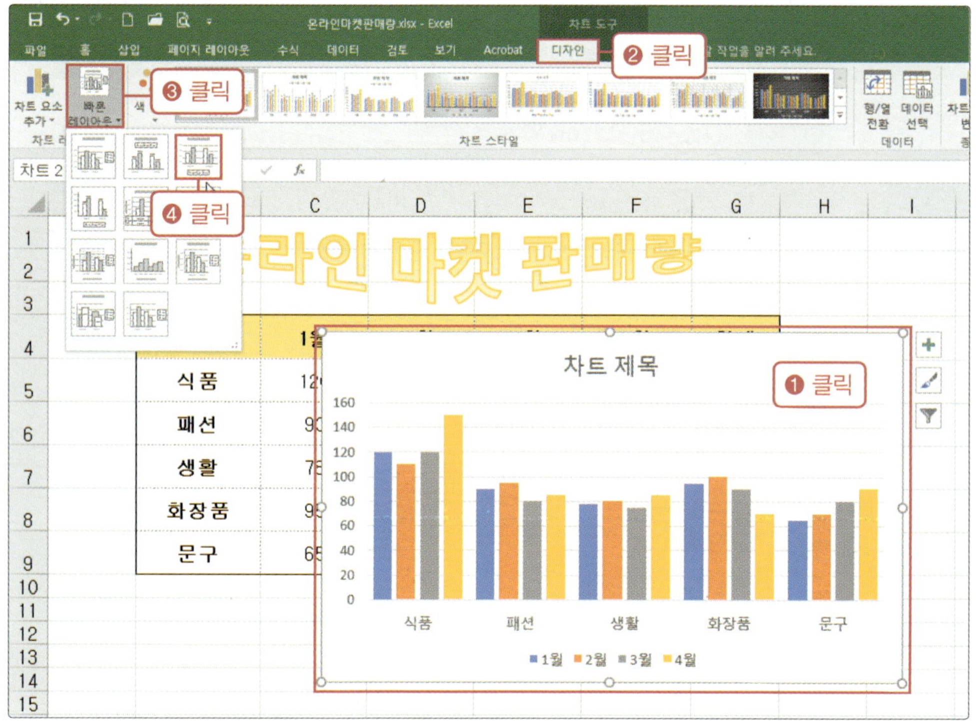

4 차트가 선택된 상태에서 ❶ [**차트 도구**]-[**디자인**] 탭의 [**차트 스타일**] 그룹에서 ❷ '**스타일 7**'을 적용합니다.

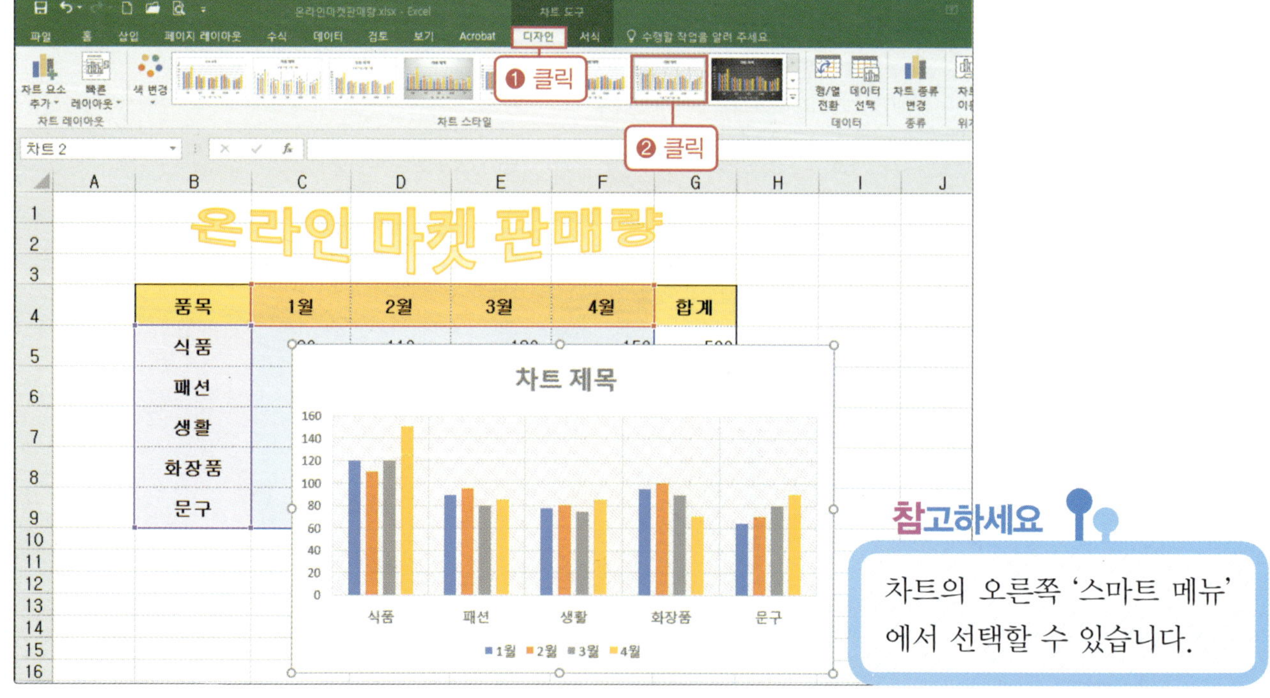

참고하세요

차트의 오른쪽 '스마트 메뉴' 에서 선택할 수 있습니다.

5 차트가 선택된 상태에서 ❶ [차트 도구]– [디자인] 탭의 [데이터] 그룹에서 ❷ '행/열 전환'을 적용합니다. 차트 항목이 '품목별'에서 '월별'로 변경됩니다.

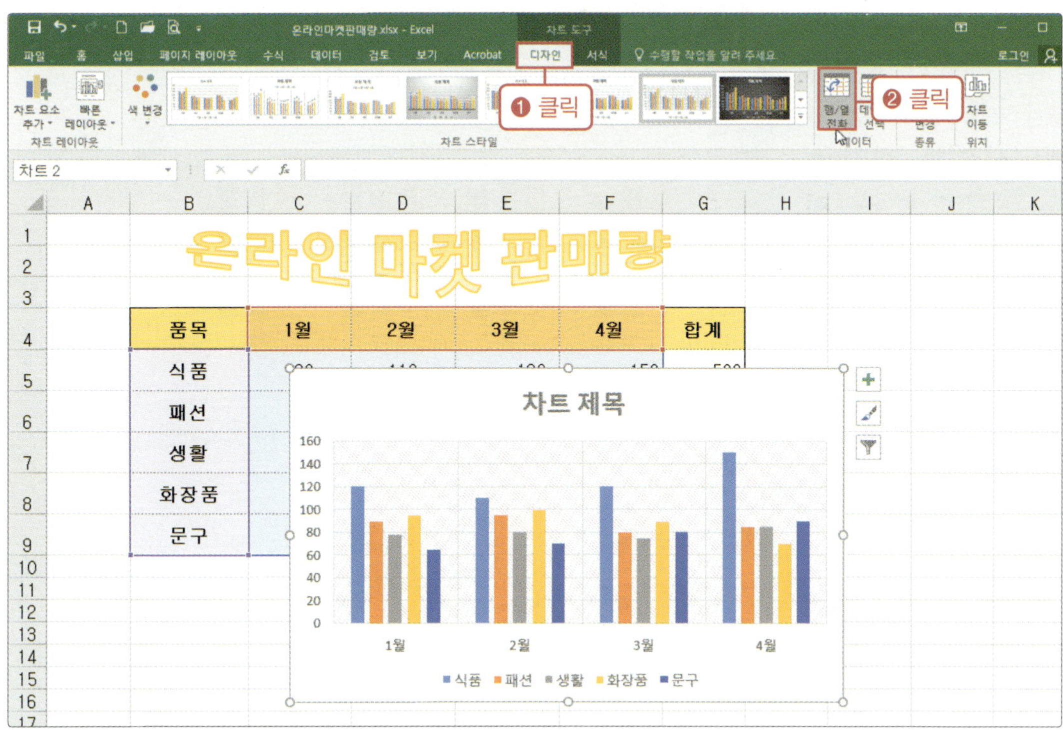

6 '차트 제목'을 선택한 후 '온라인 판매량'으로 수정합니다.

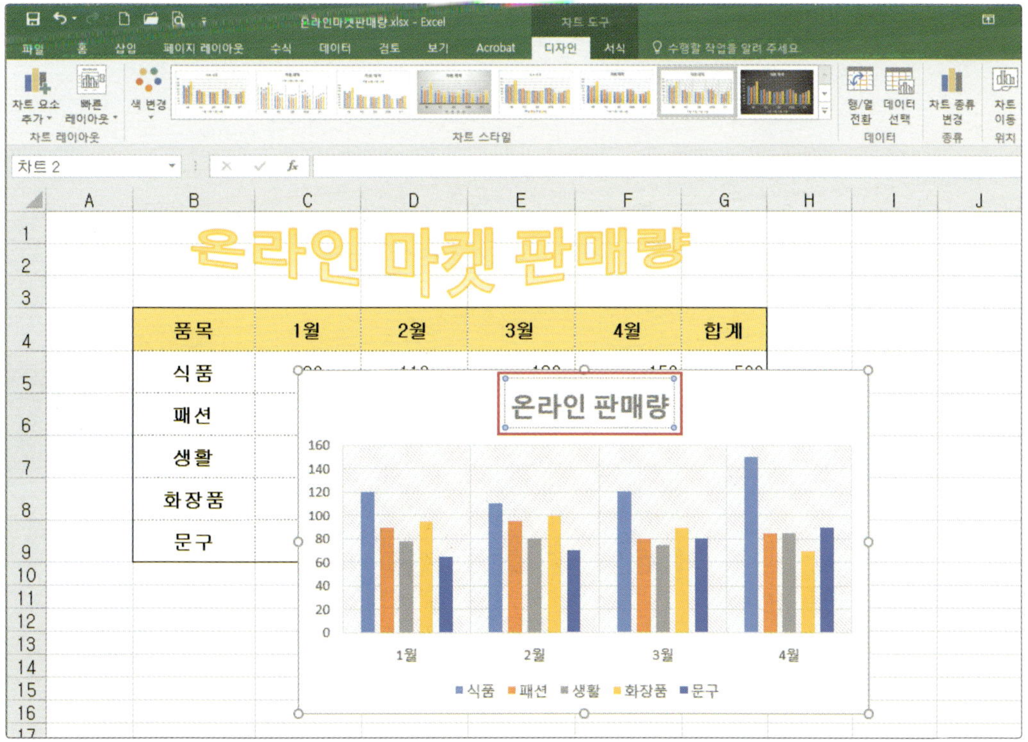

1 차트를 선택하면 차트 오른쪽에 스마트 메뉴가 표시됩니다. ❶ [차트 필터]를 클릭하여 ❷ '식품'과 '화장품'의 체크를 해제한 후 ❸ [적용]을 누릅니다. 요소가 필터링 됩니다.

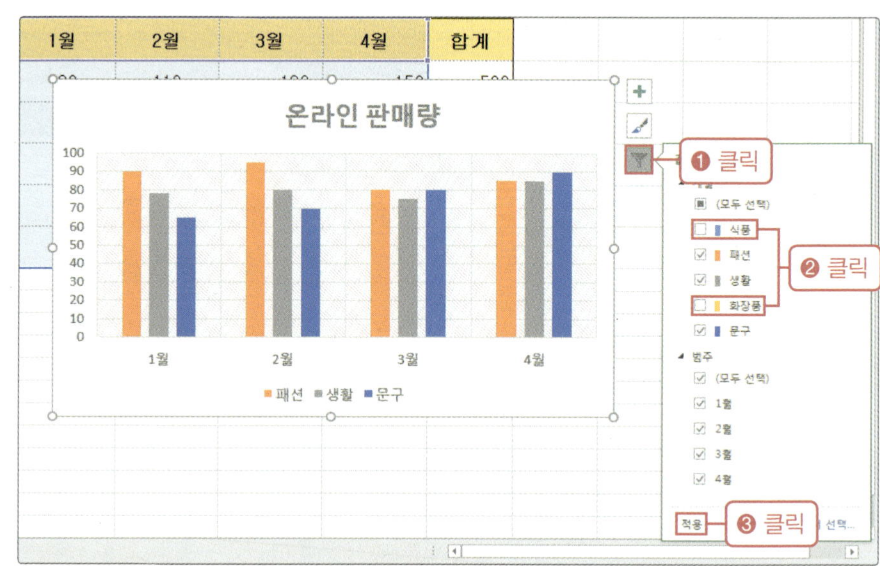

2 차트의 스마트 메뉴에서 ❶ [차트 요소]를 클릭하여 ❷ '데이터 레이블'을 체크한 후 ❸ 목록 단추를 눌러 [안쪽 끝에]를 선택합니다. 그래프에 '레이블 값'이 그래프 안쪽에 표시됩니다.

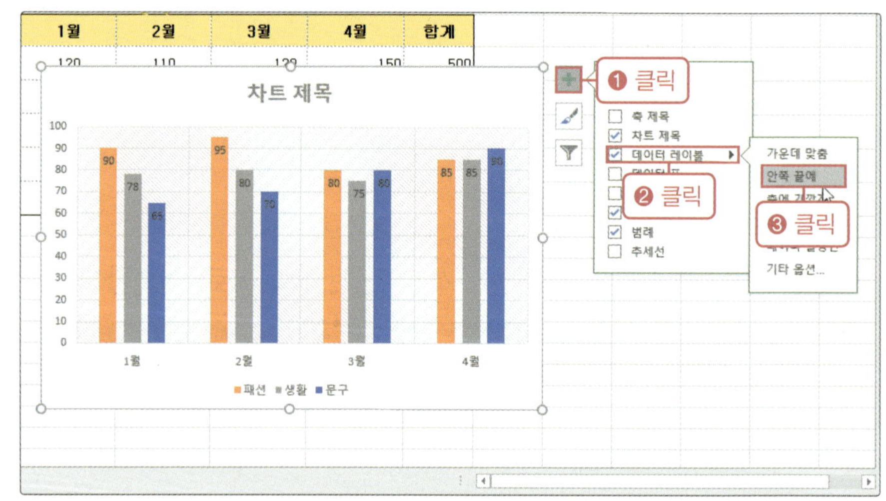

3 차트의 스마트 메뉴에서 ❶ [차트 스타일]을 클릭하여 ❷ [스타일 13]을 선택합니다. 스타일이 변경됩니다.

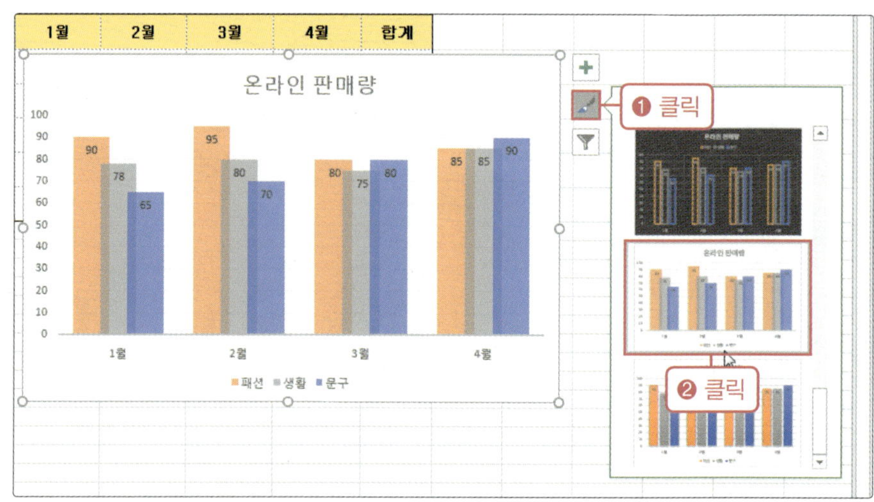

03 콤보 차트 변경하기

1 차트의 모양을 변경하기 위해 차트를 선택한 후 ❶ **[차트 도구]– [디자인]** 탭의 **[종류]** 그룹의 ❷ **'차트 종류 변경'**을 클릭합니다. [차트 종류 변경] 대화상자가 열리면 [모든 차트] 탭의 ❸ **'콤보'** 차트를 선택합니다. ❹ **'문구'**를 **'꺾은 선형'**으로 선택하고 **'보조 축'**에 체크한 후 ❺ **[확인]**을 클릭합니다.

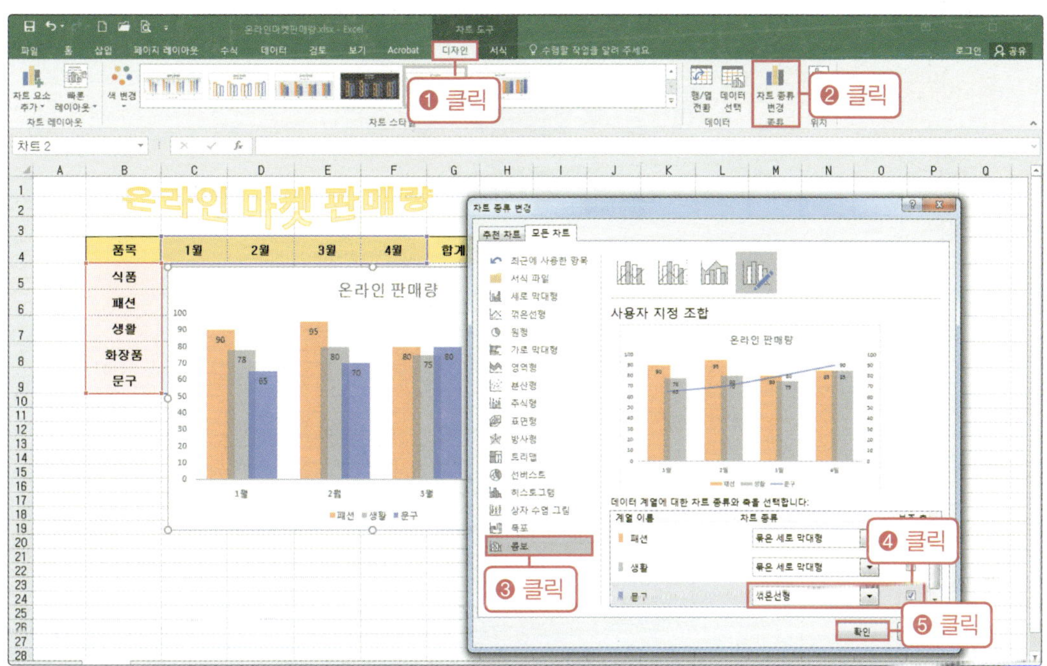

2 차트가 완성되면 크기를 조절하고 이동합니다.

온라인 마켓 판매량

품목	1월	2월	3월	4월	합계
식품	120	110	120	150	500
패션	90	95	80	85	350
생활	78	80	75	85	318
화장품	95	100	90	70	355
문구	65	70	80	90	305

온라인 판매량

1 다음과 같이 조건대로 워크시트를 작성하세요.

[조건] • '표식이 있는 2차원 꺾은 선형' 그래프를 삽입하세요.

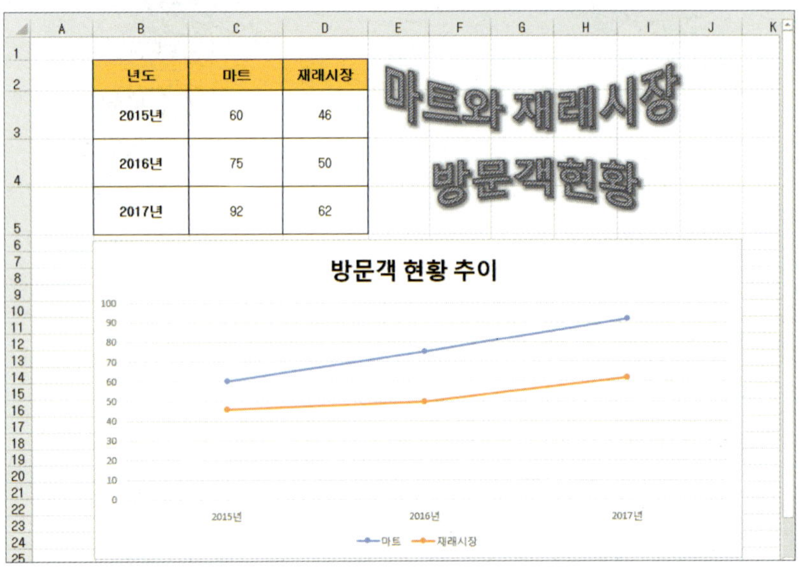

2 1번 문제에 이어 다음과 같이 조건대로 워크시트를 작성하세요.

[조건] • 차트의 '빠른 레이아웃 5'를 적용하고, '세로 축 제목'은 삭제하세요.
　　　 • 차트의 '범례'를 '아래'로 삽입하세요.

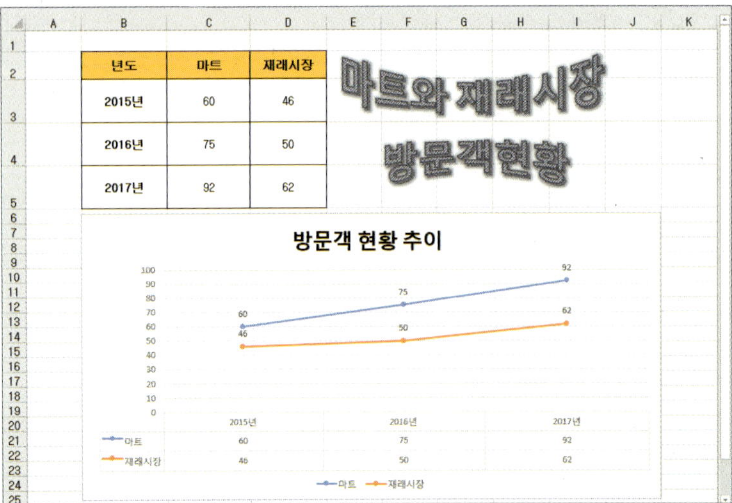

▲ 완성파일 : 재래시장방문객현황.xlsx